Manfred Quiring
Russland – Auferstehung einer Weltmacht?

W0190327

Manfred Quiring

RUSSLAND – Auferstehung einer Weltmacht?

Ch. Links Verlag, Berlin

Editorische Notiz

Bei Übertragungen aus dem Russischen wurde größtenteils nach den geläufigen Regeln der Duden-Transkription vorgegangen. Ausnahmen stellen das Weichheitszeichen (ь) dar, das in diesem Buch als j dargestellt wird, sowie die originalgetreue Umschreibung von ий zu ij. Bei englischen Originaltiteln wurde die dort verwendete Umschrift aus dem Russischen beibehalten.

Auch als **e book** erhältlich

Die Deutsche Nationalbibliothek verzeichnet
diese Publikation in der Deutschen Nationalbibliografie;
detaillierte bibliografische Daten sind im Internet über
www.dnb.de abrufbar.

1. Auflage, April 2020
© Christoph Links Verlag GmbH
Prinzenstraße 85 D, 10969 Berlin, Tel.: (030) 44 02 32-0
www.christoph-links-verlag.de; mail@christoph-links-verlag.de
Lektorat: Dennis Grabowsky, Berlin
Umschlaggestaltung: Preuße & Hülpüsch Grafik-Design, Berlin
(www.kunstistarbeit.de), unter Verwendung von Fotos vom Einsatz
russischer Militärs 2019 in Syrien (news24-7.ru): Bildmontage
Satz: Nadja Caspar, Ch. Links Verlag
Druck und Bindung: Druckerei F. Pustet, Regensburg
Gedruckt auf säurefreiem, alterungsbeständigem Papier

ISBN 978-3-96289-078-0

INHALT

EINFÜHRUNG

Es ist der 18. März 2019. Über den staatlichen Institutionen weht die russische Nationalflagge. Auch viele Moskauer haben Fahnen in weiß-blau-rot aus den Fenstern gehängt. Russland begeht den fünften Jahrestag der »Heimkehr der Krim in den Heimathafen«, wie die Okkupation der ukrainischen Halbinsel im offiziellen russischen Sprachgebrauch genannt wird.

Die Aufwallung patriotischer Gefühle, die damit einherging, ist inzwischen abgeebbt. Auch die Patrioten spüren, dass Russland sich damit keine Freunde gemacht hat, dass es nicht geliebt wird, pflegen aber einen trotzigen Stolz. Man tröstet sich mit dem Gedanken, dass dieses Nichtgeliebtwerden ja doch nur Ausdruck der allgegenwärtigen Russophobie sei, angereichert mit einer ordentlichen Prise Neid über die großartige Persönlichkeit ihres Präsidenten Wladimir Putin. Der, so meinen viele seiner Landsleute, habe dem Land den Respekt zurückgeholt, der ihm zusteht, immer zugestanden hat. Er habe, so die landläufige Meinung einer großen Mehrheit in der Russischen Föderation, dem Land den Status einer Großmacht wiedergegeben.

Noch fünf Jahre vorher, beim G20-Gipfel in Australien im November 2014, saß Wladimir Putin während eines Arbeitslunchs sehr lange sehr allein am großen runden Tisch. Das Foto ging um die Welt als Beleg für die Einsamkeit des Ausgestoßenen. Was er zu dem Zeitpunkt, im November 2014, auch war. Schließlich hatte er sich gerade mit der Krim ein Filetstück aus dem OSZE-Mitglied Ukraine herausgeschnitten und führte einen verdeckten Krieg im Ostteil des Nachbarstaates. Verärgert ob des fehlenden Verständnisses seiner westlichen Partner reiste Putin vorzeitig ab.

Fünf Jahre später sieht man ihn beim G20-Gipfel in Osaka lachend mit US-Präsident Donald Trump scherzen, auf einem

Gruppenfoto steht er neben Chinas Staatspräsident Xi Jinping und dem japanischen Gastgeber Shinzo Abe. Der Kreml hat eine so nicht erwartete Wende in seiner Außenwahrnehmung erreicht, man ist wieder wer. Trotz – oder wegen – seiner Aggression gegen die Ukraine, seinem Militäreinsatz in Syrien, den Cyber-Attacken auf demokratische Institutionen unter anderem in den USA und Deutschland spielt Russland wieder eine Rolle auf der weltpolitischen Bühne.

Angela Stent, die US-Politologin, ist beeindruckt: »Einige Jahre zuvor hatte Präsident Obama Russland als ›Regionalmacht‹ bezeichnet. Aber Putin bewies das Gegenteil – Russlands Einflusssphäre ist heute eindeutig global.«[1] Stent, deren Russland-Expertise zu den wichtigen Quellen für das Verständnis der Russischen Föderation und ihres politischen Systems zählt, spricht da allerdings ein großes Wort sehr gelassen aus.

Wie viel Großmacht steckt wirklich in Russland? Kann Moskau seine weitreichenden Ansprüche tatsächlich auch realisieren? Und wie groß ist die Gefahr, die davon für Europa und die Welt ausgeht? Diesen Fragen gehe ich in meinem Buch nach. Es basiert auf Erfahrungen, die ich in über 20 Jahren als Korrespondent in der Sowjetunion und in Russland gesammelt habe. Auch nach dem Ende meiner Tätigkeit besuchte ich Russland regelmäßig, traf politische Akteure und Menschen im Alltag. Ich wurde Zeuge wichtiger innenpolitischer Prozesse, die eng im Zusammenhang mit dem aggressiven Verhalten nach außen stehen. Neben dem fortgesetzten Demokratieabbau geht die Re-Stalinisierung des Landes in erschreckender Geschwindigkeit voran, ebenso die Militarisierung, die nach der Jugend greift und schon im Vorschulalter beginnt. Und es findet eine Neuinterpretation der Geschichte statt, die im Versuch des Kremls gipfelt, den sowjetischen Sieg im Großen Vaterländischen Krieg zu usurpieren und in einen russischen umzudeuten. Davon abweichende, an den Fakten orientierte Geschichtsinterpretationen können inzwischen gerichtlich verfolgt werden.

Wohin geht Russland? 20 Jahre nach der Installation Wladimir Putins als Präsident Russlands steht diese Frage wieder einmal im Raum. Und wieder einmal hat das System Putin keine zukunftsweisende Antwort. Es klammert sich an Begriffe wie »Stabilität« und »unbeschränkte Souveränität« in einem großeurasischen Raum, in dem Moskau die Führung innehat. Den westeuropäischen Staaten, so schreiben Kreml-Apologeten hoffnungsvoll, bleibe nur der Anschluss an dieses Konstrukt. Dabei ist der Blick rückwärtsgewandt. Die Herrschaft von Nikolai II. im 19. Jahrhundert gilt im Kreml inzwischen als das erstrebenswerte »goldene Zeitalter«.

Im Sommer 2019 habe ich in Moskau eine Reihe von Gesprächen mit Politologen, Historikern, Soziologen und Zeitungsmachern geführt, um frische Eindrücke und Informationen zu gewinnen. Sie vermittelten mir aufschlussreiche Einblicke in die aktuellen inneren Prozesse, die im Land ablaufen und die hinter dem Glanz der Metropolen Moskau und St. Petersburg auf den ersten Blick kaum erkennbar sind. Dabei drängte sich mir ganz beiläufig die Erkenntnis auf: Man sollte das russische Wort »pokasucha« kennen und in seinem Wesen begriffen haben, um die Entwicklung in Russland in den vergangenen Jahrzehnten verstehen und den Zustand des Landes heute begreifen zu können. Pokasucha heißt auf Deutsch: So tun, als ob.

PUTINS SÄULEN DER KLEPTOKRATIE

> Putinismus – das ist die Verachtung des Menschen
> und seiner Würde, die Unterdrückung der Freiheit,
> die Implantation von Angst, die Käuflichkeit, die Ignoranz
> gegenüber dem Völkerrecht und die wachsende
> Konfrontation mit den entwickelten Ländern der Welt.
>
> *Grigorij Jawlinskij,*
> *Gründer der liberalen Jabloko-Partei*

Silvester 1999. Der türkische Supermarkt am Moskauer Stadtrand war an diesem Tag besonders frequentiert. Die Moskauer wollten am letzten Tag des Jahres 1999 noch die letzten Einkäufe erledigen, ehe in der Nacht die Feierlichkeiten zur Begrüßung des neuen Jahres beginnen konnten. Das Wort Silvester und die damit verbundene Tradition, das alte Jahr zu verabschieden, ist eher in Westeuropa bekannt. Aber egal, woher die Kunden auch kommen mochten, gefeiert würde in jedem Fall. Die Einkaufswagen wurden noch einmal vollgepackt mit Lebensmitteln und diversen Getränken, als gäbe es kein Morgen. Acht Jahre nach dem Ende der Sowjetunion gehörten die permanenten Versorgungsmängel der Vergangenheit an. Vergessen waren sie freilich nicht. Saß man mit Freunden zusammen, warf bestimmt irgendjemand ein »Wisst ihr noch?« in die Runde, und es wurde in Erinnerungen gekramt, Geschichten über besonders pfiffige Lebensmittel-Beschaffungsaktionen wurden zum Besten gegeben.

Meine Frau und ich hatten uns ebenfalls ins Einkaufsgewühl gestürzt und kräftig eingekauft. Zufrieden fuhren wir zurück in unsere Wohnung am Kutusow-Prospekt. Der kleine Škoda Felicia, kürzlich erst erworben bei einer Firma, die ihren Sitz auf den British Virgin Islands und ihr Bankkonto in Amsterdam hatte, war beladen mit allerlei Festtagsköstlichkeiten.

Dieser Jahreswechsel stand unter einem besonderen Stern. Über allem lag eine leichte, kaum merkliche Spannung. Schlag Mitternacht würde das Jahr 2000 beginnen, über das in den Monaten und Wochen zuvor schon viel geschrieben und gesprochen worden war. Es drohte, wie manche glaubten, das »Jahr-2000-Syndrom«. Viele argwöhnten, die Computersysteme würden verrücktspielen, weil sie diesen Sprung ins nächste Jahrtausend nicht bewältigen könnten. Das warf auch die Frage auf, was mit den russischen Atomraketen werden würde, die in ihren Bunkern tagein, tagaus auf ihren Startbefehl warteten. Würden die Raketen brav in ihren Silos bleiben? Die gleiche Frage richtete sich natürlich auch an die Amerikaner, aber damit sollten sich ruhig meine Kollegen in New York und Washington beschäftigen.

Hier in Moskau hatte der Chef der russischen strategischen Raketenabwehr, General Sergej Martynow, schon Wochen vor dem Jahreswechsel auf einer Pressekonferenz beschwichtigende Worte gefunden. Es drohe keine Gefahr, und wer daran zweifle, könne ja die Neujahrsnacht mit ihm zusammen im zentralen Kommandostab in Odinzowo bei Moskau verbringen. Das war als leutseliger Scherz gedacht, aber ich beschloss, den Mann beim Wort zu nehmen. Ich dankte per Fax an die Raketentruppen für die freundliche Einladung, ich würde sie gern annehmen, schrieb ich ihm.

Es geschah ein kleines Wunder. Ich bekam einen Brief, unterschrieben vom Chef der strategischen Raketenabwehr. Er freue sich über den Humor des Korrespondenten, natürlich sei das mit der gemeinsamen Feier nicht ganz ernst gemeint gewesen. Aber ich würde die Telefonnummer des Diensthabenden bekommen, den ich in der Neujahrsnacht anrufen könne. Der Offizier würde mir alle meine Fragen beantworten. Die Telefonnummer erhielt ich tatsächlich, der spannende Anruf in der Neujahrsnacht war gesichert. Ich hatte ein »heißes« Thema, das mir die Heimatredaktionen am kommenden Tag ganz sicher freudig aus den Händen reißen würden. Es sollte anders kommen.

Wir fuhren in Richtung Stadtzentrum und näherten uns dem Triumphbogen, der an den Sieg General Kutusows über das napoleonische Heer im Jahr 1812 erinnert. Da drangen Nachrichtenfetzen des beliebten Moskauer Radiosenders *Echo Moskwy* an mein Ohr. Überrascht schaute ich meine Frau an. Hatte sie das auch gehört? Tatsächlich, kein Zweifel war möglich! Der Sender berichtete, dass Boris Jelzin, der erste Präsident der Russischen Föderation, die er mit seinem Sturz des sowjetischen Präsidenten Michail Gorbatschow 1991 ins Leben gerufen hatte, gerade zurückgetreten sei. Noch am gleichen Tag sollten wir im Fernsehen die permanent wiederholte Abschiedsrede mehrfach sehen. Darin verkündete Jelzin mit zittriger Stimme »Ja uchoschu. Ich trete zurück«.

Zum amtierenden Präsidenten wurde, wie es die Verfassung vorsah, zur gleichen Stunde der Premierminister der Russischen Föderation ernannt: Wladimir Wladimirowitsch Putin. Er war erst im Sommer 1999 vom Chefposten des Inlandsgeheimdienstes FSB auf den Sessel des Premiers gewechselt. Die Popularitätskurve des zunächst blassen Putin war innerhalb weniger Monate steil nach oben gestiegen. Der neue, weitgehend unbekannte Regierungschef hatte einen zweiten Tschetschenien-Krieg entfacht und dabei eine Art von Entschlossenheit bewiesen, wie es die Hardliner in Moskau gern sahen. Tschetschenische Opfer zählten nicht.

Putins erste Amtshandlung nach seiner Ernennung zum amtierenden Präsidenten bestand in der Unterzeichnung eines Dekrets, das dem scheidenden Boris Jelzin und seiner Familie Straffreiheit auf Lebenszeit garantierte. Damit erfüllte er ein zuvor gegebenes Versprechen. Mit seiner zweiten Unterschrift übernahm er den »Atomkoffer« und ein Land, zerrissen von Widersprüchen.

20 Jahre später

20 Jahre später. Entspannt sitze ich im Schatten einer Weide auf der Datscha meiner Freunde in Alatschkowo bei Moskau. Als wir die Weide vor vielen Jahren pflanzten, war sie klein und mickrig. Jetzt ist sie groß genug, uns vor der knalligen Sonne zu schützen. Mein Gegenüber, ein Nachbar meiner Gastgeber, streichelt seinen winzigen Schoßhund und gießt Wodka nach. »Aber ja«, sagt er leutselig, »wir befinden uns im dritten Weltkrieg mit euch, schon lange.« Und in dem werde eines Tages unzweifelhaft Russland obsiegen.

Ljoscha Pankin, der Sohn eines ehemaligen russischen Außenministers, kämpft in diesem »Krieg«, indem er in der staatlichen TV-Dachorganisation WGTRK jeden Tag russische national-patriotische Videos auswählt, die dann bei YouTube veröffentlicht werden. »Putinversteher« in Deutschland halten die Videos dann für eine empfehlenswerte alternative Informationsquelle, für den »fehlenden Part«, der ihnen angeblich vom deutschen »Mainstream« vorenthalten wird. Ljoschas Töchter leben derweil in dem Ausland, mit dem ihr Vater gerade »Krieg« führt. Die eine ist in Deutschland verheiratet, die andere studiert in den USA, wo sich auch Ljoschas Gattin gerade auf einer Dienstreise befindet. Sie ist Journalistin bei *Radio Free Europe*. Zoff in der heimatlichen Wohnung ist da nicht selten. Ljoschas Vater Boris Pankin, der zur Zeit Gorbatschows für ein paar Monate dem Außenministerium vorstand, verbringt seinen Lebensabend in Schweden. Er ist Rentner und akkreditiert als politscher Beobachter der russischen Regierungszeitung *Rossijskaja Gaseta*. Sieht da jemand Widersprüche? Ljoscha nicht.

Oleg, ein alter Bekannter, Ingenieur, Ende 40, schaut mit seiner Familie vorbei. Er fühlt sich verpflichtet, dem Ausländer die russische Politik nahezubringen. Selbst mein Einwand, dass ich dieses Mal nur Urlaub in Russland mache, kann seinen Eifer nicht bremsen. Es sind die üblichen Versatzstücke der russischen Propaganda: Die Krim gehört uns (Krim nasch!), sie ist schon immer russisch gewesen. Russen, die diese Meinung nicht teilen, eine Minderheit, nennen Leute wie ihn übrigens »Krimnaschisten«.

Nach dem Anschluss, so agitiert Oleg, seien die Menschen dort jetzt alle glücklich. Sie wollten nie zur Ukraine gehören, man habe sie sogar gezwungen, Ukrainisch zu sprechen. Was nicht stimmt. Der Westen bedrohe Russland, die Sanktionen sollen es in die Knie zwingen. Das habe aber nur dazu geführt, dass Russland sich auf die eigenen Stärken besonnen habe. Viele Lebensmittel, die nicht mehr importiert werden dürfen – übrigens wegen der »Kontersanktionen«, die Moskau selbst gegenüber dem Westen verfügte –, würden inzwischen durch einheimische Produktion ersetzt. »Wir stellen jetzt schon sehr ordentlichen Parmesan her!« Der Hausherr hat es längst aufgegeben, mit diesem Gast zu diskutieren. Ihre Begegnungen sind seltener geworden. Ihm ist es peinlich, dass ich diese, wie er sagt, primitiven patriotischen Sprüche hören muss.

Die haben nach der zur Fußball-Weltmeisterschaft verordneten freundlichen Weltoffenheit wieder die alte Schärfe gewonnen. Statt der weltumspannenden Freundschaftsrhetorik tauchten erneut markige Drohungen auf, die es auch vor der WM schon gegeben hatte: Moschno powtoritj! »Wir können das wiederholen«, sagen Leute wie Schirinowskij unter Anspielung auf den Zweiten Weltkrieg, wenn sich vor allem die Deutschen nach Meinung russischer Politiker Dinge erlauben, die ihnen nicht zustehen: Kritik an den politischen Zuständen in Russland, an der Krim-Annexion, am Krieg in der Ostukraine. Schließlich haben sie, die Deutschen, ja 1945 eine vernichtende Niederlage im Großen Vaterländischen Krieg erlitten. Der gerade, über 70 Jahre nach Kriegsende neu gestartete TV-Sender *Pobjeda* (Der Sieg), der ausschließlich patriotische Kriegsfilme sendet, erinnert sie täglich daran.

Die Lettin Laima Waikule ist vielen Ostdeutschen noch als

Estradensängerin, das russische Wort für Schlagersängerin, aus sowjetischer Zeit bekannt. Bei einem aktuellen Auftritt in Odessa (Ukraine) sagte sie auf der Bühne, dass sie für kein Geld der Welt auf der von Russland okkupierten Krim auftreten würde. In Russland brach ein Hass-Sturm los: Sie solle nicht die Hand beißen, die sie füttere, solle nicht vergessen, woher sie komme, die Balten hätten nie so gut gelebt wie zur Zeit der Sowjetunion – und dergleichen mehr. Waikule wird inzwischen in den russischen Medien als »russophob« beschimpft.

Auch Rammstein fällt in Ungnade

Auch die deutsche Pop-Gruppe Rammstein, eine der beliebtesten ausländischen Bands in Russland, musste erleben, wie schnell man dort in Ungnade fällt. Bei ihrem Auftritt im Moskauer Luschniki-Stadion küssten sich zwei Band-Mitglieder auf offener Bühne, um ein Zeichen gegen Homophobie zu setzen. Im offiziellen Russland, wo öffentliche Bekundungen dieser Art in Anwesenheit von Minderjährigen unter Strafe stehen, ein Skandal. Der Parlamentsabgeordnete Witalij Milonow rief Rammstein denn auch dazu auf, solche Auftritte in Russland künftig zu unterlassen. »Wenn sie es für möglich halten, sich derartig aufzuführen, dann sollten wir es auch für möglich halten, uns von solchem Müll fernzuhalten«, sie könnten das ja in der Ukraine aufführen, sagte Milonow – und setzte noch einen drauf, indem er die Fans der Band als »nicht normal« bezeichnete. Milonow war einer der Initiatoren des Gesetzes gegen die sogenannte »homosexuelle Propaganda«.[2]

Irgendwann bei meinem letzten Besuch musste ich dann doch mal nach Moskau in die City. Die Gespräche mit Taxifahrern waren interessant, wie so oft. Da war der freundliche armenische Dirigent, der mich besorgt fragte, ob sich die Deutschen noch auf die Straßen wagten. Schließlich würden ja Horden von Afrikanern und Arabern das Leben unsicher machen. Woher er das habe? »Na, im Fernsehen zeigen sie täglich schlimme Bilder aus Deutschland …«

Ein anderer Vertreter der Taxifahrer-Zunft, ein muskulöser Russe, wird ganz lebhaft, als er merkt, dass ich Deutscher bin. »Schade, dass Hitler den Krieg nicht gewonnen hat, das wäre besser gewesen.« Meinen Einwand, dann würden wir nicht miteinander reden können, weil Hitler die Völker im Osten einschließlich der Russen habe vernichten wollen, wischt er mit einer Handbewegung weg. »Na, dann hätten sich Hitler und Stalin eben einigen und zusammengehen müssen!« Und zu welchem Zweck? »Wir hätten zusammen Europa und die ganze Welt beherrschen können.« »Aber du weißt schon, dass du ein Faschist bist?« »Ich denke schon …«

Derweil brannten in Sibirien die Wälder, das Feuer hatte im August 2019 bereits 4,3 Millionen Hektar Waldfläche vernichtet. Das Vielfache der Fläche der 2014 eroberten Krim. Während die Einwohner sibirischer Städte wegen der Rauchentwicklung nach Luft schnappten und Löscharbeiten erst begannen, als man in Moskau die Anweisung dazu gab, beschuldigte der Parlamentsabgeordnete und stellvertretende Vorsitzende des Duma-Komitees für Umweltschutz die russische Opposition, sie habe bei den Bränden in Sibirien die Hände im Spiel. Der Mann ist auch in Deutschland gut bekannt. Es ist der ehemalige Schwergewichts-Weltmeister Nikolaj Walujew, der seinerzeit für den Boxstall des Promoters Wilfried Sauerland boxte. Woher seine Kenntnisse über den Umweltschutz stammen, ist rätselhaft. Walujew kann lediglich auf ein abgebrochenes Sportstudium verweisen.

Zur gleichen Zeit demonstrierten in der Zwölf-Millionen-Einwohner-Stadt Moskau ein paar tausend Menschen für faire Wahlen. Der Staat fühlte sich in seinen Grundfesten bedroht, verfolgte sie brutal und mit niederträchtigen Anschuldigungen. »Ausländische Organisatoren« wurden beschuldigt, die Drahtzieher zu sein. Später wird die Duma unter anderem die *Deutsche Welle* auffordern, sie solle sich im russischen Parlament für ihre

Einmischung in die inneren Angelegenheiten Russlands verantworten.

Es sind Momentaufnahmen aus einem Land, das ich auch nach dem Ende meiner Korrespondenten-Tätigkeit regelmäßig besuche. Es sind Splitter einer Realität, die einem flüchtigen Besucher, der sich an den zahlreichen schönen Seiten der russischen Millionenstädte erfreut, nicht sogleich ins Auge springen. Der Tourist nimmt eher die vermeintlich gesicherte Erkenntnis mit, dass Russland, das sich wieder als Großmacht fühlt und weitgehend auch so wahrgenommen wird, sicher auf seinen Füßen steht. Solange diese Füße stabil sind. Mehrere Stützpfeiler halten das Putin-System aufrecht.

Das Rückgrat: Die Geheimdienste

Die Jahre unter der Regentschaft von Boris Jelzin (1991–1999) waren politisch die beste Zeit für Russlands Liberale. Sie genossen so viel Freiheit wie nie zuvor. Ebenso die Medien, Zeitungen wurden massenhaft gegründet, private Fernsehstationen gingen auf Sendung. Der TV-Sender des Oligarchen Wladimir Gussinskij wurde schnell zu einer höchst angesehenen Informationsquelle. Die Menschen genossen die Offenheit und den kritischen Umgang des Senders mit politischen Ereignissen. Das Satire-Programm *Kukly* (Die Puppen) von Wiktor Schenderowitsch war Kult. Respektlos wurden die führenden Politiker, der Präsident eingeschlossen, aufs Korn genommen.

Dabei sah es in der Zeit wirtschaftlich und damit auch sozial sehr trübe aus. Inflation, Rubel-Entwertung und Arbeitslosigkeit beutelten das Land. Heute, in der Putin-Zeit, gelten die 1990er Jahre vielen Russen als die Zeit des Chaos, der Unordnung und der politischen Wirren. Ohne die Hilfe westlicher Staaten und des Internationalen Währungsfonds hätte Russland diese schwere Zeit kaum überstanden.

Ja, das stimme alles, höre ich von meinen Freunden in

Moskau. »Aber es war auch die Zeit der Hoffnung auf eine neue, offene und demokratische Gesellschaft, in der die Bürger des Landes die Rechte und Freiheiten, wie sie auf dem Papier standen, auch im Alltagsleben genießen wollten und weitgehend auch konnten.« Heute gehe es ihnen wirtschaftlich besser, aber dafür sei die Hoffnung auf eine freie Gesellschaft dahin, Russland sei erstarrt in der autokratischen Herrschaft eines scheinbar »ewigen« Präsidenten, die einen Gauner-Kapitalismus hervorgebracht habe.[3]

Wladimir Putin brauchte 20 Jahre, diese Staatsform zu schaffen, die inzwischen auch als Putinismus, auch Putins Kleptokratie genannt, in den Sprachgebrauch eingegangen ist. Seine vorherrschenden Merkmale sind Klientelismus, Korruption und Rentenökonomie.[4]

Das Rückgrat des Systems bilden die russischen Geheimdienste, deren Führungspersonal seinen Aufstieg mehrheitlich der gemeinsamen Zeit mit Putin in Leningrad/St. Petersburg verdankt. Sie hatten schon damals den Ruf, nützlich und loyal zu sein und über weitverzweigte Mafiakontakte zu verfügen. Sie haben nach Putins Einzug in den Kreml im Jahr 2000 zügig die Führungsposten in anderen Sicherheitsdiensten, im Staatsapparat, in den Parlamenten, der Justiz und der Wirtschaft besetzt. Die Geheimdienste hatten das erhalten, was ihnen in den 1990er Jahren noch verwehrt gewesen war, die Immunität vor jedweder äußeren Kontrolle.

Sie waren hilfreich beim Aufbau der »Vertikale der Macht«, mit der die demokratischen Institutionen, das System von »Checks and Balances« zwischen Exekutive und Legislative, ausgehebelt und die Unabhängigkeit der Justiz, soweit vorhanden, weitgehend beseitigt wurde. Sie bilden heute die neue herrschende Klasse in Russland. Präsident Putin gebietet über mehrere Geheim- und Sicherheitsdienste. Dies sind die wichtigsten:

Der Föderale Sicherheitsdienst (FSB) untersteht direkt dem Präsidenten, die operative Leitung obliegt seit 2008 dem FSB-

Direktor Alexander Bortnikow. Der enge Vertraute des Kreml-Chefs gehört zum Kreis der »Leningrader«. Das Aufgabenfeld des Dienstes umfasst die Spionageabwehr, den Schutz von Staatsgeheimnissen, die Bewachung der Grenzen, den Kampf mit besonders gefährlichen Formen des organisierten Verbrechens, den Kampf gegen den Terrorismus, die Beteiligung am Kampf gegen die Korruption. Es gehört auch zu den üblichen Praktiken des Geheimdienstes, politisch Missliebige durch fingierte Vorwürfe mundtot zu machen und /oder ins Gefängnis zu bringen. Der FSB ist der direkte Nachfolger des sowjetischen KGB. Der deutsche Verfassungsschutz schätzt die Zahl der FSB-Mitarbeiter heute auf rund 350 000. Von ihnen sind 66 200 Militärangehörige, darunter 4000 Mann in Spezialeinheiten wie Alpha und Wympel. Auch 160 000 bis 200 000 Angehörige der Grenztruppen gehören zum FSB.

Der Dienst für Auslandsaufklärung (SWR), dessen Zentrale sich in Batschurino am Stadtrand von Moskau befindet, ist ausschließlich im Ausland aktiv und befasst sich mit politischer Spionage. Er soll herausfinden, welche Ziele und Absichten andere Mächte, aber auch Organisationen und führende Politiker verfolgen, und nach Möglichkeit die russische Außenpolitik im internationalen Umfeld unterstützen. Eine weitere Aufgabe besteht in der Wirtschaftsspionage, das heißt in der Beschaffung von geheimen Informationen über Wirtschaft, Finanzen, Rohstoffe, seltene Metalle sowie über Marktentwicklungen der außenpolitischen Konkurrenten Russlands. Und schließlich haben die SWR-Leute die Aufgabe, wissenschaftlich-technische Entwicklungen auszuspähen und nach Möglichkeit zu stehlen. Der wohl größte Coup der sowjetischen Spionage war die Beschaffung der Baupläne für die Atombombe aus Los Alamos. Im Sommer 2019, nach der Explosion einer russischen »Superwaffe« bei Sewerodwinsk, hat der inzwischen entlassene US-Sicherheitsberater John Bolton Russland beschuldigt, die Technologie für die Hyperschall-Fluggeräte in den USA gestohlen zu haben.[5]

Der Föderale Wachdienst der Russischen Föderation (FSO) ist für die Sicherheit des staatlichen Führungspersonals zuständig. Er nutzt dazu auch Methoden der verdeckten Aufklärung und sichert die Spezialkommunikation zwischen den Mitgliedern der Führung und den Regionen. Aus seiner besonderen Nähe zur Führung des Landes erwächst in der Truppe das Gefühl, eine besondere Willkür gegenüber den weniger Privilegierten ausleben zu können. Im Februar 2018 beauftrage Putin den FSO, sich nun auch um die Sicherheit der IT-Systeme der russischen Führung und um die Abwehr von »Informationsattacken« zu kümmern. FSO-Chef ist seit 2016 Generaloberst Dmitrij Kotschnjow.

Der Föderale Dienst der Nationalgarde der Russischen Föderation ist ein spezieller Geheimdienst der rund 400 000 Mann starken Nationalgarde, die 2016 geschaffen wurde und die dem Präsidenten direkt untersteht. Befehligt wird sie von Wiktor Solotow, Putins Bodyguard aus St. Petersburger Zeiten. Die Nationalgarde selbst ist in Verruf geraten als die kriminellste aller Machtstrukturen Russlands. Führungsposten in der Nationalgarde und die Kaderpolitik musste Putin im Sommer 2019 in die Hände des FSB legen, um wieder halbwegs für Ordnung in der Garde zu sorgen.[6]

Die Hauptverwaltung des Generalstabs für Militärspionage, die immer noch mit ihrer sowjetischen Bezeichnung GRU genannt wird, gilt als eine der skrupellosesten Auslands-Spionageorganisationen. Sie untersteht dem Generalstabchef der russischen Streitkräfte. Ihre Aufgabe besteht laut Selbstbeschreibung in der Beschaffung von Aufklärungsinformationen, die unerlässlich sind für die Beschlussfassung in den Bereichen von Politik, Ökonomie, Verteidigung, Wissenschaft, Technik und Ökologie. Es gilt als erwiesen, dass Mitarbeiter dieser Hauptverwaltung unter anderem den Giftanschlag auf den russischen Ex-Geheimdienstmitarbeiter Sergej Skripal und seine Tochter in Salsbury in England ausgeführt haben.

Die Hauptverwaltung für Spezialprogramme des Präsidenten (GUSP) ist kein Geheimdienst im herkömmlichen Sinne. Sie selbst ist indes so geheim, dass relativ wenig über diese Organisation bekannt ist. Sie hat offiziellen Angaben zufolge die Aufgabe, mit dem ihr unterstehenden Dienst für Sonderobjekte (SSO) in Friedenszeiten alle Vorbereitungen dafür zu treffen, dass der Staatsapparat im Falle eines Krieges vor Angriffen geschützt ist und funktionsfähig bleibt. Das heißt konkret, dass die GUSP das Netz geheimer Bunker, unterirdischer Tunnel und Versorgungseinrichtungen im ganzen Land verwaltet. In Moskau, so vermuten Experten, soll es zwischen Lomonossowskij-, Mitschurinskij- und Werdnadskij-Prospekt eine komplette unterirdische Stadt geben. Auch soll eine geheime Metro-Linie existieren, die vom Kreml zum Flughafen Wnukowo führt. Im Sommer 2019 geriet die Organisation in die Schlagzeilen, als sich der 55-jährige Andrej Kudrjaschow aus der Wohnung eines Hochhauses zu Tode stürzte. Kudrjaschow war der Finanzchef des SSO und kurz zuvor wegen finanzieller Unregelmäßigkeiten in seiner Organisation entlassen worden.[7]

Diese Struktur der russischen Sicherheitsdienste ist das Ergebnis des Umbaus des sowjetischen Komitees für Staatssicherheit (KGB – Komitet Gossudarstwennoi Besopasnosti), der Anfang der 1990er Jahre unter Leitung des damaligen KGB-Chefs Wadim Bakatin stattfand.[8] Er zerlegte den Geheimdienst-Moloch im Auftrage von Präsident Boris Jelzin in einzelne Teile, der Geist der alten »Tschekisten« blieb jedoch erhalten.

Die zweite Stütze: die Chefs der Staatsunternehmen

Es ist bezeichnend für den archaischen Zustand des russischen Wirtschaftssystems, dass drei Öl- und Gaskonzerne, eine staatliche Bank und der Monopolist Russische Eisenbahnen die ersten fünf Plätze der größten Unternehmen des Landes einnehmen. Von einer Diversifizierung der Wirtschaft, die Kreml-Chef Putin für überlebenswichtig im 21. Jahrhundert hält, von Hightech-

Unternehmen ist wenig bis nichts zu sehen unter den Spitzenkonzernen. Trotz anderslautender Beteuerungen des Mannes im Kreml verharrt Russland unter seiner 20-jährigen Führung in der Rolle eines militärisch hochgerüsteten Rohstofflieferanten mit weltweiten Interessen. Die Auslandsaktivitäten der Spitzenkonzerne orientieren sich an internationalen Ambitionen des Kremls. Geführt werden die Konzerne in der Regel von Männern, die, ohne deren Besitzer zu sein, ihre Unternehmen nach Gutsherrenart dirigieren und mit ihren Zugriffsmöglichkeiten auf die Geldströme Macht ausüben und sich selbst bereichern.

Zwei Deutsche spielen dort ebenfalls mit. Matthias Warnig, ein ehemaliger Offizier der DDR-Staatssicherheit, der vor der Wende in Düsseldorf bundesdeutsche Banken ausspionierte, ist Geschäftsführer der Gazprom-Tochter Nord Stream AG. Ex-Bundeskanzler Gerhard Schröder ist Aufsichtsratsvorsitzender bei Nord Stream sowie Vorsitzender des Verwaltungsrats der Projektgesellschaft, die Nord Stream 2 baut und inzwischen nur noch Gazprom gehört. Seit 2017 ist Schröder auch Aufsichtsratschef beim Erdölkonzern Rosneft.

Gazprom-Chef Alexej Miller gebietet über ein gewaltiges Imperium, von dem das Wohl und Wehe der russischen Staatsfinanzen in hohem Maße abhängt, ein Imperium, das weltweit agiert und ursprünglich das Zentrum der Rohstoff-Weltmacht Russland hatte bilden sollen.

Es ist anders gekommen, das Militär und die Rüstungsindustrie haben die Federführung bei der Gestaltung der Großmachtrolle übernommen. Was für Gazprom bleibt, ist eine beeindruckende Fülle an Macht, sowohl im Inland als auch im Ausland. Der aus dem Ministerium für Erdöl- und Gaswirtschaft der UdSSR hervorgegangene Konzern besitzt rund ein Sechstel der derzeit gesicherten Erdgasreserven der Welt. Dazu kommen umfangreiche noch nicht erschlossene Reserven in Sibirien. Über ein Fernleitungsnetz von rund 150 000 Kilometern Länge und örtliche Weiterverteilungsnetze von 428 000 Kilometern verteilt

Gazprom jedes Jahr über 500 Milliarden Kubikmeter Erdgas in Russland und darüber hinaus. Die Europäische Union bezieht rund ein Drittel ihres Erdgases von Gazprom. Die Pipeline Nord Stream 2 wird diese Anbindung und damit den Einfluss Moskaus auf Westeuropa weiter verstärken.[9]

Doch nicht alle Blütenträume reiften. 2008, als Gazprom seine Marktkapitalisierung auf mehr als 360 Mrd. US-Dollar gesteigert hatte, erklärte Miller, dass das Unternehmen das weltweit erste Billionen-Dollar-Unternehmen werden könnte. »Von diesem Versprechen ist nicht viel übrig geblieben. Gazprom wird derzeit mit 56 Mrd. $ bewertet. Schuld daran haben die Amerikaner. Der Schiefergas-Boom in den Vereinigten Staaten und die neuen Exportmöglichkeiten durch verflüssigtes Erdgas (LNG) zerstörten Gazproms Erfolgsmodell und brachten die Erdgaspreise ins Rutschen.«[10]

Igor Setschin ist Präsident des Erdölriesen Rosneft, der neben Gazprom zu den wichtigsten Devisenbringern Russlands gehört. Der Konzern trägt damit ganz wesentlich zur Stabilität des russischen Staatshaushalts bei. Es ist längst ein geflügeltes Wort, dass Igor Setschin nach Präsident Putin der zweitmächtigste Mann im Staate ist. Diesen Ruf verdankt er auch seiner Skrupellosigkeit, mit der er bedenkenlos gegen Konkurrenten und Partner vorgeht. Der ehemalige KGB-Mann war unter anderem die treibende Kraft hinter der Verurteilung des Yukos-Chefs Michail Chodorkowskij und der Zerschlagung des zu der Zeit effektivsten russischen Konzerns. Das Filetstück aus der Erbmasse von Yukos, das Erdölförderunternehmen Juganskneftjegas, riss er als Staatsdiener an sich und machte Rosneft zu einem Spitzenunternehmen.

Seit Mitte der 2000er Jahre kam die Verstaatlichung der russischen Ölindustrie dank Setschin in Riesenschritten voran, Rosneft schluckte die meisten Privatunternehmen der Ölbranche. 2018 stand Rosneft in der Rangfolge der größten Unternehmen Russlands an dritter Stelle. Der Anteil des Konzerns an der Ölförderung in Russland stieg zwischen 2000 und 2017 von vier auf 42 Prozent.[11]

Setschin, in den 1990er Jahren in St. Petersburger Zeiten noch »Kofferträger« Putins, ist ein typischer russischer Funktionär mit Geheimdiensthintergrund und offenbar auch mit Kontakten zur organisierten Kriminalität. Männer seines Schlages gehören zu den zuverlässigen Stützen des Systems. Sein Vermögen wird auf rund 300 Millionen Dollar geschätzt. Wer sich Setschin in den Weg stellt, hat schlechte Karten. Selbst ein Mann wie Alexej Uljukajew, Minister für wirtschaftliche Entwicklung, musste das zur Kenntnis nehmen. Er zog im Streit mit dem Rosneft-Chef den Kürzeren und sitzt nun für mehrere Jahre im Gefängnis. Rosneft, das sich selbst als »globales Energie-Unternehmen« bezeichnet, ist eigenen Angaben zufolge in Südamerika (unter anderem in Venezuela, wo der Konzern eine Stütze der Maduro-Diktatur ist), in Nord- und Ostafrika, im Nahen Osten (unter anderem in den Kurdengebieten im Nordirak) sowie in der asiatisch-pazifischen Region tätig.[12]

German Gref ist Vorstandsvorsitzender der Sberbank (PAO Sberbank Rossii), des größten Finanzinstituts Russlands. Über die Sberbank kann der russische Staat tief in das Wirtschaftsleben des Landes hineinregieren, was die Privatwirtschaft einschließt. Die Bank hält fast ein Drittel des Vermögens des russischen Bankensektors und ist einer der größten Kreditgeber des Landes. Die Sberbank hat mehr als 137 Millionen Privatkunden und mehr als eine Million Firmenkunden in 22 Ländern. Mitte 2018 kam sie auf einen Börsenwert von über 86 Milliarden US-Dollar. Sie ist eine Aktiengesellschaft, an der die Zentralbank der Russischen Föderation, die Bank Rossii, 50 Prozent plus eine Aktie und damit die Mehrheit hält. Gref, der aus einer russlanddeutschen Familie stammt, traf zu Beginn der 1990er Jahre im Bürgermeisteramt in St. Petersburg mit Putin zusammen.[13]

Zwischen 2000 und 2007 war er russischer Wirtschaftsminister, er zählt zu den vom Kreml »zugelassenen« Reformern, die sich innerhalb des Putin-Systems bewegen. Das Portal komprommat.wiki charakterisiert Gref als »typischen Deutschen in den oberen Etagen der Macht in Russland, wie es sie zahlreich gab in der vaterländischen Geschichte zur Zeit der Imperatoren, und die ein wenig vergessen wurden in der sowjetischen Periode. Er ist verlässlich und loyal gegenüber der obersten Führung, er erledigt seine Aufgaben ohne die den russischen Menschen eigenen ›reflexhaften Reaktionen‹ und ›Aufgeregtheiten‹, niemals bedauert er das, was er getan hat.«[14]

Oleg Bjelosjorow ist seit August 2015 Präsident des staatlichen Konzerns Russische Eisenbahnen (RZD). Er wurde Nachfolger des Ex-Geheimdienstgenerals Wladimir Jakunin, der ihm ein bereits im Niedergang befindliches Unternehmen hinterließ. Jakunin gründete nach seinem Ausscheiden in Berlin sein Forschungsinstitut »Dialog der Zivilisationen«, mit dem er versucht, die öffentliche Meinung in Westeuropa zu manipulieren.

RZD ist Monopolist im Bereich von Güter- und Passagiertransport auf der Schiene. 99 Prozent aller Eisenbahnstrecken Russlands (insgesamt mehr als 85 000 Kilometer) gehören dem Staatskonzern, der damit eine strategische Größe im russischen Wirtschaftsleben darstellt. Stolz vermeldet RZD, der Konzern mit seinen 750 000 Mitarbeitern gehöre zu den drei größten Transportunternehmen der Welt. Seine Bedeutung für das Land kann kaum überschätzt werden. Angesichts eines völlig ungenügenden Straßennetzes stellt die Eisenbahn – abgesehen vom teuren Flugverkehr – die einzige stabile Verkehrsverbindung zwischen dem europäischen Teil Russlands und dem Fernen Osten dar. Die Entfernung von der Westgrenze bis zur Halbinsel Kamtschatka im Fernen Osten beträgt 9000 Kilometer. Es liegt auf der Hand: Neben dem Güter- und Passagierverkehr hat RZD auch eine höchst wichtige militärische Bedeutung.[15]

Bjelosjorow ist ein alter Bekannter von Arkadij Rotenberg, der es im Schatten des Aufstiegs seines St. Petersburger Freundes Wladimir Putin inzwischen zum Milliardär gebracht hat. Rotenberg und Bjelosjorow lernten sich in den 1990er Jahren kennen. Bjelosjorow war damals Chef der Föderalen Agentur für das Straßenwesen. Arkadij und sein Bruder Boris Rotenberg gewannen zu der Zeit eine große Zahl von Ausschreibungen der Agentur.

Sergej Tschemesow ist ein enger Vertrauter von Präsident Putin und als Chef der Staatsunternehmen Rostec und Rosoboronexport auch deshalb einer der einflussreichsten Männer des Landes. Beide kennen sich noch aus Leningrader Zeiten aus dem KGB. Mit dem rasanten Wachstum von Rostec gewann Tschemesow deutlich an Macht. Im Sommer 2019 dementierte er Vermutungen, er werde in die Politik wechseln. Im Herbst verlieh ihm Präsident Putin den Titel »Held Russlands«.[16]

Rostec ist eine Dachorganisation für über 700 Unternehmen, die wiederum in 15 Holdings zusammengefasst sind. Offiziellen Verlautbarungen zufolge hat Rostec, gegründet 2007 als Rostechnologija, den Auftrag, die Entwicklung, Produktion und den Export von Erzeugnissen der russischen Hightech-Industrie zu befördern. Die Rostec-Unternehmen sind in den vielfältigsten Branchen unterwegs: Auto- und Flugzeugbau, Optik, Medizintechnik und so weiter. Der Schwerpunkt liegt indes in der Rüstungsindustrie. Mindestens zehn der 15 Holdings gehören zum militärisch-industriellen Komplex. Über den zu Rostec gehörenden Konzern Rosoboronexport wickelt Russland seine gesamten Rüstungsexporte ab. Eigenen Angaben zufolge ist Rosoboronexport zweitgrößter Waffenexporteur der Welt und hat einen Anteil von 25 Prozent am weltweiten Waffenhandel. Bisher wurden Waffen an 116 Länder verkauft.

Dritte Stütze: Putins Petersburger Buddies

»Ein Freund, ein guter Freund, das ist das Beste, was es gibt auf der Welt«, sangen Heinz Rühmann, Willy Fritsch und Oskar Karlweis 1930 in dem Film »Die Drei von der Tankstelle«. Die russische Interpretation dieser Liedzeile erlebte eine Gruppe von bis dahin wenig erfolgreichen Männern aus St. Petersburg mit ihrem atemberaubenden Aufstieg, der viele von ihnen innerhalb von wenigen Jahren zu Milliardären machte. Sie hatten in den 1990er Jahren das Glück, zur engeren Umgebung eines damals ebenfalls noch weitgehend unbeschriebenen Blattes zu gehören: Wladimir Putin. Und dieser Mann schickte sich gerade an, die Stufen zum Smolny, dem Sitz der St. Petersburger Stadtregierung, zu erklimmen. Es klingt wie ein schlechter Witz, wenn heute Anhänger des russischen Präsidenten, auch in Deutschland, diesen Vorgang als Abschaffung der Oligarchie loben. Tatsächlich wurde die »alte Garde« aus der Jelzin-Zeit lediglich durch die Neuen aus Putins Umgebung ausgetauscht. Allerdings bekamen diese nie den politischen Einfluss, über den die »Alten« zeitweilig verfügten.

Die Neuen waren zunächst nur eine Gruppe von unscheinbaren Datschenbesitzern, die sich in einer Freizeit-Kooperative mit der Bezeichnung »Osero« (Der See) zusammengefunden hatten.[17]

Ihre Mitglieder, zu denen der heutige Präsident Putin gehörte, durchliefen in nur wenigen Jahren eine schwindelerregende Karriere und wurden innerhalb von nur zehn Jahren unsagbar reich. »Osero« kann als Synonym für eine geschlossene Gesellschaft eng miteinander verbundener Geheimdienstler, Wissenschaftler und Geschäftsleute gelten, die gleich einer Seilschaft mit Kontakten zum organisierten Verbrechen den Aufstieg in die Führungsetagen des Landes bewerkstelligte. Mit null Kapital zum Besitz von Millionen und Milliarden. Verständlich, dass Glücksritter aus aller Welt neidvoll und bewundernd auf das »russische Wunder« blicken.

Begonnen hatte es im Jahr 1992. Wladimir Putin, damals Leiter eines für die Außenhandelsbeziehungen zuständigen Komitees des Bürgermeisteramts von St. Petersburg, legte sich am Ufer des Komsomol-Sees in der Nähe der Stadt zwei Grundstücke zu. Das war zu dem Zeitpunkt für einen schlecht besoldeten Staatsbediensteten eigentlich unmöglich, zumal er dann auch noch ein luxuriöses Haus auf dem Anwesen errichten ließ. Es sei denn, er verfügte über ein »zusätzliches Einkommen. Putin hatte dieses Einkommen natürlich«, erinnerte sich der pensionierte Ermittler Andrej Sykow, der in den 1990er Jahren mit den kriminellen Machenschaften in der »nördlichen Hauptstadt« befasst war. »Wir ermittelten und fanden heraus, dass die Korporation ›Zwanzigster Trust‹ ein Haus für Wladimir Wladimirowitsch Putin am Ufer des Komsomol-Sees und auch eine Villa in Spanien gebaut hatte.« Der Preis für das Haus am See lag »schätzungsweise bei 500 000 Dollar«.[18]

Als das Haus unter ominösen Umständen abbrannte, sorgte der »Zwanzigste Trust« umgehend für Ersatz. Die Ermittlungen im Zusammenhang mit der vermuteten Unterschlagung großer Geldsummen aus dem Staatshaushalt durch den »Zwanzigsten Trust« und andere windige Unternehmungen wurden mit Putins Aufstieg ins Präsidentenamt zu den Akten gelegt.

Die Datschen-Kooperative »Osero« wurde am 10. November 1996 offiziell registriert. In der Gründungsurkunde wird Wladimir Smirnow als Leiter der Kooperative genannt. Weitere Gründungsmitglieder waren – in der Reihenfolge auf der Liste – Nikolai Schamalow, Wladimir Putin, Wladimir Jakunin, Jurij Kowaltschuk, Wiktor Mjachin, Sergej Fursenko und dessen Bruder Andrej Fursenko.[19]

Sie alle waren in den darauffolgenden Jahren nicht nur Datschniki, also Datschenbesitzer, sondern, um ein russisches kalauerndes Wortspiel zu bemühen, mehr noch Udatschniki, die Erfolgreichen.

Wladimir Smirnow: Aufsichtsratsvorsitzender des Kowrowsker Mechanischen Werkes, das Gaszentrifugen für die Urananreicherung herstellt. Mitglieder seiner Familie sind mit zehn Prozent an der Nationalen Kosmischen Bank beteiligt, die im Luftfahrt- und Rüstungsbereich agiert.[20]

Nikolaj Schamalow: Schamalows Vermögen wird mit »bescheidenen« 100 Millionen Dollar angegeben. Dafür stand für seinen Sohn Kirill, 34, nachdem er die Putin-Tochter Katarina geheiratet hatte, im Sommer 2016 ein Vermögen von 2,3 Milliarden Dollar zu Buche.[21]

Wladimir Jakunin: Der Ex-Geheimdienstgeneral war von 2005 bis August 2015 Chef des staatlichen russischen Eisenbahn-Monopols. Seither widmet er sich seiner Stiftung »Dialog der Zivilisationen«, die als ideologische Speerspitze von Putins »Russkij Mir« die öffentliche Meinung in westlichen Ländern manipulieren soll.[22]

Jurij Kowaltschuk: Anteilsinhaber der einstigen KPdSU-Bank Rossija. Nach 2008 übernahm er die Nationale Mediengruppe, zu der inzwischen mehrere TV-Kanäle, ein Rundfunksender sowie das Verlagshaus *Iswestija* gehören. Sein Vermögen wird auf 1,1 Milliarden Dollar geschätzt.[23]

Wiktor Mjatschin: Mitgründer der Bank Rossija, verkaufte seine Aktienanteile 2009 und legte sie in Petersburger Immobilien – Business-Zentren, Restaurants, Hotels – an. Er lebt vergleichsweise bescheiden von den regelmäßig fließenden Einnahmen, besitzt 60 Millionen Dollar.[24]

Andrej Fursenko: Er gehört zu der Physiker-Gruppe, die sich in den 1990er Jahren ins Petersburger Geschäftsleben begab. Präsident Putin holte ihn zu Beginn der 2000er Jahre nach Moskau, machte ihn zum stellvertretenden Minister für Industrie, Wissenschaft und Technologie, dann zum Minister. Seit 2013 ist er Vorsitzender des Beirats der russischen Wissenschaftsstiftung.

Arkadij und Boris Rotenberg, obwohl keine Datschniki, gehören zu den wohl ältesten Freunden des Präsidenten. In Petersburg trainierten sie mit Putin Judo. Die Karriere der in den 1990er Jahren noch unbedeutenden Geschäftsleute ging nach dem Machtwechsel im Kreml steil nach oben. Bauunternehmen, Banken, Stahlrohrproduzenten, Energieversorger und Düngemittelhersteller zählen zum Firmenimperium. Sie erhielten Zugriff auf Staatsunternehmen wie Gazprom, indem sie Gazprom-Assets zu Billigpreisen erwerben konnten. Allein für die Olympischen Winterspiele in Sotschi erhielten sie Aufträge für sieben Milliarden Dollar. Den Milliarden-Auftrag zum Bau der Brücke vom russischen Festland zur von Russland okkupierten Krim bekamen sie ohne Ausschreibung. 2016 schätzte Forbes ihr Vermögen auf rund zwei Milliarden Dollar.

Gennadij Timtschenko, der ebenfalls aus St. Petersburg stammende Co-Gründer der Gunvor Group, einer der größten internationalen Händler von Energieträgern, hat langjährige persönliche Beziehungen zu Putin. Seine Aktivitäten im Energiesektor »sind direkt mit Putin verbunden gewesen. Putin hat Investments bei Gunvor und könnte auch Zugriff auf die Finanzen haben.«[25] Im März 2014, einen Tag bevor ihn die US-Sanktionen wegen seiner engen Beziehungen zum Kreml-Chef trafen, verkaufte Timtschenko seinen 43-prozentigen Anteil an Gunvor. Später auch die Anteile an Firmen wie der Versicherungsgesellschaft Sogaz. Sein Vermögen 2019 laut Forbes: 22,7 Milliarden US-Dollar. 2016 waren es 13,2 Milliarden.[26]

Der vierte Kreis

Der vierte Kreis umfasst die westlichen Offshore-Häfen, hauptsächlich in den Vereinigten Staaten und dem Vereinigten Königreich, wo Unternehmen mit anonymen Eigentümern ungestört florieren können. Über diesen Unterstützerkreis für das System Putin werde am wenigsten gesprochen, weil in den anglo-amerikanischen Offshore-Zonen ein hohes Maß an Geheimhaltung gelte, schreibt Anders Aslund.[27]

Ein kleiner Zipfel der Geheimhaltung wurde 2016 auch in Russland gelüftet, als mit den Panama Papers ruchbar wurde, dass auch Putin-Vertraute in das illegale Spiel mit Offshore-Konten, Scheinfirmen und Geldströmen aus ungeklärter Herkunft verstrickt waren. Der Name des Putin-Freundes und Taufpaten von dessen älterer Tochter, des Cellisten Sergej Roldugin, gilt in Russland seither als Synonym für undurchsichtige Geschäfte in Steueroasen. Aus den Panama-Papieren ging hervor, dass über verschiedene Konten Roldugins mindestens zwei Milliarden Dollar geflossen waren, die der Musiker kaum selbst verdient haben konnte. Kreml-Kritiker Alexej Nawalnyj sprach von einem »Reserve-Fonds Putins«. Folgen hatte das keine. Der Kreml-Chef stellte sich vor den Cellisten und erklärte: »Ich bin stolz, dass ich solche Freunde habe.«[28]

Diese vier Stützen bilden das System der »autoritären Kleptokratie«. Aslund vergleicht diesen Zustand mit dem Russlands vor den Reformen von Zar Alexander II. im Jahr 1860. Putins Macht ist praktisch so unbegrenzt wie das des Zaren zu jener Zeit. Mit Hilfe seiner loyalen Helfer kontrolliert er praktisch alle und alles: den Staatsapparat, die Geheimdienste, die keiner parlamentarischen Kontrolle unterworfen sind, die Justiz und die Staatsunternehmen, deren Anteil an der Wirtschaftsleistung seit 2005 stetig zunimmt. Selbst die Privatwirtschaft untersteht dem Kuratel des Kremls, der mit Hilfe willfähriger Sicherheitsdienste und Richter das Recht auf Privateigentum praktisch aufgehoben hat. Auch private Unternehmen sind in Putins Russland letztlich nur Lehen, die ihren Inhabern im Konfliktfall sehr schnell wieder abgenommen werden können. Nicht zuletzt sind auch die russischen Medien – im Propagandakrieg gegen den Westen und zur Formierung, zur Gleichschaltung der öffentlichen Meinung heute unentbehrlich – fest in der Hand der Kreml-Mannschaft.

Zu den vier von Aslund genannten Stützen gehören zwei weitere Pfeiler. Das ist zum einen der militärisch-industrielle Komplex und zum anderen die wiedererstarkte russisch-orthodoxe Kirche. Beide haben nicht nur stabilisierende Funktionen im Inland, sie haben gleichzeitig auch wichtige Funktionen bei der Ausweitung des russischen Einflusses weltweit. Man wisse nicht genau, ob das Außenministerium eine Verteidigungspolitik habe, witzeln russische Militärs. Aber man wisse genau, dass das Verteidigungsministerium eine Außenpolitik hat.

DES KREMLS TRAUM VON
DER GROSSMACHT

> Die Welt muss akzeptieren, dass wir keine Nation
> von Händlern und keine Pantoffel-Produzenten sind,
> weil, wie sehr wir uns auch anstrengen mögen, uns Panzer noch
> immer am besten gelingen. Wir können kämpfen und siegen.
> Die Welt braucht uns als Lieferant der wichtigsten Ware –
> Sicherheit.
>
> *Sergej Karaganow, Ehrenvorsitzender*
> *des russischen Rates für Außen- und Sicherheitspolitik*

Russland ist wieder ein Global Player, der in allen wichtigen Problemen der Welt ein Mitspracherecht beansprucht. Das ist Konsens in vielen Regierungssitzen. Vielleicht nicht unbedingt in Washington und Peking, in Europa und insbesondere in Berlin aber ganz gewiss. Dort ist man in einer Gefühlslage zwischen Verständnis und Entsetzen zumindest beeindruckt von Putins Bereitschaft, hohe Risiken kontrolliert einzugehen, militärisch einzugreifen, internationale Verträge zu ignorieren und kompromisslos auf seinen Positionen zu beharren.

»Russland ist derzeit, seinen Möglichkeiten nach, objektiv keine Supermacht, wie einst die UdSSR eine war und die USA jetzt eine sind«, urteilt der britische Russland-Kenner Mark Galeotti. »Es versucht jedoch, die bestehende Weltordnung herauszufordern und die übrige Welt zu zwingen, Russland wie eine reale Großmacht zu behandeln. Um das zu erreichen, muss man Risiken eingehen, und Russland ist dazu bereit.«[29]

Dass man ihn im Ausland nicht mag, nimmt Putin ungerührt hin, getreu dem alten russischen Wahlspruch: »Wenn sie uns nicht lieben, sollen sie uns wenigstens fürchten.« Das bescherte dem Kreml-Chef zu Hause zeitweilig hohe Popularitätsraten. Auch die Tatsache, dass sich Moskau praktisch vom Gedanken einer europäischen Integration verabschiedet hat und stattdessen wieder einmal die eurasische Karte spielt, halten viele seiner Anhänger für eine gute Idee. Denn was soll man anfangen mit Europäern, denen es an Dankbarkeit für die Befreiung vom Faschismus fehlt?

Das Volk liebt den Großmachtgedanken

Russland existiert entweder als Großmacht oder gar nicht. Dieses Postulat, das aus dem 19. Jahrhundert stammt, zieht sich seit der Zeit der russischen Zaren durch die Geschichte des Landes und nistet in den Köpfen seiner Bewohner. Auch der russische Präsident Wladimir Putin benutzte dieses in Russland schon geflügelte Wort mehrfach in seinen Reden.

Die Sowjetunion stieg nach dem Sieg im Zweiten Weltkrieg und dem Griff zur Atomwaffe neben den USA sogar zur Supermacht auf. Einer Supermacht auf tönernen Füßen freilich, denn die Wirtschaftsleistung blieb weit hinter den militärischen Möglichkeiten zurück. Die Sowjetunion sei letztlich nur ein »Obervolta mit Atomwaffen«, spöttelte 1977 der damalige Bundeskanzler Helmut Schmidt.

Das Gefühl, einer Großmacht anzugehören, ist für sehr viele Russen ein wichtiger Teil ihres Selbstwertgefühls. In den 1990er Jahren, kurz nach dem Zusammenbruch der Sowjetunion, klagten selbst die Anhänger einer liberalen, demokratischen, nicht mehr sowjetisch geprägten Entwicklung: Jetzt beachtet uns niemand mehr, wir zählen einfach nicht mehr, keiner hört auf uns. Die sowjetischen Militärs litten unter der Erkenntnis, dass man sie zeitweilig – ob berechtigt oder nicht – für Papiertiger hielt.

Zu einem tiefsitzenden Trauma wurde 1994 der Abzug der 380 000 Mann starken russischen Besatzungsarmee aus dem Osten Deutschlands. Knapp 50 Jahre zuvor hatte die Sowjetarmee mit der Einnahme von Berlin den heroischen Schlusspunkt unter den Sieg im Großen Vaterländischen Krieg gesetzt. Die anschließende Okkupation eines Teils von Deutschland und die Errichtung der sowjetischen Oberhoheit in Osteuropa, bestätigt durch die Vier-Mächte-Abkommen von Jalta und Potsdam, wurde in Moskau als gerechte Folge des Krieges verstanden. Die Frage nach der Dauer dieses Zustandes wurde zumindest in der damaligen Sowjetunion nicht einmal gestellt. Das war so und würde immer so bleiben, Ende der Geschichte, Punkt. Umso größer der Schock, als das einst ruhmreiche Heer dann, ohne einen einzigen Schuss abzugeben, die Heimreise antreten musste.

Was macht so etwas mit den Menschen? Wie verarbeiten die Russen diese und andere Ereignisse und wie beeinflusst das ihr Denken? Das Moskauer Lewada-Zentrum erforscht diese Fragen. Es trägt den Namen des großen russischen Soziologen Jurij Lewada, der die Einrichtung gleich nach dem Zusammenbruch der Sowjetunion gegründet hatte. Nachdem der russische Staat sich die allzu eigenständige Einrichtung einverleibt hatte, wurde es 2003 als einziges unabhängiges Meinungsforschungsinstitut Russlands neu gegründet.

Das Institut ist in der Nikolskaja-Straße beheimatet, einer noblen Fußgängerzone im Moskauer Zentrum. Die Straße verbindet – Ironie des Schicksals – die beiden wichtigsten Machtzentren Russlands miteinander: den Kreml am Roten Platz und die Zentrale des Inlands-Geheimdienstes FSB (Federalnaja Sluschba Besopastnosti) am Ljubljanka-Platz. Die Auswirkungen, die die Tätigkeiten beider Institutionen auf die Stimmungslage und Denkweise der Russen haben, sind oft Gegenstand der Umfragen und Analysen des Lewada-Zentrums. Professor Lew Gudkow ist sein Direktor. Wer etwas wirklich Substanzielles über die Verfasstheit der russischen Gesellschaft erfahren möchte, hier ist er an der richtigen Adresse. Der Besucher sollte aber nicht davor zurückschrecken, dass das Institut sich auf Anweisung des russischen Justizministeriums seit 2016 »ausländischer Agent« nennen muss. Das Lewada-Zentrum ist damit in bester russischer Gesellschaft. Einem ganz neuen Gesetz zufolge können unter bestimmten Bedingungen nun auch Einzelpersonen zu »ausländischen Agenten« erklärt werden.[30]

Das Lewada-Zentrum analysiert, wie Russen denken

Lew Gudkow begrüßte mich in einem spartanisch ausgestatteten Büro. Auch der Direktor des Lewada-Zentrums muss sich bescheiden, die Mittel sind knapp. Gemeinsame Projekte mit ausländischen Partnern, bei denen jede Seite, wie international üblich, ihren Anteil an den Kosten trägt, wurden weitgehend eingestellt. Gelder aus dem Ausland für nichtstaatliche Organisationen, egal von wem und zu welchem Zweck, werden längst als Einmischung in die inneren Angelegenheiten, als Angriff auf die Souveränität Russlands interpretiert. Gleichzeitig wurde die Erschließung finanzieller Quellen im Inland kompliziert. Welche russische Institution will schon mit einem »ausländischen Agenten« kooperieren und seinen Ruf als Patriot und loyaler Anhänger des Präsidenten beschädigen? Eines Präsidenten, der seit Jahren auf einer Woge des Nationalismus und des Großmachttums reitet.

Es sei schon am Ende der Jelzin-Zeit klar gewesen, wohin die Reise gehen werde, erläuterte Gudkow die Ursachen für den heutigen Zustand. »In Erwartung eines neuen Präsidenten wurden zwei Forderungen erhoben: Er sollte das Land aus der Krise führen und – nicht weniger wichtig – ihm den Status einer Großmacht zurückgeben, den nach Meinung der Befragten die Sowjetunion innehatte. Dieses Zugehörigkeitsgefühl war außerordentlich wichtig. Die Identifizierung mit der Großmacht kompensiert die Abhängigkeit, die Armut, das Dasein als kleiner Mensch. Es sind Kompensationsmechanismen.«[31]

Es muss irgendwann zu Beginn der 2000er Jahre gewesen sein. Das russische Außenministerium sonderte fast täglich irgendwelche Erklärungen zu den verschiedensten Vorgängen in der Welt ab, die oft nichts mit russischen Interessen zu tun hatten. Dafür enthielten sie Wendungen wie: »Es ist nicht zulässig« oder »Die Russische Föderation protestiert entschieden«. Reaktionen darauf gab es kaum. Ich fragte einen Diplomaten im russischen Außenministerium, wozu diese nutzlosen Übungen denn sein müssten, es höre doch eh niemand darauf … Er, etwas hilflos: Ein Land wie Russland, eine Großmacht, könne doch nicht einfach schweigen. Ich verstand das nicht gleich. Dann wurde mir klar: Wenn Moskau sich nicht überall zu Wort meldet, keine Hinweise geben oder Warnungen ausstoßen kann, dann müsste es sich selbst seine Zweitklassigkeit eingestehen. Und das ging nun wirklich nicht.

Ich wandte ein, dass der Zerfall der Sowjetunion und seine Folgen doch noch längst nicht überwunden seien. Wäre es nicht sinnvoll, wenn Russland sich erst einmal mit sich selbst beschäftigte, den Großmachtstatus beiseiteließe und das Land aufbaute? In 15, 20 Jahren würde die Russische Föderation aufgrund seines Rohstoff- und Wissenschaftspotenzials, seiner Menschen ganz von selbst zu einer Großmacht werden. Seine Antwort kam schnell und ohne zu zögern: »Nein, das können wir Russen nicht.«

Wie das zu erklären sei, fragte ich den Soziologen Gudkow. Er verortete das Problem in einem »doppelten Bewusstsein«, ähnlich dem bei George Orwell *(double think).* »Einerseits ist es für die Menschen sehr wichtig, sich als Teil einer Großmacht zu fühlen. Sie wollen das selbst. Das Ansehen Putins gründet sich in hohem Maße darauf, dass er nach Meinung der Russen dem Land die Autorität einer Großmacht wiedergegeben hat. Das haben sie von ihm erwartet, und er hat geliefert.« Natürlich haben die Medienzensur und Wiederbelebung alter ideologischer Versatzstücke bei der Herausbildung dieses Gefühls eine wichtige Rolle gespielt, fügte er hinzu.

Gleichzeit treffe die Mehrheit der Menschen eine ganz andere Aussage, die dem eigentlich widerspricht. »Wir fragten, in welchem Land sie leben wollten: in einer starken Großmacht, die von den anderen geachtet wird, weil sie sie fürchten – oder in einem nicht so großen, vielleicht nicht einmal dem stärksten, dafür aber komfortablen Land mit einem hohen Lebensniveau. Die Menschen wählten mehrheitlich die zweite Variante, die mit dem hohen Lebensniveau.«

Aber weil das eine Utopie sei und Putins Politik die Wiederherstellung Russlands als Supermacht anstrebe, »demonstriert die Mehrheit ihr Einverständnis mit dieser Variante. Ich kann nicht sagen, ob das psychologisch begründet ist, aber es ist ein sehr stabiles System von Vorstellungen, das bereits vor der Revolution existierte. Ich denke, es geht zurück auf orthodoxe Ideen, auf das russisch-orthodoxe Bewusstsein, das den Isolationismus, die Trennung von der katholischen und protestantischen Welt, mit dem imperialen Denken zusammenführte. ›Moskau ist das dritte Rom‹[32] – die ganze Kultur drehte sich um diese Symbole«, meinte Gudkow. In unscharfer Form sei das von den Kommunisten reproduziert worden »mit ihren Ideen von der ›welthistorischen Mission der Arbeiterklasse‹ und der Einzigartigkeit des ersten kommunistischen Staates der Welt. Es ist die Ideologie der Anbetung des Staates und des kollektiven Bewusstseins. Jeder Mensch für sich genommen wünscht sich ein ruhiges friedliches Leben. Aber in ihrer Gesamtheit demonstrieren Russlands Bürger eine Großmachteinstellung.«

Schärfer noch äußerten sich Wladislaw Inosemzew und seine Mitautoren in einem Beitrag für die deutsche Zeitschrift *Internationale Politik*. »Manche Kommentatoren sind überzeugt, dass sich die Politik von Präsident Wladimir Putin aus dem russischen Nationalismus speist. Wir vertreten dagegen die These, dass die russische Öffentlichkeit von der territorialen Expansion geradezu besessen ist. Für die meisten Bürger ist sie der wichtigste Beweis für die imperiale Wiedergeburt ihres Landes.«[33]

Deshalb entfalteten die faktische Inbesitznahme der georgischen Gebiete Abchasien und Südossetien (sie erklärten sich, besetzt von russischen Truppen, nach dem georgisch-russischen Krieg von 2008 für »unabhängig«), die Okkupation der Krim und die De-facto-Eroberung der Ostukraine, nur spärlich übertüncht durch die Gründung von Pseudo-Republiken, so große Wirkung bei der Bevölkerung der Russischen Föderation. Fjodor Lukjanow, Vorsitzender des russischen Rates für Außen- und Sicherheitspolitik räumte während unseres Gesprächs in Moskau auf meine Frage, wozu Russland diese Rolle brauche, lakonisch ein: »Ökonomisch bringt das Verluste, aber sie ist wichtig für die Stimmung.«

Apologeten des Kremls werden nicht müde, ihre Landsleute in ihrer Überzeugung von der Richtigkeit ihres »jahrhundertealten«, moralisch gerechtfertigten Anspruchs zu bestärken. »Russland war, ist und wird eine Großmacht sein«, meint beispielsweise Jurij Krupnow, Vorsitzender des Beirats des Instituts für Demografie, Migration und regionale Entwicklung. Das sei bestimmt »durch seine tausendjährige Zivilisation, die Fähigkeit, auf seinem riesigen Territorium verschiedene Völker zu vereinigen, durch jene nie dagewesenen Bewährungsproben und geopolitischen Herausforderungen, mit denen es im Laufe seiner gesamten Geschichte konfrontiert war«. Auch er bemüht den Gedanken an die »Einzigartigkeit« der russischen Zivilisation, die allein durch ihre Existenz »eine ganz besondere Bestimmung« habe. Für Russland sei es jetzt »erneut wichtig, zu zeigen, dass es eine Weltmacht ist, die fähig ist, auf ihrem Territorium beispielhaft die globalen Probleme der Menschheit zu lösen, die natürlich auch unsere Probleme sind«.[34]

Bemerkenswert ist immerhin, dass Krupnow noch relativ bescheiden die Lösung globaler Probleme auf dem eigenen Staatsgebiet angehen will und dann auf die Beispielwirkung darüber hinaus hofft.

Auch für Dmitrij Trenin gibt es für Russland nichts Natürlicheres, als eine globale Spitzenposition zu beanspruchen. »Grundsätzlich strebt Russland nach einem Status, der dem jeder anderen großen Macht der Welt ebenbürtig ist«, meint Trenin, Direktor des Moskauer Carnegie-Zentrums.[35]

Carnegie Moscow ist inzwischen, anders als die Bezeichnung vermuten lässt, ein nur teilweise kritischer, dem Kreml sehr nahestehender russischer Think-Tank. Die US-amerikanische Internetzeitung *The Daily Beast* hält Carnegie Moscow sogar für ein »Trojanisches Pferd«, mit dem der Kreml die internationale öffentliche Meinung in seinem Sinne zu manipulieren sucht. Das mag etwas weit hergeholt sein, eine gewisse Zurückhaltung beim Lesen der von Carnegie Moscow verbreiteten Artikel und Analysen empfiehlt sich jedoch. Nützlich sind sie allemal, erfährt man doch etwas darüber, was im Dunstkreis des Kremls gedacht wird oder was über Russland gedacht werden soll.

Zur Begründung des moralischen Großmacht-Anspruchs greift auch Trenin weit in die Geschichte zurück. Dabei macht er Russland ein wenig älter und bescheinigt ihm eine mehr als 1250 Jahre »offizielle« Staatlichkeit. Historiker wissen, dass der Begriff Rossija (Russland) erst im 15. und 16. Jahrhundert, also vor 500, 600 Jahren, in Gebrauch kam. Zur offiziellen Staatsbezeichnung wurde Rossija erst 1547 nach der Thronbesteigung Iwans IV. (1530–1584).[36] Trenin fügt außerdem noch ein kleines Heldenepos hinzu und macht Russland zu einem Land, »dessen Herrscher im 15. Jahrhundert das Angebot des Heiligen Römischen Reiches ablehnte, zum König gemacht zu werden, und sich stattdessen selbst zum Erben des byzantinischen Imperiums erklärte«. Auch das geht etwas an den historischen Tatsachen vorbei.[37]

Auch wenn es möglicherweise schwerfällt, das nachzuvollziehen, so formt Trenin dennoch aus diesen historisch nicht sehr stimmigen Versatzstücken einen »natürlichen« Anspruch auf Russlands Rolle in der Welt. Angereichert mit Hinweisen darauf, dass Russland eine lange Erfahrung in der Auseinandersetzung mit den größten Mächten der Welt, »einschließlich Frankreich, Deutschland und Großbritannien«, habe.[38]

Putin verhinderte die Westintegration

Inzwischen sei Russland längst nicht mehr das, was es noch vor ein paar Jahren war, es habe sich total verändert, »Russlands Position im globalen System hat sich in den vergangenen fünf Jahren (Trenin im Juli 2019 – M. Q.) dramatisch verändert, zusammen mit seinen internationalen Schlüsselbeziehungen. Diese Veränderungen haben auf Russlands Identität gewirkt, seine Grenzen verändert, die Auffassung von nationaler Geschlossenheit umdefiniert, und eine Weltsicht produziert, die sich völlig unterscheidet von der Tradition der vergangenen drei Jahrhunderte.«

1990 habe die Russische Föderation, »die gegenwärtige Inkarnation des russischen Staates«, ihre Existenz als ein Land begonnen, »das danach lechzte, sich der von den Vereinigten Staaten angeführten demokratischen, liberalen Ordnung anzuschließen. Es strebte nach Integration in den Westen, was bedeutete, Teil des atlantischen Systems mit der NATO im Zentrum und Teil eines Groß-Europas zu werden, das um die Europäische Union herum gebaut wurde. Diese Bemühungen schlugen hauptsächlich deshalb fehl, weil Präsident Wladimir Putin und die russischen Eliten es ablehnten, die US-Führerschaft anzuerkennen und den Großmachtstatus ihres Landes und seine globalen Ambitionen aufzugeben.«[39]

Die endgültige Wende habe Moskau vollzogen, »nachdem die Ukraine-Krise 2014 ausgebrochen war«. Gemeint ist Russlands Krim-Okkupation und sein verdeckter Krieg in der Ostukraine. Da habe sich Russland abgewendet »von seiner bereits abgenutzten Agenda der Westintegration, ebenso von der nostalgischen Absicht, die ehemaligen sowjetischen, Russland umgebenden Grenzländer wieder zu integrieren«. Das ist eine etwas geschönte Umschreibung dafür, dass Russland sich selbst durch sein Vorgehen in Georgien, der Ukraine und in Syrien, durch seine Drohgebärden gegenüber Nachbarstaaten zumindest zeitweilig zu einem Paria der Weltpolitik gemacht hat.

Russland hat heute keine Verbündeten, es liegt mit den meisten seiner Nachbarn im Streit. Die Versuche, nach dem Ende der Sowjetunion neue Staatenbündnisse unter russischer Führung zu schmieden – die Gemeinschaft Unabhängiger Staaten, die Eurasische Wirtschaftsunion, die kollektive Sicherheitsorganisation –, sind praktisch gescheitert, räumte selbst Trenin ein.

Doch dessen ungeachtet sei es Russland erneut gelungen, sich wieder einmal neu zu erfinden, meint der Politologe, der dem Kreml nahesteht, und entwickelt eine bemerkenswerte Sicht auf die Welt. Dieses Mal erfand Russland sich »als selbständige und grundsätzlich sich selbst genügende postimperiale Nation im Zentrum des Makro-Kontinents Eurasien. Heute ist Russland ›nur‹ Russland, weder westlich noch asiatisch; ein großes Land, das seine nationalen Interessen, wie die Kreml-Führung sie sieht, voranbringt und verteidigt und das für die Vielfalt in der globalisierten Umwelt eintritt.«

Russland sei heute weder ein westliches noch ein östliches, sondern ein nördliches Land. Sein Territorium umfasse einen großen Teil der nördlichen Gebiete des Mega-Kontinents Groß-Eurasien, das sich von der iberischen Halbinsel bis nach Tschukotka erstrecke. Doch ist es »nicht der Kern oder die zentrale Macht dieses Landmassivs, sondern das Land mit den meisten physischen Verbindungen. Es teilt Grenzen mit Norwegen und Nordkorea. Im Westen nahe an Europa, hat es eine lange Grenze mit China im Südosten und eine noch längere im Süden mit der muslimischen Welt und den längsten Abschnitt der Küstenlinie in der Arktis im Norden.« Russland sei Nachbar der USA und Japans. Das Schwarze Meer verbinde es mit der Türkei und das Kaspische mit dem Iran. Indien sei nicht weit entfernt.[40]

Das zwinge die russische Führung zu einer »360-Grad-Rundumsicht«. Russland fühle sich frei, seine Interessen als ein »unabhängiger Weltklasse-Spieler« zu verfolgen, als wahrhaft »globales Russland«. Noch erstaunlicher, so glaubt Trenin, sei Russlands Fähigkeit, »effektiv und gleichzeitig mit Akteuren zu interagieren, die untereinander als geschworene Feinde gelten: Israel und Iran; Iran und Saudi Arabien; Saudi Arabien und Qatar; die Türkei und die Kurden; die Hisbollah und Israel. Diese Fähigkeit kann Moskau dienlich sein, wenn es tiefer in die Beziehungen in Asien involviert wird: Japan und China; China und Indien; Indien und Pakistan.« Trenins Aufzählung liest sich wie eine Liste der Weltregionen, in denen Moskau gegenwärtig oder künftig mitzuspielen gedenkt.[41]

Fjodor Lukjanow: Russland sucht seine Rolle

Die Redaktion der Zeitschrift *Russia in Global Affairs* (Russland in der globalen Politik) hat ihr Domizil in der Hochschule für Ökonomie in der Malaja-Ordynka-Straße. Ich war mit Chefredakteur Fjodor Lukjanow verabredet, der gleichzeitig Vorsitzender des russischen Rates für Außen- und Sicherheitspolitik ist. In der Eingangshalle, mit dem Muschelkalk aus sowjetischer Zeit gestaltet, prüfte ein aufmerksamer uniformierter Wachposten misstrauisch meinen deutschen Pass. »Sie haben einen Termin?« Ich nickte: »Selbstverständlich!« Daraufhin blätterte er in einem offensichtlich viel benutzten Telefonbuch, während er mir erklärte, er werde jetzt anrufen, dann würde jemand kommen und mich in das gewünschte Büro führen. Er fand die Telefonnummer zunächst nicht, begann aber, die Angaben aus meinem Pass in eine Kladde zu schreiben. Irgendwann fand er die Telefonnummer, aber niemand nahm ab. Ich rief die Kontaktnummer von Lukjanows Mitarbeiterin an, ebenfalls ohne Erfolg. Damit die Sache vorankommt, schlug ich vor, dass er mich, dessen Angaben er ja nun habe, allein, ohne Begleitung gehen lassen könne, ich führe auch nichts Böses im Schilde.

Der Wachmann schaute mich sehr ernst an und schüttelte den Kopf. Das gehe ja nun gar nicht. Schließlich wisse er ja nicht, ob ich der sei, der zu sein ich vorgebe. »Aber mein Pass …«, stammelte ich hilflos ob der absurden Situation. »Nun ja, der Pass«, murmelte der Mann und erklärte mir, er könne nicht überprüfen, ob das tatsächlich mein Pass sei, ob ich derjenige sei, dessen Pass er in den Händen halte. Da könne ich ihm dann auch nicht mehr helfen, antwortete ich und schaute ihn eindringlich fragend an. Das half. Er gab sich einen Ruck und mir meinen Pass zurück. Ich erhielt die Order, auf direktem Wege in das gewünschte Büro zu gehen und beim Rückweg unbedingt diesen Ausgang zu benutzen, »damit ich Sie sehen kann«.

Auf dem Weg zu Lukjanows Büro schoss mir, warum auch immer, ein Satz aus dem Buch durch den Kopf, das ich als Reiselektüre mitgenommen hatte: »Russland definiert seine eigene Sicherheit über die Unsicherheit seiner Nachbarn.«[42]

Ja, es gebe eine neue Rolle Russlands, »aber was ist das für eine Rolle? Das ist nicht ganz verständlich«, meinte ein nachdenklicher Fjodor Lukjanow, während er Tee servieren ließ. »Das, worüber wir in den 1990er und 2000er Jahren gesprochen haben, ist geklärt. Die Großmacht ist da.« Im weiteren Verlauf des Gesprächs wird er diese Bemerkung relativieren. »Russland ist eindeutig keine Supermacht. Supermächte waren ein Phänomen der zweiten Hälfte des 20. Jahrhunderts, damals gab es zwei. Ich glaube, von einem bestimmten Moment an wird es nicht eine einzige mehr geben.« Heute aber müsse man anerkennen, dass Russlands Potenzial mit dem Amerikas einfach nicht zu vergleichen sei, nicht einmal mit dem Chinas.

Aber egal, wie man zur russischen Politik stehe, »viele in der Welt sehen sie negativ, aber niemand negiert, dass Russland ein Faktor ist, mit dem man rechnen muss. Das ist die Entwicklung der vergangenen fünf bis sieben Jahre.« Die Zäsur sei das russische Eingreifen in Syrien gewesen. Das sei der erste Fall nach dem Ende des Kalten Krieges gewesen, »in dem neben den USA ein Land auftauchte, das Anspruch auf die Funktion eines ›global policeman‹ erhob«.

Auf die Frage, welche strategischen Ziele Moskau nun mit dieser neu gewonnen Rolle anstrebe, überraschte Lukjanow mit seiner Antwort. »Das Interessante besteht darin, dass es bei uns keine spezielle Strategie gibt, keine Klarheit darüber, was wir wollen. Wir reagieren lediglich.«

Glaubt man Lukjanow, dann sind die inzwischen auf weite Teile der Welt verteilten russischen Aktivitäten lediglich ein Ausdruck von Opportunismus: Wenn sich irgendwo eine interessante Gelegenheit auftut, greift Russland zu. Es gebe keinen Masterplan für Expansion.

Das verwunderte mich doch sehr. »Sie wollen allen Ernstes behaupten, Moskau habe keine strategische Idee, wie es seine Beziehungen in der internationalen Arena entwickeln will?«, fragte ich. Lukjanow winkte ab. In der gegenwärtigen internationalen Lage hätten Strategien generell keinen Sinn, sie würden sich nicht realisieren lassen. Ich frage noch einmal nach. In Deutschland werde darüber diskutiert, was Russland eigentlich wolle, eine Antwort habe man bislang nicht. »Das kann auch niemand sagen, weil es keine Antwort auf diese Frage gibt. Was will Russland? Russland will alles, und es will gleichzeitig nichts. Das ist unser ewiges Dilemma.«

Lukjanow könnte in der Ökonomie-Hochschule ein paar Türen weiter nach Antworten suchen. Dort sitzt Sergej Karaganow, Dekan der Fakultät für Weltwirtschaft und internationale Politik der Hochschule für Ökonomie, sein Vorgänger im Amt des Vorsitzenden des Rates für Außen- und Sicherheitspolitik. Der hat schon seit Jahren eine dezidierte Meinung zu dem Thema. »Wir wollen eine weitere Destabilisierung der Welt verhindern. Und wir wollen den Status einer Großmacht. Wir können darauf leider nicht verzichten – dieser Status ist in den vergangenen 300 Jahren zum Teil unseres Erbguts geworden. Wir möchten das Zentrum eines großen Eurasiens sein, einer Zone von Frieden und Zusammenarbeit. Zu diesem Eurasien wird auch der Subkontinent Europa gehören.«[43]

Russland, so urteilt er, sei »das einzige Land, das alle Imperien zerschlagen hat, beginnend mit den Dschingissiden, die die halbe Welt unterworfen hatten, die in China herrschten, dann die Schweden, die halb Europa eingenommen hatten, dann Napoleon, dann Hitler«.[44]

Karaganows Gedanke, wo Russland sei, gebe es auch Sicherheit, dürfte spätestens nach den jüngsten Erfahrungen mit den russischen »Sicherheitsbringern« in Georgien, der Ukraine und in Syrien nur wenig Zustimmung finden. Der Denkweise seines Präsidenten entspricht das allemal.

Allerdings, so behauptete Chefredakteur Fjodor Lukjanow, sei in Russland gerade ein Umschwung im althergebrachten Denken im Gange. In der russischen Gesellschaft, »auch unter den politischen Eliten«, werde darüber gesprochen, was mit dem Großmachtstatus anzufangen sei. »Die Großmacht ist da, aber was nun?« Früher habe es die Tradition gegeben, dass man außenpolitische Erfolge für sich allein genommen für wichtig hielt. »Doch das hat sich erschöpft. Heute beunruhigt die Menschen wesentlich mehr das, was im Lande geschieht, was mit ihnen geschieht, was mit ihnen geschehen wird.«

Lukjanow behauptete sogar, dass die vergangenen 30 Jahre der Transformation dazu geführt hätten, »dass die einstigen imperialen Instinkte stufenweise schwinden. Langsam zwar, aber sie verschwinden.« Das Paradoxe bestehe darin, dass dieser – angebliche – Umschwung im Denken gerade in dem Moment beginne, da Moskau wieder in seine neue alte Rolle geschlüpft sei.

Dmitrij Trenin von Carnegie Moscow geht noch einen Schritt weiter. Es habe sie nie gegeben, die Idee, dass die Fähigkeit zur Expansion als Charakteristikum für eine Großmacht gelte, behauptet er. »Russlands Markenzeichen des Außergewöhnlichen besteht nicht im Messianismus. Es wurzelt in der Isolation eines orthodoxen Landes und seinem Glauben, es besitze das Geschenk eines wahrhaftigen religiösen Schicksals. Das wurde verstärkt durch Russlands erfolgreiche – wenn auch kostspielige – Verteidigung seiner staatlichen Souveränität und bestätigt durch Russlands Status als ein wesentlicher globaler Player, der es ablehnt, Anweisungen von irgendjemandem entgegenzunehmen.«[45]

Letzteres ist unter den Ängsten, die die Moskauer Führung umtreibt, eine der größten: Niemand sagt uns, was wir zu tun haben, lautet ihr Mantra. Nicht einmal das internationale Recht. Der Internationale Seegerichtshof, der Russland zur Freilassung ukrainischer Seeleute verurteilte, wurde lange ignoriert. Urteile des Europäischen Gerichtshofs für Menschenrechte werden nicht umgesetzt, wenn sie mit der russischen Verfassung nicht konform sind. Dort steht zwar, dass internationales Recht Vorrang vor dem nationalen hat. In der Praxis indes entscheidet die »Großmacht Russland« nach eigenem Gusto. Putins Vorstellungen von dem, was eine Großmacht ausmacht, sind archaisch. Sie seien eher im 19. denn im 21. Jahrhundert verwurzelt, sagt Mark Galeotti, ein profunder Kenner Russlands, seiner Eliten und ihrer Denkweisen: »Er [Putin – M. Q.] glaubt, dass jede Großmacht eine Einflusssphäre besitzt, mit Pufferstaaten und Kronjuwelen.«[46]

Souveränität als Überlebensbedingung

Die Souveränität, die »uneingeschränkte Souveränität«, ist neben der Stabilität zu einem der wichtigsten Begriffe im politischen Wörterbuch des Putin'schen Systems geworden. Der Kreml-Chef selbst benutzt ihn in jeder seiner Reden, oft mehrfach.

Es gebe nicht so sehr viele souveräne Staaten auf der Welt, deshalb sei Russland die seine so teuer. Die meisten verfügten lediglich über eine begrenzte Souveränität, das treffe besonders auf militärpolitische Bündnisse zu, »dort ist sie offiziell begrenzt. Dort steht geschrieben, was erlaubt ist, und was nicht – aber in der Praxis ist es noch härter«, erklärte Präsident Putin 2016 in St. Petersburg den Teilnehmern eines internationalen Wirtschaftsforums. Bei der Gelegenheit wies er die dort ebenfalls anwesende deutsche Bundeskanzlerin Angela Merkel in die Schranken, die zuvor gesagt hatte, dass Europa nicht mit anderen rechnen könne, es müsse sein Schicksal in die eigenen Hände nehmen. Dazu Putin süffisant: »Ich versichere Ihnen, die Souveränität ist begrenzt.« Denn für ihn und seine Eliten gilt es als Binsenweisheit, dass Washington die Fäden auch in den kleineren europäischen Angelegenheiten zieht, dass sich die europäischen Staaten dem amerikanischen Willen unterordnen müssen. Putins Bemerkung war auch ein indirekter Hinweis auf die besondere Stellung, die Russland seiner Ansicht nach in der Welt einnimmt: Es konnte sich ohne Abstimmung und Rückfragen, geschweige denn Genehmigungen von Bündnispartnern so verhalten, wie es sich spätestens seit dem Georgien-Krieg 2008 verhielt – rücksichtslos.[47]

Schon 2007 während des Treffens des Waldai-Clubs, einer Gruppe internationaler Journalisten und Politologen, die regelmäßig nach Russland zu Vortragsreihen geladen werden, hatte der Kreml-Chef seine spezielle Vorstellung vom Begriff der Souveränität vorgetragen. Souveränität sei in der heutigen Welt etwas höchst Exklusives. Nur wenige Staaten seien tatsächlich souverän. »Das sind China, Indien, Russland und noch ein paar Staaten«, wobei ihm offensichtlich die USA nicht über die Lippen kommen wollten. »Für Russland«, erläuterte er dem ausgewählten Kreis internationaler Beobachter, »ist Souveränität kein politischer Luxus, kein Gegenstand des Stolzes, sondern die absolut notwendige Bedingung zum Überleben in dieser Welt. Russland ist ein Land, das nicht existieren kann ohne den Schutz seiner Souveränität. Es wird entweder unabhängig und souverän sein, oder es wird wahrscheinlich überhaupt nicht sein.«[48]

Interessanterweise hat damals kaum einer der Anwesenden einen wichtigen Aspekt dieser Aussage Putins realisiert. Es war, nach seiner Brandrede auf der Münchner Sicherheitstagung im Februar des gleichen Jahres, praktisch seine Absage an jede russische Beteiligung in westlichen militärpolitischen oder Wirtschaftsbündnissen. Denn als Mitglied einer wie auch immer gearteten multinationalen Organisation hätte sich auch Russland an deren Spielregeln halten müssen, was aus Moskauer Sicht eine Einschränkung der Souveränität bedeuten würde. Und das war und ist inakzeptabel. Die Klagen des Kremls, der Westen habe Russland nicht in die EU und die NATO aufnehmen wollen, entbehren folglich jeder Grundlage, Russland wollte selber nicht.

Zudem hat Moskau ganz eigene Vorstellungen von der Idee der Souveränität. Da aus seiner Sicht ohnehin nur Großmächte souverän sind, werden die kleineren Staat, besonders diejenigen, die an Russland grenzen, nur als Objekte betrachtet. »Der Kreml glaubt nicht, dass Länder wie die Ukraine, andere Länder, die er in seiner Einflusssphäre befindlich betrachtet, und die Menschen in diesen Ländern das Recht haben, ihre eigene Zukunft und die Richtung, die sie auf demokratische Weise einschlagen wollen, zu bestimmen.«[49]

Für sich selbst nimmt Moskau das Recht in Anspruch, Entscheidungen ausschließlich auf der Grundlage der eigenen Interessen zu fällen. Auch dann, wenn damit die Beeinträchtigung der Interessen anderer Staaten einhergeht. Russland, das heute ohne echte Verbündete dasteht, braucht auf keine Partner Rücksicht zu nehmen und fühlt sich, will man den politischen und militärischen Eliten glauben, sehr wohl damit. Es fühlt sich autark, sich selbst genügend, eben »absolut« oder »unbegrenzt souverän«.

Aggressiv gegen das »nahe Ausland«

Die Nachbarn eines solchen Staates, der wie ein Elefant durch den Porzellanladen des internationalen Rechts stapft, fühlen sich mehr als unbehaglich. Moskau, angeblich das Völkerrecht ständig unter dem Arm, befolgt es nur dann, wenn es zu den sich schnell verändernden Eigeninteressen passt. Für das »nahe

Ausland«, also für die ehemaligen Sowjet-Republiken, gilt es aus Moskauer Sicht ohnehin nur eingeschränkt. Der Kreml beansprucht diese unabhängigen Staaten, die – außer Armenien – an die Russische Föderation grenzen, als Sphäre »privilegierter Interessen«, wie es Ministerpräsident Dmitrij Medwedjew nannte, als er zwischen 2008 und 2012 den Präsidenten von Putins Gnaden geben durfte. Er drückte damit in milder Form nur das aus, was für die russischen Eliten zum Grundbestandteil ihres Weltbildes gehörte und gehört: Die ehemaligen Unionsrepubliken, das Baltikum ausgenommen, denn dort steht die NATO, gehören eigentlich zu Russland, auch wenn sie im Moment nicht greifbar sind oder Moskau mit einigen zur Zeit nichts anfangen könnte.

Aber im Prinzip, das hat der russische Präsident in seiner Botschaft an die Nation vom 1. März 2018 von der internationalen Öffentlichkeit weitgehend unbemerkt verkündet, sind die Ex-Unionsrepubliken Teil des russischen, also seines Imperiums. Er interpretierte die sowjetische und postsowjetische Geschichte nach seinem Gusto neu und filterte daraus glasklare russische Ansprüche heraus. Und so geht Putins Geschichtsstunde: Unter der Sowjetunion habe man, auch im Ausland, immer nur Russland verstanden. Der Name Sowjetunion sei lediglich die zu sowjetischer Zeit übliche Bezeichnung für Russland gewesen. Als die Union zerfallen sei, habe demzufolge eigentlich Russland, das in den nationalen Grenzen der UdSSR existierte, große Verluste hinnehmen müssen: »Es verlor 23,8 Prozent seines Territoriums, 48,5 Prozent seiner Bevölkerung, 41 Prozent seines Bruttoinlandsprodukts, 39,4 Prozent seiner Industrieproduktion [...], 44,6 Prozent seines Militärpotenzials [...].«[50]

Mit leichter Hand und eher beiläufig korrigierte der Hobby-Historiker Putin damit die Geschichte in seinem Sinne. Die Tatsachen sehen freilich anders aus: Die Sowjetunion gab es tatsächlich, sie existierte von 1922 bis 1991 weitgehend in den Grenzen des russischen Zarenreiches, sie war unter anderem Gründungsmitglied der UNO. Als sie in ihre Bestandteile zerfiel, wurde aus der Teilrepublik RSFSR (Russische Sozialistische Föderative Sowjetrepublik) die Russische Föderation oder einfach Russland. Natürlich in den Grenzen der RSFSR. Die anderen 14 Republiken wurden ebenfalls unabhängige Staaten. Die mussten nun vernehmen, dass der Kreml-Chef ihren Weg in die Souveränität lediglich als Verlust ansieht, den das von ihm umdefinierte Russland erlitten habe. Sie dürften sich unbehaglich fühlen. Denn sie wissen nicht, ob, und wenn ja, wann der russische Staatschef diese Karte zieht und »Verlorengegangenes« heim ins russische Reich holen wird.

Das Beispiel der Krim hat Schockwellen in die anderen unabhängig gewordenen Ex-Unionsrepubliken ausgesandt. Besonders die baltischen Demokratien fühlen sich durch derlei aggressive Äußerungen immer wieder bedroht. Moskau wird zudem nicht müde zu betonen, dass es eine besondere »Verantwortung« für die russischsprachige Bevölkerung im Baltikum hat, und beschuldigt das westliche Bündnis der Aggression. »Für Russland ist der Truppeneinsatz der NATO im Baltikum nicht einfach ein Belastungstest. Es ist der Versuch, eines der attraktivsten Merkmale unseres Staates zu diskreditieren – die Fähigkeit, unsere Brüder zu beschützen[...] Und deshalb sind die ›kleinen‹ NATO-Kontingente eine große geopolitische Provokation, eine doppelte Herausforderung sowohl hinsichtlich der Grundlagen der Sicherheit Russlands als auch für den Schutz, die Bewahrung unserer Russischen Welt.«[51]

Angesichts solcher Töne sind die Balten verständlicherweise froh, als NATO-Mitglieder den Schutz des nordatlantischen Bündnisses genießen zu können. Gegenwärtig sorgen 4000 NATO-Soldaten in den drei Ostseerepubliken im Rotationsprinzip, also ohne feste Stationierung, durch ihre Anwesenheit für mehr Sicherheit. 450 von ihnen kommen aus Deutschland. Sie gehören zu dem 1500 Mann starken Kontingent, das in Litauen unter deutschem Kommando steht. Litauens Außenminister Antanas Linkevicius zeigte sich zufrieden mit der Art und

Weise, wie die NATO im baltischen Raum agiert. Manch einer möge die Maßnahmen für symbolisch halten, »aber die Sicherheit ist garantiert, und wir sind allen Ländern dankbar, die ihren Beitrag dazu leisten«.[52]

Andrej Illarionow, Putins ehemaliger Wirtschaftsberater, nennt die Art der NATO-Präsenz im Ostseeraum »eine kluge Strategie«. Ohne sie wäre ein Angriff Russlands »viel realistischer«. Doch jetzt sei neben der Ukraine Weißrussland (Belarus) besonders gefährdet, sagte er in einem Interview mit einer deutschen Zeitung. »Und ich möchte, dass die Menschen in Deutschland wissen: Das am meisten durch Moskau bedrohte Land in Europa ist Weißrussland. Dort liegt die Bedrohung Nummer eins.«[53]

Immer nachdrücklicher drängt Putin auf die Bildung eines russisch-weißrussischen Einheitsstaates, obwohl viel Trennendes zwischen Minsk und Moskau liegt. Alexander Lukaschenko lehnt russische Stützpunkte in seinem Land ab, was der russische Außenminister Lawrow im Sommer 2019 als »unangenehme Episode« bezeichnete. Der Weißrusse hat bisher weder die Annexion der Krim durch Russland gutgeheißen noch die Unabhängigkeit der abtrünnigen georgischen Provinzen Abchasien und Südossetien anerkannt. Differenzen gibt es auch beim Erdöltransit durch Weißrussland und dem stagnierenden Prozess der Vereinigung in einem gemeinsamen Staat. Lukaschenko will vorher Währungs- und Handelsfragen geklärt haben, ehe es ans Politische geht. Im Kreml favorisiert man die umgekehrte Vorgehensweise, also treten alle auf der Stelle. Gleichzeitig flirtet der weißrussische Machthaber immer mal wieder mit der EU. Das hat den russischen Auslandsspionagedienst SWR auf den Plan gerufen, der sich »besorgt« über angebliche Einmischungsversuche westlicher Dienste in die inneren Angelegenheiten von Weißrussland zeigt. Der SWR baut angeblich eine spezielle Geheimdiensteinheit zum Schutz des Unionsstaates Russland-Weißrussland auf, was in Minsk dem Vernehmen nach mit wenig Enthusiasmus aufgenommen wurde.

MOSKAU WENDET SICH VOM WESTEN AB

> Putin geht selbstbewusst an die Schaffung
> der Eurasischen Union, er fürchtet sich nicht,
> den Westen mit seinen liberalen Werten offen
> herauszufordern, mit kräftiger Stimme wendet er
> sich dem Glauben zu, den Traditionen,
> den konservativen Grundlagen der Gesellschaft.
>
> *Alexander Dugin, russischer Philosoph*

Nach dem Zusammenbruch der Supermacht Sowjetunion im Dezember 1991 gab es in Russland Versuche, das Land in einen demokratischen, den liberalen und marktwirtschaftlichen Werten verpflichteten Staat umzuwandeln. Diese Absicht wurde indes nur von einem Teil der russischen Eliten getragen. Insbesondere beim Militär, in den Geheimdiensten, aber auch in der Diplomatie gab es starke Gegenkräfte, die sich zunächst relativ ruhig verhielten. Der Schock, gerade erst den Status einer Weltmacht verloren zu haben, saß tief. Auch wurde der Westen gebraucht, um in den 1990er Jahren den völligen ökonomischen Zusammenbruch zu vermeiden. Sie betrieben gewissermaßen Mimikri oder, wie sie es selbst sagten, sie nahmen eine »Auszeit«, eine Atempause (russ. peredyschka).[54]

Doch schon sehr bald kehrten die nur mühsam unterdrückten Reflexe der Konfrontation zurück. Die Beziehungen verschlechterten sich dramatisch. Die Gründe dafür, so wiederholen der Kreml und seine Apologeten gebetsmühlenartig, seien externer und militärischer Natur. Das, so schreibt der Politikwissenschaftler Hannes Adomeit in einer Analyse, »ist grundsätzlich falsch«. Es seien vielmehr innere Faktoren, nämlich die Sorgen der Eliten um die Erhaltung ihrer Macht, die die Entscheidungen des Kremls bestimmen. »Äußere Herausforderungen und Bedrohungen, die die Außenpolitik des Kremls beeinflussen, sind essenziell sozialer und ökonomischer Natur. Sie wurzeln vor allem in der Sorge der russischen Machthaber, dass die Regulierungsmodelle und die Anziehungskraft des Westens eine Bedrohung für die Legitimation ihrer Herrschaft in Russland und den Einfluss ihres Landes in der selbst deklarierten Interessensphäre darstellen.«[55]

Die Jelzin-Ära: Die inneren Wurzeln des Anti-Westlertums

Grundsätzlich, schreibt Adomeit, sei Russlands Außenpolitik nach dem Kollaps der Sowjetunion eine Fortsetzung von Gorbatschows Neuem Denken gewesen. »Die konzeptionellen Ansätze waren euro-atlantisch ihrer Natur nach und geprägt von der Vision eines einheitlichen und freien Europas, von einer ›euro-atlantischen Gemeinschaft von Vancouver bis nach Wladiwostok‹. Die Rückentwicklung des Imperiums, der Verzicht auf die militärstrategische Parität mit den Vereinigten Staaten, die Ausmerzung des regionalen militärischen Übergewichts, das Verfolgen einer breiten politischen Kooperation, um eine ›strategische Partnerschaft‹ mit dem Westen zu formen, die vollwertige Teilnahme an internationalen Wirtschaftsorganisationen wie GATT, IMF und den G-7 und sogar die Mitgliedschaft wurden zu erklärten Zielen des neuen Russland und des reformerischen Außenministers Andrej Kosyrew.« Sollte auch dieser Versuch fehlschlagen, Russland in die demokratische Staatengemeinschaft und die Weltwirtschaft zu integrieren, werde Russland in die Kategorie eines Drittwelt-Staates abgleiten, warnte Kosyrew.[56]

Nur wenige Tage vor der formellen Auflösung der Sowjetunion und einem ersten Treffen der NATO-Außenminister und des Warschauer Pakts richtete Jelzin ein Schreiben an den NATO-Generalsekretär. Darin habe er Russlands Wunsch ausgedrückt, einen Dialog zwischen den Beratern »sowohl auf politischer wie auch militärischer Ebene« zu entwickeln. Und weiter: »Heute erheben wir die Frage einer russischen Mitgliedschaft in der NATO, allerdings bezüglich eines langfristigen politischen Ziels.«[57]

Sein Außenminister Kosyrew bekräftigte in einem Rundfunk-Interview, dass Russland die NATO nunmehr als Mechanismus der Stabilität in Europa und in der ganzen Welt betrachte. Es sei nur »natürlich«, sich dem anzuschließen.[58] Präsident Jelzin stellte in einem Schreiben an die UNO Anfang 1992 fest, Russland betrachte die westlichen Länder als »Alliierte« (und nicht nur als Partner).[59]

Diese Entwicklung habe umgehend eine Gegenbewegung auf den Plan gerufen, schreibt Adomeit: »Russische Nationalisten und Chauvinisten, Pan-Slawisten, Neoimperialisten, Revisionisten und Anhänger einer expansionistischen Politik. Sie alle waren beseelt von einem tiefgreifenden anti-demokratischen, anti-liberalen und anti-westlichen Denken. Ihr gemeinsames Ziel war die Wiederherstellung Russlands als Großmacht. Es war diese aus Sicht der Konservativen machtvolle innerrussische politische Wende, die zu einer Wiederkehr des traditionellen Denkens führte. Gleichzeitig erlangten die ehemaligen oder aktuellen Inhaber von führenden Posten im Militär und den Sicherheitsministerien und Agenturen, insbesondere in den Geheimdiensten, wieder Macht und Einfluss. Ebenso die Manager und Beschäftigten des Militär-Industrie-Komplexes, die Führung der Kommunistischen Partei und deren Mitglieder.«[60]

Adomeit machte für den Zeitraum von Frühjahr 1992 bis Winter 1993 fünf Ereignisse aus, bei denen innerrussische »patriotische Kräfte« die Außenpolitik Jelzins torpedierten. So verhinderten sie einen Friedensschluss mit Japan und eine Lösung des leidigen Kurilen-Problems. Hardliner im russischen Sicherheitsrat hatten sich quergestellt, und der für den 9. September geplante Japan-Besuch des russischen Präsidenten musste nur wenige Tage vorher abgesagt werden. Auch eine für das darauffolgende Jahr geplante Visite fand nicht statt.[61]

Die Positionen der damaligen Verhinderer eines friedlichen Ausgleichs mit dem einstigen Weltkriegs-Gegner Japan finden sich heute in den Ansichten des Kremls wieder. Auch Putin ist zu keiner Kompromisslösung bereit, ein Treffen mit dem japanischen Premierminister Abe am Rande des G20-Gipfels in Osaka im Sommer 2019 verlief nach anfänglich hoffnungsvollen Signalen ergebnislos. In dieser Frage herrscht Stillstand.

Als zweites innerrussisches Ereignis, das die grundlegenden Strukturen des Regierungsstils des neuen Russlands und seiner Außenpolitik veränderte, macht Adomeit die Verfassungskrise von 1993 aus. Im Machtkampf zwischen dem Präsidenten und dem Parlament erklärte Jelzin die Duma im September 1993 für aufgelöst, obwohl er dafür keine verfassungsrechtliche Grundlage hatte. Darauf erklärten die Abgeordneten ihrerseits Jelzin für abgesetzt und machten seinen Vize Alexander Ruzkoi zu seinem Nachfolger. Der Kreml-Chef »löste« die Krise, indem er das Parlament am 4. Oktober, im Fernsehen live übertragen, beschießen ließ. Unterschiedlichen Angaben zufolge starben zwischen 187 und rund 1500 Menschen.[62]

Unabhängig von der Beurteilung des Vorgehens im konkreten Fall, so Adomeit, sei wieder einmal militärische Gewalt im innerrussischen Machtkampf eingesetzt worden. Damit sei die Richtung vorgegeben worden für den anschließenden ersten Krieg gegen Tschetschenien, der zwischen 80 000 und 100 000 Opfer forderte. Es habe auch den Weg frei gemacht für Putins militärisches Vorgehen in den postsowjetischen Staaten Georgien (2008) und Ukraine (seit 2014).

Dieses Machtdenken, das die Möglichkeit eines Militäreinsatzes einschloss, hatte Putin bereits sehr früh an den Tag gelegt. Als Vizebürgermeister von St. Petersburg und Vorsitzender des Außenhandelskomitees der Stadt überraschte er im Dezember 1993 eine deutsche Handelsdelegation mit einem Loblied auf den chilenischen Diktator Pinochet. Gewaltanwendung sei legitim, wenn sie nicht kriminellen Zielen, sondern der Förderung oder dem Schutz privater Investitionen diene. In der aktuell komplizierten Lage in Russland, so Putin damals, könne eine Diktatur im Stil eines Pinochet hilfreich sein.[63]

Allerdings hatte die Idee von einem »aufgeklärten Diktator« damals auch einige Liberale ergriffen. Sie hofften – irrtümlich –, auf diese Weise den weiteren Aufstieg der Nationalpatrioten verhindern zu können. Sie übersahen dabei, dass sie sich dann genau auf die Kräfte hätten stützen müssen, die sie eigentlich von der Macht fernhalten wollten.

Einen vierten Indikator für das Erstarken der nationalpatriotischen, antidemokratischen und antiwestlichen Kräfte sieht Adomeit im Wahlerfolg der Liberaldemokratischen Partei Russlands (LDPR) unter ihrem Anführer Wladimir Schirinowskij bei der Parlamentswahl im Dezember 1993. Diese Partei, die bis heute im russischen Parlament sitzt, ist weder liberal noch demokratisch, dafür aber nationalistisch und chauvinistisch. Zusammen mit den Kommunisten kamen sie auf über 43 Prozent der Stimmen. Adomeit empfiehlt, sich an die schon damals mehr als aggressiven Äußerungen zu erinnern, wenn man verstehen will, warum Russlands Nachbarn, vor allem die baltischen Staaten, so dringend unter den Schutzschirm der nordatlantischen Allianz schlüpfen wollten: »Ich würde anfangen, die Balten und die anderen kleinen Staaten zu quetschen. Es kümmert mich nicht, dass sie von der UNO anerkannt wurden – ich werde sie nicht überfallen, oder so. Ich werde radioaktive Abfälle an der Grenze zu Litauen vergraben und starke Gebläse aufstellen und das ganze Zeug nachts über die Grenze blasen. Tagsüber werden die Gebläse abgeschaltet. Sie werden alle die Strahlenkrankheit bekommen. Sie werden daran sterben. Wenn sie entweder gestorben oder in die Knie gegangen sind, werde ich das stoppen.«[64]

Schirinowskij pflegt diese Drohgebärden bis heute. Es vergeht kaum eine Woche, in der er nicht bei einem seiner zahlreichen Auftritte in Talkshows des russischen Staatsfernsehens anderen Ländern – Polen, Island, USA u.a. – mit dem Einsatz von Atomwaffen droht. Widerspruch erfährt er weder in den TV-Debatten noch von politischer Seite, man lässt den Fraktions-vorsitzenden der LDPR ungehindert gewähren.

Als fünften Indikator der zunehmenden Macht der »Silowiki«, der Eliten in Militär und Geheimdiensten, und der anderen antiwestlichen Kräfte erkannte Adomeit deren Einfluss auf die russische Außenpolitik, was vor allem in den Beziehungen zur NATO deutlich wurde. In einer Studie des russischen Auslands-geheimdienstes SWR, veröffentlicht kurz vor den Parlaments-wahlen 1993, klangen wieder altbekannte Töne an. Darin wurde die NATO als »größtes Militärbündnis in der Welt« charakteri-siert, das über ein »enormes Offensivpotenzial verfügt«. Die Al-lianz bleibe den »Stereotypen des Blockdenkens verhaftet«, sie sei weniger ein Verteidigungsbündnis, sondern wolle vielmehr einen Mechanismus zur Förderung der internationalen Sicher-heit kreieren. Auf die Möglichkeit, sich an der NATO-Partner-schaft für den Frieden (Partnership for Peace – PFP) zu beteiligen, habe Russland zunächst zögerlich und ausweichend reagiert, um dann einen Beitritt abzulehnen. Die Crux dabei habe darin bestanden, dass Russland einen »speziellen Status« in allen eu-ropäischen Sicherheitsfragen verlangt habe, der seine »Position in der Welt und in Europa widerspiegeln würde«, ebenso seine »militärische Macht und seinen nuklearen Status«.[65]

Das riesige, aus sowjetischer Zeit verbliebene militärische Establishment mit einer Million Soldaten in den Streitkräften des Verteidigungsministeriums und in anderen militärischen Formationen (Truppen des Innenministeriums), die Forschungs-, Entwicklungs- und Produktionseinrichtungen des Militär-In-dustrie-Komplexes würden »unter weiteren Einschränkungen leiden«, sollte der Westen, die NATO, zu strategischen Part-nern und Alliierten werden. »Das erklärt die scharfen Töne in der SWR-Studie von 1993.« Das erkläre auch das hartnäckige

Beharren darauf, dass das Risiko eines weitreichenden Krieges *(krupnomasschtabnaja voina)* existiere, wie in der im gleichen Monat veröffentlichten Militärdoktrin behauptet wurde. Nach weniger als einem Jahr nach dem Zusammenbruch der Sowjetunion kehrte Russland zu den alten Bedrohungsmustern zurück. Die NATO wurde von den russischen Militärs wieder als »militärische und Sicherheitsbedrohung porträtiert«.[66]

Die angebliche »Zurückweisung« der vermeintlichen russischen Bestrebungen, die Kooperation mit westlichen Strukturen wie der NATO zu suchen, war folglich nichts anderes als die Ablehnung des von Moskau geforderten Sonderstatus. Ein Status, der letztlich auf die Wiederbelebung des durch die Charta von Paris überwunden geglaubten Blockdenkens hinausgelaufen wäre.

NATO und EU waren nie eine Option für Putin

Für Moskaus Hardliner, das wurde frühzeitig sehr deutlich, war die NATO-Mitgliedschaft nie eine Option. Der Beitritt zur Europäischen Union allerdings ebenso wenig. Betrachtet man die zunehmende Abweichung der inneren Entwicklung Russlands vom westlichen Modell der Demokratie, des freien Marktes mit fairen Wettbewerbsbedingungen, der Herrschaft des Rechts und einer aktiven Zivilgesellschaft, so »begann sich eine neue Trennlinie in Europa zu öffnen«. Tatsächlich sei die EU schon in der Phase mit ihrem werteorientierten Herangehen an die europäische Integration »objektiv« ein »viel größeres Problem für Moskau als die NATO« gewesen, schreibt Adomeit. Das wurde deutlich zum Ende der Jelzin-Ära. Die EU hatte Russland im Juni 1999 in einem Grundsatzpapier »die Festigung der strategischen Partnerschaft zum Beginn des neuen Jahrhunderts« angeboten.[67]

»Zu den strategischen Zielen zählte nach Auffassung der Europäischen Union, es Russland zu ermöglichen, ›auf seinen rechtmäßigen Platz in der europäischen Familie im Geiste der

Freundschaft, Kooperation, des fairen Interessenausgleichs‹ zurückzukehren. Auch von gemeinsamen europäischen Werten von einer ›stabilen, offenen und pluralistischen Demokratie‹ in einem ›vereinten Europa ohne Trennlinien‹ war die Rede, von der Herrschaft des Rechts und einer prosperierenden Marktwirtschaft. Dazu gehöre auch Russlands ›Integration in einen gemeinsamen Wirtschafts- und sozialen Raum in Europa‹.«[68]

Russlands Reaktion darauf war eindeutig. »Moskau wies die Vorstellung zurück, dass Russland ernsthafte strukturelle Defizite habe, die durch die Kooperation mit dem Westen überwunden werden könnten und sollten.« Als Regierungschef legte Putin auf dem EU-Russland-Gipfel 1999 in Helsinki die Antwort auf die Juni-Offerte der Europäischen Union vor. Darin hieß es, dass Russlands Strategie gegenüber der EU »auf Sicherung der nationalen Interessen und Verbesserung der Rolle und des Images Russlands in Europa und der Welt« gerichtet sei. Moskau forderte, dass »Russland als Weltmacht, gelegen auf zwei Kontinenten, seine Freiheit zur Bestimmung und Durchführung seiner Innen- und Außenpolitik erhalten muss, seinen Status und seine Vorteile als europäisch-asiatischer Staat und als größtes Land der GUS, und die Unabhängigkeit seiner Positionen und Aktivitäten in internationalen Organisationen«.[69]

In Russlands Strategiepapier wurde jede euro-atlantische Orientierung ebenso wie die Vision von einer Wertegemeinschaft im Raum zwischen Vancouver und Wladiwostok zurückgewiesen. Das Partnerschafts- und Kooperations-Agreement (PCA), offen für alle Osteuropäer einschließlich Russland, wurde von Moskau in den Versuch einer unerwünschten Erweiterung der Europäischen Union nach Osten uminterpretiert. Einzelvereinbarungen der EU mit einzelnen Staaten der GUS seien unerwünscht, da sie russischen Interessen zuwiderliefen, schreibt Adomeit. Insbesondere das Programm Eastern Partnership (EaP), das 2009 gestartet wurde, um das Zusammenwachsen mit den osteuropäischen Staaten zu befördern, sei in Moskau auf vehemente Ablehnung gestoßen. Außenminister Sergej Lawrow bezeichnete das Programm als »Versuch, die Einflusssphäre der EU auszuweiten«.[70] Deutlicher konnte nicht gesagt werden, dass die Vorstellungen über »Integration« in Moskau und Brüssel sehr weit auseinanderlagen. Und dass sie, wie später zu erkennen war, immer weiter auseinanderstrebten. Im Sommer 2019 war bei meinen Gesprächspartnern in Moskau das Thema Westintegration längst erledigt.

Die konstituierenden Elemente des Putin-Systems

Es gab nach dem Kollaps des kommunistischen Systems keinen erfolgreichen Übergang zu Demokratie, Rechtsstaat, freier Marktwirtschaft mit fairen Wettbewerbsbedingungen, wie er in anderen osteuropäischen Ländern mit mehr oder weniger Erfolg stattgefunden hat. Adomeit trägt die prägenden Elemente des entstehenden Putin-Systems zusammen, die sich aus den inneren Bedürfnissen ebendieses Systems entwickeln und die Kluft zum Westen stetig weiter aufreißen. Eine Folge von angeblicher Zurückweisung oder Aggression von westlicher Seite sind sie nicht.

Ein wichtiges Element stellt Adomeit zufolge die Rekonstruktion eines Personenkultes dar, wie es ihn bereits zur Zarenzeit und während der kommunistischen Herrschaft gegeben habe. Sowohl der theokratische Zar als auch der von der Ideologie getragene sowjetische Parteichef waren zentrale Institutionen der Gesellschaft. Diese Rolle ging an den russischen Präsidenten über. Der »charismatische« Putin übernahm diese Rolle und war in den ersten beiden Amtsperioden zwischen 2000 und 2008 zunächst äußerst erfolgreich. »Dank einer schrillen PR-Mixtur, organisiert von den Spin-Doktoren des Kremls, und der Selbstinszenierung von Putin erschien der Kreml-Chef in Glanz und Gloria und strahlte Effizienz aus.«[71]

Aber auch der scheinbar allmächtige Präsident muss Rücksicht nehmen. Formal gebe es zwar kein KPdSU-Politbüro mehr, dafür aber verschiedene Interessengruppen und ihre Anführer. Dazu gehörten die Spitzenvertreter des staatlich kontrollierten »strategischen Sektors« der russischen Wirtschaft (Gazprom, Rosneft und der militärisch-industrielle Komplex), ebenso die ehemaligen und aktuellen Chefs der Geheimdienste und der Strafverfolgungsbehörden (KGB, FSB, SWR, Rosgwardija, Generalstaatsanwaltschaft und das Ermittlungskomitee) sowie die Leiter privater Unternehmensgruppen wie LukOil, Interros, Rusal, Alfa-renova. Alle zusammen bildeten das »Machtsyndikat« oder einfach »die Macht«.[72]

In dieser Konstellation spielt Putin neben seiner machtvollen Position als Präsident auch die des regulierenden Elements, das zwischen den einzelnen Gruppierungen vermittelt. »Er kann die Machtbalance zwischen den Gruppen bestimmen und den Unterschied bei wichtigen Entscheidungen ausmachen, einschließlich der Verteilung von Ressourcen. Ohne ihn geschieht nichts Wichtiges in Russland.« In diesem hoch zentralisierten System nutze der Kreml wirtschaftliche und finanzielle Umverteilungsbefugnisse extensiv. Das schließe die Ausübung der Kontrolle durch administrative Überwachung, föderale Finanztransfers, bilaterale Verhandlungen und die Kaderpolitik ein.[73]

»Im russischen Regierungssystem haben der Präsident und seine Administration, das heißt, die Exekutive, die führende Position gegenüber den andern zwei ›klassischen‹ Zweigen der Macht, der Legislative und der Judikative, okkupiert; er kontrolliert auch die Medien, den ›vierten Stand‹. Eines der Hauptinstrumente der Exekutive sind die Silowiki, die Polizei, einschließlich der Geheimpolizei und der Steuerpolizei, die eng mit der Staatsanwaltschaft in Verbindung mit den Gerichten zusammenarbeiten.«

Um dieses System zu legitimieren, in dem die in der russischen Verfassung vorgesehene Gewaltenteilung zwischen Legislative, Exekutive und Judikative beseitigt wurde, ist es für den Kreml wichtig, im Besitz der unbestrittenen Autorität hinsichtlich der Interpretation innerer und internationaler Entwicklungen zu sein. Dessen war sich Putin von Anfang an bewusst. Die »vierte Gewalt«, die wichtigsten Zeitungen, Rundfunksender und Fernsehkanäle, wurden »sicher unter staatliche Kontrolle gestellt«.[74]

Ebenso der »strategische Sektor« der Wirtschaft. Zwar ist die sowjetische Kommandowirtschaft eine Sache der Vergangenheit. Die Privatwirtschaft hat sie ersetzt, allerdings nur zu einem bestimmten Grad. »Putins ökonomisches System ist reich an Elementen des Staatskapitalismus. Das widerspiegelt sich in erster Linie im Ausmaß des staatlichen Sektors der Wirtschaft. Angaben des russischen föderalen Anti-Monopol-Dienstes (FAS) zufolge stieg dessen Anteil von 35 Prozent im Jahr 2005 auf erstaunliche 70 Prozent im Jahr 2015.[75] Die Zahl der staatlichen und munizipalen Unternehmen verdreifachte sich zwischen 2012 und 2015, und sie setzten ihr Vordringen auf den Markt weiter fort, wo ihre Nutzung der administrativen Ressourcen und der staatlichen Finanzierungen eine ernsthafte Bedrohung für private Wettbewerber darstellen.«[76]

Innerhalb dieses Systems, so unterstreicht Adomeit, spiele der Kreml »eine zentrale Rolle bei Entscheidungen von signifikanter ökonomischer Bedeutung. Im Putin-System ist der Vorrang der Politik vor der Wirtschaft tief verwurzelt [...].« Gleichzeitig sei Russland ein »Petro-Staat«, in dem die Elite von den Einnahmen aus dem Rohstoffexport lebt. »Systemische Korruption, intransparente Verteilungskämpfe, die Konzentration der wirtschaftlichen und politischen Macht in wenigen Händen sind ebenso kennzeichnend wie ein eklatanter Mangel an Flexibilität bei Reaktionen auf unerwartete Entwicklungen.« Das führe zum Ausbleiben von Innovationen und zum Niedergang des industriellen Sektors, führt Adomeit weiter aus. Unter den spezifischen Bedingungen in Russland habe sich eine Kleptokratie herausgebildet, in der die Korruption einen systematischen Charakter angenommen hat und die Rechtsschutzorgane eng mit dem organisierten Verbrechen verknüpft sind.

Putins System – unfähig zur Modernisierung

Es ist erstaunlich, mit welcher Weitsicht Kreml-Chef Putin bereits vor Jahr und Tag den Finger auf die Wunden des Landes legte – und die Erkenntnisse dann doch ignorierte. Seine Rede vom Februar 2008, zu der ein erweiterter Staatsrat in den Kreml geladen war, darf als durchaus gehaltvoll und richtungsweisend angesehen werden. Selbstkritisch richtete er seinen Blick zunächst auf die ersten acht Jahre seiner Amtszeit. Russland, so führte er aus, habe es nicht geschafft, sich von einer Entwicklung zu lösen, die auf Energieressourcen und Rohstoffen basiere. Eine Modernisierung habe nur fragmentarisch stattgefunden. Als Folge sei die Abhängigkeit vom Rohstoffexport und dem Import von Technologie weiter gewachsen. Und dann zitiert Adomeit einen Satz, in dem Putin sicher seinen Albtraum formulierte: »In der Zukunft könnte das dazu führen, dass wir hinter den großen Wirtschaftsmächten der Welt zurückbleiben [Was längst geschehen war – M. Q.] und uns aus den Führungsnationen der Welt verabschieden.« Doch dann könne weder die Lebensqualität der russischen Bevölkerung noch die Sicherheit des Landes gewährleistet werden, dessen Existenz sogar gefährdet wäre. Das Land habe zu wählen zwischen der Möglichkeit, führend zu werden in der wirtschaftlichen und sozialen Entwicklung, oder der Gefahr, »unser Wirtschaftsniveau, unsere Sicherheit und schließlich unsere Souveränität zu verlieren«.[77]

Ein Jahr später, mitten in der weltweiten Finanz- und Wirtschaftskrise, fand Dmitrij Medwedjew, der für vier Jahre den Platz Putins im Kreml eingenommen hatte, noch deutlichere Worte. Er verurteilte den »Rechtsnihilismus« im Lande und forderte: »Wir müssen mit der Modernisierung beginnen und mit der technologischen Verbesserung unseres industriellen Sektors. Ich sehe das als Frage des Überlebens unseres Landes in der modernen Welt an.«[78]

Die USA und die EU signalisierten ihre Bereitschaft, an der Modernisierung Russlands mitzuwirken. In seinem Papier umreißt Adomeit den großen Kreis der anzugehenden Fragen, aber auch das Zögern Moskaus. Kurzgefasst: Der Ansatz der westlichen Länder umfasste neben technologischen, ökonomischen und wissenschaftlichen Aspekten auch einen Wertekatalog. Demokratie, Rechtsstaatlichkeit und die Entwicklung einer aktiven Zivilgesellschaft gehörten ebenso dazu wie die Verbesserung des Investitionsklimas und die Korruptionsbekämpfung nach europäischen Standards. Moskau widersetzte sich zunächst. Im Juni 2010 wurde auf dem EU-Russland-Gipfel in Rostow am Don dann doch die Gründung der EU-Russland-Partnerschaft für Modernisierung vereinbart. Sie war als »langfristige Strategie« angelegt »auf der Basis von Demokratie und der Herrschaft des Rechts«. Aus Moskauer Sicht betrachtet, sei das alles nur »heiße Luft« gewesen, stellt Adomeit fest. Die Moskauer Machtelite habe nicht die Absicht gehabt, sich auf eine weitgehende sozialökonomische, geschweige denn politische Reform einzulassen, weil sie begriff, dass sie damit das System unterminieren würde, das sie selbst geschaffen hatte.

Putin, der 2012, begleitet von heftigen Straßenprotesten, wieder Präsident wurde, beendete denn auch das Modernisierungsprojekt unter einem Vorwand, der die Verantwortung ins Ausland abschob. Er beschuldigte vor allem die USA, sie hätten mit viel Geld versucht, in die inneren Angelegenheiten Russlands einzugreifen. Außerdem sei das Modernisierungskonzept selbst – von Moskau bereits unterzeichnet – auf die Veränderung der inneren Verfasstheit Russlands gerichtet. Der Kreml wies die ausgestreckte Hand des Westens zurück. Ein großes Ost-West-Projekt war gescheitert.

Die Legende von der NATO-Osterweiterung

Russland ist wieder eine Weltmacht. Das glauben inzwischen die meisten Einwohner der Russischen Föderation, und sie sind froh darüber. Gleichzeitig sind viele Menschen in West wie Ost davon überzeugt, dass Putins Russland gleichzeitig ein Opfer ist. Ein Opfer übler westlicher Umtriebe, von Lüge und Verrat ist allenthalben die Rede.

Kernstück dieser Weltsicht ist ein immer wiederkehrendes Motiv: Die Erweiterung der NATO nach Osten sei ein Bruch der Verpflichtung des Westens, das nordatlantische Bündnis nicht über die Grenzen Gesamtdeutschlands hinaus auszudehnen. Indem sie es dennoch taten, hätten die USA, die NATO, die Westeuropäer gewissermaßen die »Büchse der Pandora« geöffnet. Moskau sei in die Ecke gedrängt worden und habe deshalb keine andere Wahl gehabt, als sich mit rüden Methoden seinen ihm zustehenden Platz in der Welt zurückzuerobern. Die heutige Situation, die einem neuen Kalten Krieg nahekomme, sei die direkte Folge westlicher Böswilligkeiten und Fehleinschätzungen.

Diese Meinung ist Konsens unter den russischen Eliten. Sie gilt auch unter den sogenannten »Russlandverstehern« in Deutschland als unumstößliche Wahrheit.

In meinem im März 2017 erschienenen Buch »Putins russische Welt« hatte ich diesem Thema bereits breiten Raum gewidmet und diese These ad absurdum geführt.[79] Inzwischen hat eine Studie des National Security Archive neues Öl ins Feuer gegossen. Sie heißt »NATO expansion: What Gorbachov heard« und wurde im Dezember 2017 veröffentlicht. Die Autoren der Studie, Svetlana Savranskaya und Tom Blanton, nutzten Dokumente aus den aufregenden Jahren 1989 bis 1991. Sie glauben, damit die Wortbruch-These erhärtet zu haben.[80]

Doch ist das wirklich so? Einer der Experten, mit denen ich darüber sprach, ist Hannes Adomeit. Adomeit ist ein exzellenter Kenner Russlands und der russischen Beziehungen zur NATO und zu den USA.[81] Er gab mir die freundliche Erlaubnis, sein Papier »NATO-Osterweiterung: Gab es westliche Garantien?« nutzen zu dürfen. Minutiös behandelt er darin alle strittigen Fragen, die in dem Zusammenhang diskutiert wurden und immer noch werden.[82] Naturgemäß wiegen dabei die Aussagen des sowjetischen Präsidenten Michail Gorbatschow als direkt am Verhandlungsprozess Beteiligter besonders schwer. Doch Gorbatschow ist, wie Adomeit nachweist, als Zeitzeuge ein unsicherer Kantonist. Der sowjetische Ex-Präsident hat als wichtigster potenzieller Kronzeuge jahrelang das Narrativ des Kremls vom Wortbruch mit befördert. »So behauptete er beispielsweise im April 2009 in einem Interview mit der *Bild*-Zeitung: ›Bundeskanzler Helmut Kohl, US-Außenminister James Baker und andere sicherten mir zu, dass die NATO sich keinen Zentimeter nach Osten bewegen würde. Daran haben sich die Amerikaner nicht gehalten, und den Deutschen war es gleichgültig. Vielleicht haben sie sich sogar die Hände gerieben, wie toll man die Russen über den Tisch gezogen hat.‹«[83]

Gorbatschow wusste natürlich, dass die von ihm benannten Zeugen in dieser Frage nur bedingte Mitentscheidungsbefugnis hatten. Der wichtigste Mann saß nun mal in Washington und war Präsident der Vereinigten Staaten. George Bush sorgte denn auch dafür, dass sich die Zwei-plus-Vier-Verhandlungen ausschließlich mit dem Kernthema befassten: der Wiedervereinigung Deutschlands.

Letztendlich, so schreibt Adomeit, habe sich Gorbatschow »doch zur historischen Wahrheit bekannt. Gegenüber der russischen Zeitung *Kommersant* stellte er im Oktober 2014 klar: ›Das Thema ›NATO-Expansion‹ wurde überhaupt nicht diskutiert, und es wurde in diesen Jahren [1989–1990] nicht aufgeworfen. Ich sage das in vollem Verantwortungsbewusstsein. Nicht ein einziges osteuropäisches Land hat diese Frage angesprochen, noch nicht einmal nachdem der Warschauer Pakt 1991 aufgehört hatte zu existieren. Westliche Staats- und Regierungschefs haben sie auch nicht erhoben.‹«[84]

Gorbatschow, der das wohl zeitweilig vergessen oder verdrängt hatte, hatte sich schon Mitte der 1990er Jahre selbst die Frage gestellt, ob die sowjetische Führung seinerzeit nicht einen Fehler begangen habe, als sie die NATO-Erweiterung nach Osten nicht in die Debatte einbrachte. Seine Antwort lautete: Nein. »Unsere Forderung war in Bezug auf das Gebiet der DDR völlig richtig. Damals jedoch die Forderung nach Nichterweiterung der NATO in Richtung Osten zu erheben, wäre eine absolute Dummheit gewesen, da zu diesem Zeitpunkt die NATO und der Warschauer Pakt existierten!«[85]

In der Tat wäre es aus Sicht des ersten Mannes der Sowjetunion und der damals noch mächtigen kommunistischen Partei eine Rieseneselei gewesen, hätte man sich auf derlei Garantien, wenn sie denn angeboten worden wären, ernsthaft eingelassen. Denn ein solches Angebot hätte natürlich impliziert, dass der Westen sowohl dem Warschauer Pakt als auch der Sowjetunion nur noch eine kurze Lebenszeit voraussagen würde. Erst nach deren Ableben wäre ja eine NATO-Mitgliedschaft von Bruchstücken des östlichen Imperiums realisierbar geworden. Eine Vorstellung, die für Gorbatschow natürlich undenkbar war.

Gerade weil die ersten Brüche im System längst sichtbar waren, konnte und wollte er keine Vorkehrungen für die Zeit danach treffen. Zumal er wenige Monate nach dem Treffen mit Baker im Sommer 1990 als KPdSU-Generalsekretär wiedergewählt werden wollte. Die Vorstellung, er hätte seinen Genossen auf dem Parteitag in Moskau vermeldet, dass – die schlechte Nachricht – die UdSSR und der Warschauer Pakt in absehbarer Zeit zerfallen würden, aber – die gute Nachricht – die NATO die Bruchstücke nicht aufklauben werde, kann nur mit einem Gorbatschow-Wort charakterisiert werden: »Absurd!«

Man hätte meinen können, dass spätestens nach dem Gorbatschow-Interview vom Oktober 2014 »die These der festen ›NATO-Garantien‹ und des Wortbruchs zu den Akten gelegt werden konnte«, schreibt Adomeit in seinem Arbeitspapier. »Dies ist nicht der Fall. Der Kreml hat eisern an der ursprünglichen Gorbatschow-Erzählung festgehalten.«

Von der Studie von Blanton und Savranskaya fühlen sich alle diejenigen bestätigt, die – wie die russischen Eliten – bis heute an der Betrugslegende stricken. »Das Traktat unter dem Titel ›What Gorbachev heard‹ gipfelt in drei miteinander verbundenen Behauptungen«, schreibt Adomeit: »Die Gespräche über die Rolle der NATO im Rahmen der erwarteten Wiedervereinigung Deutschlands im Jahr 1990 seien keineswegs allein auf den Status des ostdeutschen Territoriums beschränkt gewesen. Mehrere westliche Staats- und Regierungschefs sowie Außenminister hätten eine Mitgliedschaft Mittel- und Osteuropas in der NATO erwogen, diese dann aber abgelehnt. Infolgedessen seien Klagen seitens der Sowjetunion und Russlands, angesichts der später doch erfolgten Erweiterung in die Irre geführt worden zu sein, durchaus begründet.«[86]

Derartige Schuldzuweisungen seien nicht stichhaltig, schreibt Adomeit. Auch der Eindruck, dass dieses vermeintliche Staatsarchiv[87] bisher unbekannte Dokumente freigegeben hätte, die es erforderlich machten, die Geschichte neu zu schreiben, sei falsch. »Die als Beweisstücke für die ›NATO-Garantien‹-These zitierten Dokumente sind nicht neu. Sie sind lediglich in eine von den Autoren gewünschte Richtung interpretiert worden. Die zentralen Beweisstücke sind und bleiben auch bei Blanton und Savranskaya die Gespräche zwischen US-Außenminister Baker und Gorbatschow sowie dem sowjetischen Außenminister Eduard Schewardnadse am 9. Februar 1990. Sie zitieren bekannte Dokumente, denen zufolge Baker Gorbatschow versichert hat, dass ›weder der [US-]Präsident noch ich irgendwelche unilateralen Vorteile aus den Prozessen ziehen wollen‹. Die Amerikaner hätten begriffen, dass es ›nicht nur für die Sowjetunion, sondern auch für andere europäische Länder wichtig ist, Garantien dafür zu haben, dass, wenn die Vereinigten Staaten ihre Präsenz in Deutschland im Rahmen der NATO beibehalten, sich die gegenwärtige Militärhoheit der NATO [›NATO's present military ju-risdiction‹] nicht ein Zoll in östlicher Richtung ausdehnen wird‹. Worum ging es bei Bakers Formulierung und der ebenfalls in den Gesprächen mit Gorbatschow und Schewardnadse benutz-ten Version ›NATO's jurisdiction for forces of NATO‹? Doch um nichts anderes, als dass es östlich von Deutschland keine Trup-pen geben sollte, die *in die integrierten Führungsstrukturen* der NATO *eingegliedert* [kursiv im Original – M. Q.] wären. Schließ-lich waren die Bundeswehr sowie die Streitkräfte der meisten anderen westeuropäischen Verbündeten einem gemeinsamen NATO-Kommando unter einem US-Vier-Sterne-General als Oberbefehlshaber unterstellt, wodurch das Bündnis in sowjeti-scher Sicht zu einem Instrument amerikanischer Militärpolitik geworden war. Gedacht war bei dieser Ausnahmeregelung für NATO-Streitkräfte anfangs auch nur an eine Übergangszeit bis zum Abzug der Westgruppe der sowjetischen Streitkräfte aus der DDR. Es war ja auch kaum vorstellbar, dass sich gleichzei-tig Truppen der NATO und der Sowjetunion im östlichen Teil Deutschlands aufhielten.«[88]

Es sei also unzulässig, »aus Zusicherungen bezüglich einer Ausdehnung von NATO-Kommandostrukturen und der Statio-nierung von NATO-Truppen auf dem Territorium der ehemali-gen DDR auf etwaige Zusagen hinsichtlich einer Erweiterung des Bündnisses östlich des vereinigten Deutschlands zu schließen. Genau dies tun aber die beiden Autoren – und auch Putin.«[89]

Adomeit erinnert an den Auftritt Putins »in seiner damali-gen Eigenschaft als Regierungschef auf der 43. Münchner Si-cherheitskonferenz im Februar 2007: ›Was ist aus jenen Versi-cherungen geworden, die uns die westlichen Partner nach [sic] dem Zerfall des Warschauer Vertrages gegeben haben?‹ – Wo sind jetzt diese Garantien? An sie erinnere man sich nicht mehr. Er aber wolle dem Auditorium ins Gedächtnis zurückrufen, was beispielsweise NATO-Generalsekretär Manfred Wörner am 17. Mai 1990 in Brüssel gesagt habe: ›Schon die Tatsache, dass wir bereit sind, die NATO-Streitkräfte nicht hinter den Grenzen der Bundesrepublik Deutschland zu stationieren, gibt der Sowjetunion feste Sicherheitsgarantien.‹«

Diese Darstellung, so Adomeit, laufe indes ins Leere. Denn Putin, der angebliche NATO-»Garantien« einklagen will, »wirft die Aussagen Wörners vom 17. Mai 1990 mit der Zeit nach dem Zerfall des Warschauer Pakts – ein Ereignis, das am 1. Juli 1991 stattfand – in einen Topf. Im Original der Rede Wörners ist allerdings der Geltungsbereich der Zusicherungen eindeutig. Wörner versicherte, dass NATO-Truppen nicht ›jenseits des Gebiets der Bundesrepublik‹ stationiert würden, wobei klar ist, dass es um den östlichen Teil Deutschlands ging, nicht um ehemalige Mitglieder des noch existierenden Warschauer Pakts. Dies wird durch einen von Putin unterschlagenen Nachsatz des Generalsekretärs unterstrichen: ›Wir [die NATO] könnten uns eine Übergangszeit vorstellen, in der eine verringerte Anzahl von Sowjettruppen in der heutigen DDR stationiert bleiben.‹[90] Wörners Zusicherung ist folgerichtig im Zwei-plus-Vier-Vertrag vom 12. September 1990 wie folgt aufgenommen worden: ›Ausländische Streitkräfte und Atomwaffen oder deren Träger werden in diesem Teil Deutschlands weder stationiert noch dorthin verlegt.‹«[91]

Horst Teltschik, einer der wichtigsten Zeitzeugen, an diesem Wendepunkt der deutschen Geschichte außenpolitischer Berater Bundeskanzler Helmut Kohls, habe diese Zusammenhänge bestätigt: »Ich habe 1989/90 an allen Gesprächen von Bundeskanzler Kohl mit [Präsident George H. W.] Bush, [Außenminister James] Baker, [Präsident François] Mitterand, [Premierministerin Margaret] Thatcher und Gorbatschow sowie an den diversen NATO-, EU- und G7-Gipfeln teilgenommen. Zu keinem Zeitpunkt war die Rede über eine Erweiterung der NATO über Deutschland hinaus. Es wurde nur über den Übergangsstatus der ehemaligen DDR und Berlin verhandelt, solange sowjetische Truppen in der DDR stationiert waren.«[92]

Sondierungen und Überlegungen
sind keine Garantien

Allerdings habe der deutsche Außenminister Hans-Dietrich Genscher ein Junktim zwischen der Zustimmung Gorbatschows zur Wiedervereinigung Deutschlands und seiner Mitgliedschaft in der NATO und NATO-Garantien, das Bündnis nicht über die ehemalige DDR hinaus nach Osten auszudehnen, hergestellt. »Am 31. Januar 1990 hatte er in der Evangelischen Akademie in Tutzing von der NATO gefordert, sie möge eindeutig erklären, ›was immer im Warschauer Pakt geschieht, eine Ausdehnung des NATO-Territoriums nach Osten, das heißt, näher an die Grenzen der Sowjetunion heran, wird es nicht geben‹.[93] Entsprechend sagte er seinem britischen Amtskollegen Douglas Hurd am 6. Februar 1990: ›Die Russen müssten eine gewisse Zusicherung erhalten, dass – wenn beispielsweise die polnische Regierung eines Tages den Warschauer Pakt verlassen sollte – sie nicht am nächsten Tag der NATO beitreten würde‹.[94] Blanton und Savranskaya zufolge geschah dann Folgendes: Am 9. Februar 1990, ›nachdem er sich auf dem Weg nach Moskau mit Genscher [...] getroffen hatte, wiederholte Baker genau diese Formulierungen Genschers in seinem Treffen mit Schewardnadse und, wichtiger noch, Angesicht zu Angesicht mit Gorbatschow‹. Die Autoren dokumentieren diese Behauptung nicht – und dies aus gutem Grund, denn sie ist schlicht und einfach falsch.«

Richtig sei allerdings, dass »Genscher die Möglichkeit einer Erweiterung der NATO über die ehemalige DDR hinaus bedacht hat und das auch in einer Bemerkung gegenüber Schewardnadse hat fallen lassen.[95] Zu unterscheiden sind aber informelle Gespräche und Sondierungen dieser Art einerseits von Verhandlungen, Versprechungen, Verpflichtungen oder gar Garantien andererseits. Die Autoren verwischen diese Unterschiede. Sie trennen auch nicht Dinge, die mit Gorbatschow erörtert wurden – in diesem Sinne ›what Gorbachev heard‹ – von innerwestlicher Abstimmung und Entscheidungsfindung. Und schließlich vermengen sie unzulässig Gespräche und Verhandlungen über die europäische Sicherheitsarchitektur einschließlich einer veränderten Rolle der NATO mit der Erweiterung des Bündnisses, sei es hinsichtlich eines Sonderstatus in der Ex-DDR oder über die Grenzen des östlichen Deutschlands hinaus.«[96]

In seinem Fazit stellt Adomeit fest, dass westliche Staats- und Regierungschefs und ihre Außenminister 1990 keineswegs unter dem Eindruck standen, dass sich der Warschauer Pakt in kurzer Zeit auflösen würde. Aber auch in dem Fall hätte man etwaige Wünsche nach einem NATO-Beitritt nicht einfach ignorieren können. Die KSZE-Grundakte, auch von der Sowjetunion unterzeichnet, garantierte den Unterzeichnerstaaten das Recht auf freie Bündniswahl. Allerdings waren unter den osteuropäischen Staaten Beitrittswünsche nicht ausgeprägt. Václav Havel schlug in der Phase sogar die Auflösung beider Blöcke vor.

Das seien die Gründe dafür gewesen, warum die Osterweiterung der NATO über die Grenzen der ehemaligen DDR hinaus kein Thema von Gesprächen oder Verhandlungen mit Gorbatschow war. Und warum es »1990 keine belastbaren Zusicherungen und keine Verhandlungen über eine Erweiterung der NATO über die Grenzen des vereinigten Deutschlands hinaus gab. Ob die Osterweiterung sinnvoll war oder nicht, ist eine andere Frage. Mit einem Wort- oder Vertragsbruch hat dies aber nichts zu tun.«[97]

CHINA – DER STRATEGISCHE PARTNER?

> Das Wachstum der chinesischen Wirtschaft birgt
> die kolossale Chance zur Zusammenarbeit,
> die Chance, den chinesischen Wind mit den Segeln
> unserer Wirtschaft einzufangen.
>
> *Wladimir Putin, Präsident Russlands*

Das V. Östliche Wirtschaftsforum auf der Insel Russkij, vor der russischen Hafenstadt Wladiwostok gelegen, begann mit einer kleinen Peinlichkeit. In Informations- und Werbebroschüren war statt der Brücke, die vom russischen Festland zur Konferenz-Insel führt, eine Schrägseilbrücke aus Bangkok abgebildet. »Freunde, wir erkennen unseren Fehler an«, entschuldigte sich das dafür verantwortliche Moskauer Industrie- und Handelsministerium, es würden neue Broschüren gedruckt. »Schon morgen« würden sie allen Teilnehmern zugänglich sein.[98]

Das Wirtschaftsforum in Wladiwostok ist für Moskau zu einem außerordentlich wichtigen internationalen Ereignis im Fernen Osten geworden, seit Kreml-Chef Putin die Order ausgegeben hat, sich der eurasischen Region und dort vor allem China zuzuwenden. Denn der Versuch einer Integration in die westliche, europäische Welt ist aus Moskauer Sicht erst einmal beendet. Er hatte nicht das vom Kreml gewünschte Resultat gebracht: die Anerkennung der Großmachtrolle, in der Russland eine den USA vergleichbare Position einnehmen würde. Man will mit Washington zumindest in Europa mit auf dem Thron sitzen, mit dem Weißen Haus »auf Augenhöhe« sprechen. Das gelang nicht. Der Blick richtete sich deshalb nach Osten. Dorthin, wo Russland, wie Sergej Karaganow es herausfordernd formulierte, »das Zentrum eines eurasischen Kontinents« bildet, zu dem auch der »Subkontinent Europa« gehöre.[99]

Russland sieht das Licht im Osten

Dorthin soll die Reise gehen, und nicht erst seit Kurzem. Die gegenwärtige russische Wende nach Osten sei bereits in den Jahren vor 2010 erdacht worden. Es sei eine verspätete Antwort auf den Wirtschaftsaufschwung in Asien gewesen, »der für Russland, insbesondere für seinen östlichen Teil, viele neue Entwicklungsmöglichkeiten eröffnete«. Diese Wende sei auch sinnvoll geworden, weil sich die Prognosen über eine verlangsamte Wirtschaftsentwicklung Europas ebenso bewahrheiteten wie die sich verschlechternden Beziehungen mit dem Westen. Realisiert worden sei diese Wende indes erst seit den Jahren 2011 und 2012. Inzwischen sei sie »in vielem bereits vollzogen«, schrieb Sergej Karaganow, einst ein Befürworter der Westintegration, im Jahr 2017.[100]

Zwei Jahre später wird in Russland die Konzeption eines Groß-Eurasiens breit erörtert. Dieses Konzept sei vor allem aus der Tatsache geboren, dass eine allgemeine Verlagerung des Zentrums der Weltwirtschaft, der Politik von West nach Ost stattgefunden habe, bedingt durch den schnellen Aufstieg Chinas, Indiens und anderer asiatischer Staaten. »Die Konzeption von Groß-Eurasien wurde noch aktueller durch die Schwächung des europäischen Projekts«, schrieb Sergej Karaganow, ein Vordenker dieser Idee. Er will eine langwierige Krise der EU erkannt haben, »für die vorläufig kein Ausweg erkennbar« sei. Selbst schuld, meint er. Die EU, und mit ihr die NATO, hätte versucht, sich zum Zentrum des europäischen und sogar des kontinentalen Raumes aufzuschwingen, »wobei sie Russland abgestoßen und antagonisiert« hätte.[101]

Die Krise der EU, die Abwendung der USA von Europa, die lange vor Trump begonnen habe, »eröffnet die Möglichkeit zur Schaffung eines kontinentalen Systems ökonomischer Zusammenarbeit, Entwicklung und Sicherheit, allerdings nicht nach dem eurozentristischen System. Mehr noch, für viele Europäer

bleibt offenbar keine vernünftige Wahl, außer einer neuen Ostpolitik, aber jetzt schon im eurasischen Format. Ja, und Russlands neue Annäherung an Europa wird, wenn sie beginnt, vorteilhaft nur im eurasischen Rahmen unter Berücksichtigung
eines durch einen ›Umbruch‹ veränderten Gleichgewichts in den
Beziehungen zu Europa, der Diversifizierung seiner ökonomischen und politischen Beziehungen.«[102] Eine neue europäische
Ostpolitik »im eurasischen Format«, womit zugleich Moskaus
Führungsanspruch angemeldet wird, dürfte kaum mehr als eine
weitere russische Illusion sein. Der organisatorische Ausdruck
dieses Gedankens allerdings existiert bereits in Form der Eurasischen Wirtschaftsunion. 2015 gegründet und »offen für alle«,
gehört sie zu Putins Prestigeprojekten. Sie litt freilich von Anfang an unter dem Umstand, dass mit der Ukraine die zweit-
stärkste Wirtschaftsmacht der ehemaligen Sowjetunion fehlte.
Putin selbst hatte mit seinen Angriffen auf das einstige »Bru-
derland« dafür gesorgt, dass die Ukraine als Mitgliedsland der
Eurasischen Wirtschaftsunion ausfiel. Moskau musste mit den
verbliebenen Partnern Weißrussland, Kasachstan, Kirgistan und
Armenien vorliebnehmen. Vorläufig ist dieses Konstrukt nicht
mehr als eine Zollunion.

Putins Eurasische Union geht gedanklich auf den Eurasien-
Begriff zurück, der in den frühen 1920er Jahren in russischen
Emigrantenkreisen im Ausland entstand. Sie gaben der geogra-
fisch-geologischen Bezeichnung für Europa und Asien als ein
zusammengefasster Kontinent ein geopolitisches, national-
konservatives Antlitz. Russland mit seiner jahrhundertealten
Geschichte wurde ihnen zum Zentrum der eurasischen Welt, in
dem die traditionellen russisch-orthodoxen Werte ihre Heim-
statt haben.

Diese Denkweise findet man heute in Russland bei zahlreichen
Philosophen und Politologen in unterschiedlich starker Ausprä-
gung. Eine faschistoide Sicht auf das Eurasiertum entwickelte
der Philosoph Alexander Dugin seit Beginn der 1990er Jahre.

Dugins völkisches Eurasien

Eurasien und damit Russland sei mit einer »historischen Mission« beauftragt, predigt Dugin, die letztlich in der Auseinandersetzung mit dem Westen zum Erfolg führen soll. »Die Russen verstanden den Sinn ihrer Existenz in der Geschichte als Erfüllung einer einzigartigen Mission. Sie ist nur uns anvertraut, aber sie muss alle anderen berühren [...] Wir übernahmen die universale Verantwortung für das Schicksal der Welt, für die schwierige Sache der Rettung des Geistes, der die Vollständigkeit und die Vollendung sucht.«[103]

Dugin beruft sich auf die geopolitische Theorie von den Ländern des Festlandes und des Meeres, die von den Gründervätern der angloamerikanischen Geopolitik, dem Amerikaner Alfred Thayer Mahan (1840–1914) und dem Briten Halford Mackinder (1861–1947), geprägt wurde. Sie gelten als Klassiker ihres Fachs. Dugin arbeitet sich schon deshalb mit Freuden an ihnen ab, lässt sich doch aus deren geopolitischen Ansätzen die besondere Bedeutung Russlands in der Welt herausfiltern. Er malt das Bild eines unausweichlichen, naturgegebenen Antagonismus zwischen zwei Wertesystemen, dem des »Festlandes« und dem des »Meeres«. Dem Festland schreibt er die Werte zu, die im Einklang mit denen der »russischen Welt« als »Herzland Eurasiens« stehen: »Tradition, Glaube (für Russen die Orthodoxie), Imperium, Volk, das Sakrale, Geschichte, Familie, Ethik.« Die Welt des Meeres ist für Dugin mit so grausigen Begriffen wie »Modernisierung, Handel, Technik, liberale Demokratie, Kapitalismus, Parlamentarismus, Individualismus, Materialismus, Gender-Politik« besetzt.[104]

Russland als »Kern der Zivilisation des Festlandes« sei deshalb dazu verurteilt, den jahrhundertelangen Kampf mit der angelsächsischen Welt zu führen. Dessen Kern sei früher das britische Empire gewesen, heute seien es die USA. »Auf diese Weise sind die Eurasier die Gegner der westlichen Hegemonie, Gegner der amerikanischen Expansion, Opponenten der liberalen Werte und Parteigänger der sich selbst genügenden russischen Zivilisation, Religion und Tradition.« Sie seien gleichzeitig aber auch Gegner der russischen »Sapadniki« (Westler) und Modernisierer, in erster Linie der Liberalen.

Damit spricht Dugin seinem Präsidenten aus dem Herzen. Der beklagte schon im Dezember 2013 zum 20. Jahrestag der russischen Verfassung, dass sich der Westen von den traditionellen Werten abgewendet habe und so Stabilität und Frieden in der Gesellschaft gefährde. In vielen Ländern würden »Gut und Böse« als gleichberechtigt nebeneinandergestellt. Die Zerstörung von Familienwerten – gemeint waren gleichgeschlechtliche Ehen und der Umgang mit Homosexualität generell – hätten negative Folgen für die Gesellschaft. In dieser Situation habe Russland »eine historische Verantwortung«, die jahrtausendealten Grundlagen menschlichen Zusammenlebens in der Welt zu verteidigen. »Natürlich ist das eine konservative Position«, betonte Putin. Doch könne so Chaos verhindert werden. »In vielen Ländern werden heute die Normen von Moral und Sittlichkeit umgekrempelt, nationale Traditionen und die Unterschiede zwischen den Nationen und Kulturen verwaschen«, barmte der Kreml-Chef, gab sich aber zuversichtlich: »Wir wissen, dass es in der Welt immer mehr Menschen gibt, die unsere Position zum Schutz traditioneller Werte unterstützen.«[105]

Für diese Worte lobt Dugin seinen Präsidenten: »Putin geht selbstbewusst an die Schaffung der Eurasischen Union, er fürchtet sich nicht, den Westen mit seinen liberalen Werten offen herauszufordern, mit kräftiger Stimme wendet er sich dem Glauben zu, den Traditionen, den konservativen Grundlagen der Gesellschaft.«[106]

Dugins und Putins Gedanken mögen in dem Moment auch in Richtung China gewandert sein, wo die Eliten der kommunistischen Partei ihren Abscheu gegenüber dem »westlichen Liberalismus« teilen. Sowohl in Moskau wie auch in Peking sieht man in derlei Gedankengut eine Gefahr für den Machterhalt der Herrschaftsschicht. In den Methoden, die dafür nötig sind, im Umgang mit Oppositionellen und Andersdenkenden ist man sich nahe.

Das war nicht immer so.

Konflikt am Ussuri

Sie waren »Brüder auf ewig«, doch das Bündnis hielt nur wenige Jahre. Die Sowjetunion unterstützte nach dem Zweiten Weltkrieg das kommunistisch gewordene China, wo sich Mao Zedong zum unumschränkten Herrscher aufgeschwungen hatte, zunächst großzügig. Die beiden größten Flächenstaaten der Welt ließen sich, wie es schien, von der gleichen Ideologie leiten und schritten Schulter an Schulter der lichten Zukunft einer klassenlosen Gesellschaft entgegen. Die USA, der gemeinsame Hauptfeind, konnten sich schon mal warm anziehen. Moskau war in der Anfangsphase sogar behilflich, die Grundlagen für die Entwicklung chinesischer Atomwaffen zu legen. In den 1950er Jahren wies Partei- und Staatschef Nikita Chruschtschow seinen Geheimdienst KGB überdies an, den Chinesen »in einem Akt der Freundschaft« die Listen sämtlicher in China agierenden sowjetischen Agenten zu übergeben. Er gefiel sich in der Rolle des »älteren Bruders«, wie die Chinesen ihren Partner zunächst nannten.[107]

Peking indes, wo Mao ein an Stalin gemahnendes Regime aufgebaut hatte, versuchte sich zügig zu emanzipieren. Die Geheimrede Nikita Chruschtschows auf dem XX. Parteitag der KPdSU im Februar 1956 wurde zu einer Zäsur in den beiderseitigen Beziehungen. Die für damalige Verhältnisse scharfe Kritik an Stalin und der Versuch, sich auf diese Weise vom Führer- und Personenkult zu befreien, kamen nicht gut an in Peking. Das Abweichen von Stalins »reiner Lehre«, die Wiederherstellung der Beziehungen zu Titos Jugoslawien, all das wurde von Mao als Verrat an den Ideen des Marxismus-Leninismus gewertet. Auch lehnte Peking die sowjetische Vorstellung ab, dass alle »Bruderländer« gemeinsam in Richtung Sozialismus voranschreiten sollten, und das unter der Führung der UdSSR. Dieser Führungsanspruch, dem Peking sich nicht unterwerfen wollte, war dann der entscheidende Stein des Anstoßes für das Zerwürfnis.

Stattdessen proklamierte Mao seine Theorie vom »großen Sprung«. China, so lehrte er, werde mit einer einzigen Kraftanstrengung direkt in die Phase des Kommunismus gelangen und den Westen überholen. Das Ergebnis dieser Politik, die von 1957 bis 1962 als oberstes Prinzip galt, war ein gewaltiges Chaos im chinesischen Großreich, dem mindestens 45 Millionen Menschen zum Opfer fielen. Die meisten verhungerten, mindestens 2,5 Millionen Menschen wurden ermordet. Chruschtschow ließ die Unterstützung für das chinesische Atomprogramm einstellen. Allerdings war China da schon im Besitz der Bombe.

Begleitet wurden die ideologischen und machtpolitischen Differenzen bereits frühzeitig von Grenzstreitigkeiten, die zum Teil noch in die Zarenzeit zurückreichten. Danach hatte sich die Sowjetunion freizügig an chinesischen Gebieten bedient, als dort Bürgerkrieg herrschte. Verbale Auseinandersetzungen bis hin zu Prügeleien zwischen sowjetischen und chinesischen Grenzeinheiten waren deshalb schon in den 1950er und zu Beginn der 1960er Jahre aktenkundig.

Dessen ungeachtet wirkten die Ereignisse, die sich am 2. März 1969 am sowjetisch-chinesischen Grenzfluss abspielten, in Moskau wie ein Donnerschlag. Eine chinesische Eliteeinheit hatte in den Morgenstunden eine sowjetische Patrouille auf der Damansky-Insel im Ussuri angegriffen. In einem kurzen Gefecht verloren laut offiziellen Quellen etwa zwei Dutzend Soldaten der Sowjetarmee ihr Leben.

Der Vorfall habe »wie ein Schock« auf Moskau gewirkt, schrieb der damalige sowjetische UNO-Botschafter Arkadij Schewtschenko in seinen Memoiren, die er nach seiner Flucht in die USA verfasste. »Das Politbüro fürchtete, die Chinesen könnten einen umfassenden Vorstoß auf sowjetisches Territorium, das China beanspruchte, unternehmen. Die albtraumhafte Vision eines Einmarsches von Millionen Chinesen ließ die sowjetische Führung fast durchdrehen.«[108]

In dieser Phase forderte der damalige Verteidigungsminister Marschall Andrej Gretschko den Einsatz von Atomwaffen gegen China. In einer Diskussion im Politbüro drängte er darauf, »uns ein für alle Mal von der chinesischen Bedrohung zu befreien«. Er habe »den uneingeschränkten Einsatz der Megatonnen-Bombe, welche die Amerikaner ›Blockbuster‹ nennen«, gefordert, schrieb Schewtschenko. »Zum Glück unterstützten nur wenige Militärs Gretschkos Vorschlag [...] Die Diskussion über eine eventuelle Bombardierung Chinas lähmte das Politbüro. Man war mehrere Monate nicht imstande, eine Entscheidung zu treffen. Gretschkos kriegerische Haltung beruhte auf der Annahme, dass Amerika, das damals aus seiner feindseligen Einstellung gegenüber China kein Hehl machte, gegen eine sowjetische Strafaktion nichts unternehmen würde. Man beschloss, in verschiedenen Richtungen Fühler auszustrecken, um zu prüfen, ob diese Meinung den Tatsachen entsprach. Das Außenministerium, der KGB und der militärische Geheimdienst versuchten auszuloten, wie Washington auf einen Atomschlag reagieren würde.«[109]

Botschafter Anatolij Dobrynin, der zu jener Zeit wohl beste USA-Kenner der sowjetischen Diplomatie, traf in seinem Bericht die ernüchternde Feststellung, dass die Vereinigten Staaten im Falle eines solchen Schlages gegen China nicht passiv bleiben würden. Die Gefahr einer ernsten sowjetisch-amerikanischen Konfrontation wäre heraufbeschworen worden. »Also gab Moskau den Plan auf.«[110]

Diese Einschätzung war völlig richtig. US-Präsident Richard Nixon betrachtete die Sowjetunion als die eigentliche Bedrohung für die USA. Er suchte stattdessen eine Annäherung an Peking. Ein sowjetischer Atomschlag gegen China wäre den US-Interessen zuwidergelaufen. Zumal der auch die 250 000 im asiatisch-pazifischen Raum stationierten US-Soldaten hätte gefährden können.

Auch wenn es in dem Konflikt nach außen hin zunächst nur um die weniger als einen Quadratkilometer große Damansky-Insel zu gehen schien, war die Konfrontation doch wesentlich brisanter, wie das Gedankenspiel mit den Atomwaffen deutlich machte. Die Streitkräfte beider Staaten standen sich entlang der über 6500 Kilometer langen chinesisch-sowjetischen Grenze gegenüber. Dem Damansky-Zwischenfall folgten in den Monaten danach zahlreiche militärische Auseinandersetzungen. Vielfach, so auch in der Provinz Sinkiang, setzten die sowjetischen Truppen modernste Panzer vom Typ T-62 MBT ein.

Nach siebenmonatigen Kämpfen einigten sich Moskau und Peking auf einen Waffenstillstand, der Status quo wurde zunächst beibehalten. Erst nach über 40-jährigen Verhandlungen kam es, lange nach dem Zusammenbruch der Sowjetunion, zu einer Einigung. Russland verpflichtete sich 2004, 174 Quadratkilometer Territorium an China zurückzugeben, die sich die frühere Sowjetunion 1929 angeeignet hatte. Es handelt sich um die Insel Yinlong (Tarabarow) und die Hälfte der Insel Heixiazi (Bolschoi Ussurijskij). Der Vertrag wurde 2008 ratifiziert.[111]

Damit war der Weg frei zu einem neuen russisch-chinesischen Verhältnis. In der wieder aufgeflammten Konfrontation mit dem Westen, die nach dem Ende der Sowjetunion einige Jahre abgeflaut war, wurde ein für beide Seiten positives Ergebnis erzielt. Das wirtschaftlich erstarkte China konnte für den Preis von ein paar sumpfigen Inseln im Fernen Osten als Partner gewonnen werden. Peking erhielt verstärkt Zugriff auf den Rohstoffreichtum Sibiriens und des russischen Fernen Ostens. Russische Nationalpatrioten begleiteten diese Übereinkunft mit bösem Knurren über die vermeintlich ungerechtfertigte Aufgabe russischen Territoriums. Doch der Nutzen der dafür eingetauschten Partnerschaft ist für Moskau weit höher anzusetzen.

China – Moskaus Wunschpartner

In den Jahren der Annäherung haben Moskau und Peking viele Gemeinsamkeiten gefunden. Beide autoritär bis diktatorisch geführten Staaten – in China herrscht die kommunistische Partei – lehnen logischerweise demokratisch verfasste Strukturen ab, ebenso den »westlichen Liberalismus«, der angeblich nicht kompatibel sei mit den Traditionen ihrer Völker. Die Anführer beider Länder vermeiden es, sich über innenpolitische Vorgänge beim jeweils anderen zu äußern. Aus Peking kam kein Wort der Kritik, als die russischen Präsidenten Jelzin und Putin die Tschetschenen zusammenschießen ließen. Für Putin ist das Schicksal der Uiguren kein Thema. In der UNO stimmen beide Länder meist gemeinsam ab, denn ihr erklärter Feind sitzt in Washington, egal wie der Präsident dort gerade auch heißen mag. In Fragen der Sicherheit, insbesondere in Mittelasien und dem Fernen Osten, kooperieren sie recht intensiv.

Der 24. Juli 2019 war ein ganz besonderes Datum im russisch-chinesischen Verhältnis. Erstmalig patrouillierten Militärflugzeuge beider Länder über dem Japanischen Meer. Dann drangen sie in den südkoreanischen Luftraum ein, wurden von koreanischen Kampfflugzeugen abgefangen und sogar beschossen. Von russischer Seite nahm an der Operation ein Berijew-50-Frühwarnjet teil, der auf dem Transportflugzeug Iljuschin-76 basiert und seit gut 30 Jahren im Dienst ist. Dazu kamen strategische Bomber vom Typ Tu-95, die mit Flügelraketen mit Atomsprengköpfen bestückt werden können. Indienststellung des Basistyps: zweite Hälfte der 1950er Jahre.[112] In Einsätzen in Syrien hätten die greisen Tu-Bomber allerdings nachgewiesen, dass sie erfolgreich in lokalen Kriegen verwendet werden können, hieß es in Kreisen des russischen Militärs.[113]

Im September 2019 nahmen die Chinesen dann an einer der bislang größten militärischen Machtdemonstrationen Moskaus im zentralen Teil Russlands teil. Das strategische Militärmanöver

»Zentr-2019« diene dazu, optimale Formen des Truppeneinsatzes beim Kampf gegen den Terrorismus und für die Gewährleistung der Sicherheit in der zentralasiatischen Region zu finden, ließ das russische Außenministerium verlauten. An dem Mammut-Manöver, das den russischen Militärs zufolge »Verteidigungscharakter« hatte, nahmen 128 000 Soldaten Teil. Neben Russland und China waren auch Pakistan, Kasachstan, Kirgisien, Indien, Tadschikistan und Usbekistan dabei. Rund 20 000 Panzer und andere Militärfahrzeuge, 600 Flugzeuge und 15 Schiffe kamen bei der Übung zur Bekämpfung des Terrorismus zum Einsatz.[114]

Die am Manöver beteiligten Länder sind zugleich Mitglieder der 2001 gegründeten Schanghaier Organisation für Zusammenarbeit, aus der Moskau gern ein stabiles Militärbündnis geschmiedet hätte. Doch da hat China etwas dagegen. Peking kauft zwar gern Waffen in Russland – in jüngster Zeit S-400-Luftabwehrsysteme und Su-35-Kampfflugzeuge – und sucht auch sonst sicherheitspolitischen Schulterschluss. Aber eine Einbindung in Organisationsstrukturen wollen die Chinesen nicht. Ebenso wenig wie die Russen, es sei denn, sie könnten die Führung übernehmen. Solche Überlegungen hatten sich spätestens auch dann erledigt, als die verfeindeten Länder Indien und Pakistan 2017 Vollmitglieder wurden. Mehr als ein Diskussionsclub ist deshalb aus der Schanghai-Gruppe bisher nicht geworden, auch wenn sich das Militär der Mitglieder gelegentlich bei Manövern trifft.

Bliebe die Frage nach einem bilateralen Bündnis zwischen China und Russland. Moskau und Peking haben wiederholt, zum letzten Mal auf einem Gipfeltreffen im Sommer 2019, die Absicht dementiert, ein Militärbündnis zu schaffen. In ihrer offiziellen Rhetorik haben sowohl China als auch Russland die Idee einer militärischen und politischen Allianz als »Relikt der Vergangenheit« ausdrücklich verurteilt. Indem Moskau und Peking eine solche Allianz »im Prinzip« ablehnen, »rechtfertigen sie ihren Widerstand gegen die Expansion von US-Bündnissystemen in strategisch bedeutende Regionen«.[115]

Allerdings habe es in den Jahren 2018 und 2019 »eine qualitative Veränderung« in den militärischen und politischen Beziehungen zwischen Peking und Moskau gegeben, stellte der Politologe Wassilij Kaschin fest. Er wie auch andere russische Analytiker glauben, dass die Versuche der USA, den Einfluss von China und Russland verstärkt einzudämmen, zu deren engerem Schulterschluss geführt haben.[116]

Seit 2012/2014 sind die russisch-amerikanischen Beziehungen auf einem Tiefpunkt, auf den sich inzwischen auch das Verhältnis Pekings zu Washington zubewegt, meint Kaschin. Dieser Konflikt sei tiefergehend als der mit Russland, das nicht in der Position sei, »die Vereinigten Staaten als globalen Anführer herauszufordern, so sehr es sich das auch wünschen mag«. Es bestehe folglich keine Hoffnung auf eine Lösung des chinesisch-amerikanischen Konflikts »in naher Zukunft«. Deshalb vermutet der russische Politologe, dass sich der Charakter der russisch-chinesischen Beziehungen in der Zukunft durchaus noch »formalisieren« könnte. Doch auch dann, wenn das nicht passieren sollte, werde sich an den engen Beziehungen auch künftig »wenig ändern«.[117]

Chinesischer Wind in russischen Segeln

Die Weichenstellung in Richtung China hatte Wladimir Putin bereits Anfang 2012 vollzogen, als man in Deutschland noch tiefsinnig darüber nachdachte, mit welchen Morgengaben man den im März zur Wahl stehenden Präsidenten gnädig stimmen könnte. In einem Grundsatzartikel mit der Schlagzeile »Russland in der sich verändernden Welt« wies der Kreml-Chef schon damals den Weg nach Osten. »In unserer Nachbarschaft liegt ein sehr wichtiges Zentrum der globalen Wirtschaft – China«, teilte er seinen Landsleuten mit. Das Wachstum der chinesischen Wirtschaft sei keineswegs eine Gefahr, sondern berge die »kolossale Chance« zur Zusammenarbeit, die Chance, den »chinesischen

Wind« mit den »Segeln unserer Wirtschaft« einzufangen. Russland müsse das chinesische Potenzial klug nutzen, um Sibirien und den Fernen Osten wirtschaftlich voranzubringen.[118]

Anfänglich auf die Wirtschaftsentwicklung Sibiriens und des russischen Fernen Ostens gerichtet, wird die »Wende nach Osten« inzwischen mit der Hoffnung verknüpft, China könne der Motor für den wirtschaftlichen Aufstieg der Großmacht Russland werden. Auch China hat Interesse an einem engeren Verhältnis zu Russland, wenngleich man dort kühl rechnend durchaus eine Vorstellung von dessen begrenzten Möglichkeiten hat. Aber als Partner in Sicherheitsfragen und als Waffen- und Rohstofflieferanten ist Moskau willkommen. So entwickelten sich die Dinge zunächst zügig, zumal Russlands Verhältnis zum Westen durch die dreiste Annexion der Krim schwer beschädigt worden war.

Russlands Bruch mit dem Westen brachte der Freundschaft zusätzlichen Auftrieb. Im Mai 2014 reiste Putin mit einer hochrangigen Delegation nach Schanghai. Da hatte Russland gerade die ukrainische Halbinsel Krim annektiert. Für Putin, verfemt im Westen, wurde die Reise ins »Reich der Mitte« zu einem Triumph, wie es schien. Neben mehreren Dutzend Dokumenten über Zusammenarbeit brachte sein Gefolgsmann aus St. Petersburger Zeiten und Chef des staatlich kontrollierten Energiekonzerns Gazprom, Alexej Miller, einen Jahrhundertvertrag mit nach Hause: einen Vertrag über Erdgaslieferungen im Wert von 400 Milliarden US-Dollar, den »größten in der Geschichte von Gazprom«, freute sich Miller. China verpflichtete sich, 30 Jahre lang russisches Gas zu beziehen. Die neue Pipeline Sila Sibiri, die Kraft Sibiriens, transportiert es von den Erdgasfeldern Jakutiens bis zum Amur zur chinesischen Grenze. Das erste Gas floss im Dezember 2019. Die Chinesen hätten die Pipeline gern selbst gebaut, um schneller voranzukommen, aber so eng ist die Partnerschaft denn doch nicht, als dass die russischen Hausherren strategische Objekte in fremde Hände geben würden.[119]

Der offiziell verordneten Euphorie in Russland tat das keinen

Abbruch. Auf einem Wirtschaftsforum in Sotschi erklärte Miller den Anwesenden Moskaus neue Sicht auf die Welt. Man könne den asiatischen Gasmarkt nicht mit europäischen Maßstäben messen, dozierte er. »Verträge haben einen Lieferumfang von 30 Milliarden Kubikmetern und mehr, eine Laufzeit von 30 Jahren und mehr. Unsere verehrten chinesischen Partner haben es innerhalb eines Tages auf eine Stufe mit unserem größten Gaskunden geschafft, mit Deutschland. Es geht um 40 Milliarden im Jahr. Deutschland hat 40 Jahre gebraucht, um so weit zu kommen. Ich frage: Was für ein Ergebnis haben wir mit unseren Partnern auf dem asiatischen Markt in 40 Jahren? Es ist absolut klar, in allernächster Zeit wird es im Osten heller werden.«[120]

Ein paar weniger erfreuliche Details ließ der Gazprom-Chef dabei unter den Tisch fallen. Allein der Vergleich mit Europa ist in dem Fall der jakutischen Energieträger völlig unsinnig. Das Gas aus Jakutien konnte sein Konzern ohnehin nur nach China verkaufen, oder gar nicht. Es gibt in der Region keinen anderen Abnehmer. Ein Transport ins weit entfernte Europa hätte das Gas so sehr verteuert, dass niemand den Preis hätte zahlen wollen und können. Das wussten auch die Chinesen. Sie zögerten mehrere Jahre mit dem Vertragsabschluss – Verhandlungsbeginn war 2009 – und drückten erfolgreich den Preis, auch wenn die großen Zahlen zunächst einen Goldregen zu versprechen schienen.

Die Analystin der russischen Bank WTB Kapital, Jekaterina Rodina, rechnete die ganze Sache gründlich durch und kam zu einem ernüchternden Ergebnis: Wenn die jährlichen Lieferungen nach China bei 38 Millionen Kubikmeter lägen, würde Gazprom für 1000 Kubikmeter Gas 350 Dollar bekommen. Dieser Preis, so die Fachfrau, läge acht Prozent unter dem Preis, den Gazprom im Jahr 2013 mit seinen Exporten nach Europa erzielte. Aber wie gesagt, Gas aus Jakutien wird nicht nach Europa verkauft. Es bleibt im fernöstlichen Raum, die Preise bestimmt China.

Da der Preis, gebunden an den für Erdöl, im Verlauf von 30 Jahren erheblich schwanken kann, und das nicht immer zugunsten des Verkäufers, kommen weitere Unwägbarkeiten hinzu. Rodina und ihre Analysten-Kollegen von der Internetzeitung *RBC* kamen zu dem Schluss: Der vermeintliche Jahrhundertvertrag mit China sei ein Vertrag »mit minimaler Rentabilität«. China erwies sich als der erwartet schwierige Geschäftspartner, der genau rechnen kann und Schwächen seines Gegenübers gnadenlos ausnutzt.[121]

Kreml-Chef Putin blieb ungerührt, er zog nur drei Jahre nach der von ihm verordneten Wende nach Osten eine erste positive Bilanz. »China ist heute unser strategischer, unser Schlüsselpartner«, lobte Wladimir Putin seinen Gast, den chinesischen Staatspräsidenten Xi Jinping, den er an jenem 8. Mai 2015 in den Kreml geladen hatte. Dabei beschwor er die vom Ussuri-Konflikt bereinigte Geschichte: »Die gemeinsame heldenhafte Vergangenheit ist eine gute Grundlage für den Ausbau gutnachbarschaftlicher bilateraler Beziehungen im 21. Jahrhundert geworden.«[122]

Immerhin, der »chinesische Wind« beflügelte nach einer kurzen Flaute den Handelsumsatz, der 2018 bei über 114 Milliarden Dollar lag. In beiden Hauptstädten freute man sich über die Vereinbarung, einen immer größeren Teil der Geschäfte in den nationalen Währungen Rubel und Renminbi zu verrechnen. Wieder einmal erwachten russische Träume, den US-Dollar als Weltwährung ablösen zu können. In Peking überwiegt Sachlichkeit. Für China sind die Erdgas- und Erdöllieferungen aus dem Nachbarland willkommen, ebenso die Möglichkeiten zum Holzeinschlag in den sibirischen Wäldern, den viele Menschen in der Region als Raubbau bezeichnen. In Moskau begrüßt man die kurzfristigen Gewinne, langfristige negative Konsequenzen werden verdrängt.

Angesichts dieser und anderer Reibungsflächen könne von einer Wirtschaftspartnerschaft noch längst keine Rede sein,

meint der russische Wirtschaftswissenschaftler Wladislaw Inosemzew.[123] Zwar gebe es einen großen Anstieg im Warenaus-
tausch, der nun mehr oder weniger ausgewogen sei. Die frühere
Schieflage habe Russland durch den Export von Energieträgern
ausbalancieren können. »Aber Handel ist nicht Partnerschaft.
China investiert in Russland recht wenig. An ernsthafte Projekte
werden die Chinesen nicht herangelassen. Russland fürchtet
China vor allem als Großinvestor in der Öl- und Gasindustrie«,
sagte Inosemzew.

Andererseits wollten die Chinesen selbst nichts in die russische Hightech-Branche investieren. »Sie sind in diesem Bereich
zu sehr abhängig von den Amerikanern. In dem Zusammenhang
verhindern die Sanktionen, die der Westen gegen Russland
verhängt hat, in bedeutendem Maße, dass China Hightech-Er-
zeugnisse nach Russland exportiert, von derartigen Technolo-
gien ganz zu schweigen.« Inosemzew räumte ein, dass jeder für
den anderen zwar ein großer Handelspartner sei. »Aber so eine
Partnerschaft, wie sie zwischen den USA und Europa, zwischen
den USA und Deutschland oder den USA und Großbritannien
existiert, ist das natürlich nicht.« Es sei auch kaum zu erwarten,
dass sich das ändert.

Die Neue Seidenstraße

Schon jetzt sei Russland in den Fragen, die die Chinesen besonders interessierten, wenig hilfreich, meinte Inosemzew. So
hatte der chinesische Präsident 2010 die Konzeption der Neuen
Seidenstraße von China nach Europa vorgestellt, die heute als
Kern der chinesischen Außenpolitik gelte.[124] »Ich war in den
letzten Jahren mehrfach auf Konferenzen in China, wo darüber
diskutiert wurde. Ich spürte schon lange den fehlenden Enthusiasmus, diese Strecken durch Russland und Weißrussland zu
führen. Die Chinesen hatten sich lange anhören müssen, wo
welche Trassen gebaut werden. Und wenn sie nach einem Jahr

nachschauten, war nichts passiert. 2017 war die Idee, die Transporttrassen durch Russland zu führen, endgültig gestorben«, behauptete Inosemzew. Die Chinesen hätten sehr gut verstanden, »dass es besser ist, diese Transportlinien durch Kasachstan, über das Kaspische Meer, durch den Kaukasus und weiter durch die Türkei zu führen. In Russland ist man einfach nicht in der Lage, das technologisch zu bewältigen«, lautete das harte Urteil des russischen Ökonomen.

Für Putin existiert sie noch, die Beteiligung an der Seidenstraße. In seiner Botschaft an die Föderationsversammlung erinnerte er im März 2018 daran, dass Russland gemeinsam mit China und Kasachstan an dem Projekt arbeite. Er musste freilich eingestehen, dass die Partner »ihren Teil der Arbeiten bereits erfüllt haben. Ihre Streckenabschnitte werden bereits genutzt. Wir müssen das ernsthaft beschleunigen«, forderte er und sprach dann doch lieber über die eigenen Pläne. Über die Baikal-Amur-Magistrale (BAM) und die Transsibirische Eisenbahn (Transsib) würden künftig verstärkt Container von Wladiwostok zur Westgrenze Russlands transportiert werden. Der Gesamtumfang des Containertransports »auf unseren Schienen soll fast um das Vierfache erhöht werden«, forderte er, ohne Zeiträume zu nennen. Damit werde Russland »zu einem der weltweit führenden Containertransporteure zwischen Europa und Asien« werden. De facto koppelt sich Moskau damit von einem der wichtigsten Projekte seines strategischen Partners China wieder ab.[125]

Ursprünglich hatten Russland und China im Jahr 2015 vereinbart, Anstrengungen zu unternehmen, den Aufbau der Eurasischen Wirtschaftsunion und den Ausbau der Seidenstraße gegenseitig »anzupassen«. Schon diese Formulierung zeugte von einer erheblichen Distanz. Unkonkreter konnte ein Projekt kaum beschrieben werden, von dem beide Seiten behaupteten, dass sie es wollten. Vier Jahre nach dieser Grundsatzerklärung stellten die Teilnehmer einer von der Regierungszeitung *Rossijskaja Gaseta* ausgerichteten Tagung deprimiert und verklausuliert fest, es sei »heute tatsächlich nicht leicht«, die damals vereinbarte »Anpassung« als »lebensfähig« zu bezeichnen.[126]

Warum es so schwerfällt, die Idee von der Eurasischen Wirtschaftsunion, denn mehr ist es bislang nicht, mit der von China initiierten Neuen Seidenstraße zu verbinden, wissen die russischen Experten natürlich. Es existierten einfach zu große Widersprüche zwischen beiden Projekten, erläuterte Sergej Ujanajew, der Vizepräsident des Fernost-Instituts der Akademien der Wissenschaften. Das Seidenstraßen-Projekt sei gerichtet »auf eine breite Freihandelszone, während die Eurasische Wirtschaftsunion im Gegensatz dazu auf den Schutz der inneren Märkte der Union vor äußeren Spielern gerichtet ist und tariffreie Zonen nur für Mitgliedsländer gelten«.[127]

Zudem hat Russland immer noch die Vorstellung, es könnte die Trassenführung für die Schienen in seinem Interesse beeinflussen und mit chinesischer Hilfe das eigene Eisenbahnnetz modernisieren. Bislang seien die von Russland angebotenen Transportlinien nicht konkurrenzfähig mit denen, die durch Kasachstan verlaufen. Das Interesse an den sibirischen und fernöstlichen Strecken der Transsib sei deutlich gesunken, wenn nicht ganz geschwunden, weil der Warentransport über Kasachstan schneller und billiger sei, räumte Sergej Ujanajew ein.

Wie es aussieht, wird es entgegen den bisherigen Lippenbekenntnissen auch künftig wenig chinesisch-russische Gemeinsamkeiten auf der Seidenstraße geben. Die Russischen Eisenbahnen (RZD) verfolgen längst ein eigenes Projekt, das auch von zahlreichen russischen Wissenschaftlern unterstützt wird. Die Rede ist von einer Hochgeschwindigkeitstrasse, die von Nachodka bei Wladiwostok bis an die Grenze Osteuropas führen und nördlich von Transsib und BAM verlaufen soll. Bei einer Durchschnittsgeschwindigkeit von 200 bis 250 Kilometern pro Stunde könne man in drei Tage in Europa sein, versicherte der Vorsitzende des wissenschaftlichen Rates von RZD, Boris Lapidus, voller Optimismus. Das Megaprojekt »Einheitliches Eurasien: Der Trans-Eurasische Entwicklungsgürtel« (TransEwrasia) werde, so hoffen seine geistigen Väter, auch Anreize für Unternehmen aus China und anderen asiatischen Ländern bieten.

Aber im Kern ist das Projekt streng national orientiert. Es gehe um die langfristige Erschließung Sibiriens, des russischen Fernen Ostens und der Arktis, verhieß Wladimir Litwinzew, ein leitender Mitarbeiter der russischen Akademie der Wissenschaften. »Die Realisierung des Projekts wird der Wirtschaftsentwicklung der östlichen Territorien des Landes einen mächtigen Impuls verleihen«, verkündete Litwinzew hoffnungsvoll. Die Wortwahl erinnert an die propagandistische Begleitung sowjetischer Großbauten seinerzeit in Sibirien.

Nicht erwähnt wird in diesem Zusammenhang der »strategische Partner« China und dessen Jahrhundertprojekt Neue Seidenstraße, wofür Peking Hunderte Milliarden Dollar Investitionen aufbietet. Derweil ergehen sich die Russischen Eisenbahnen in einem traumtänzerischen Konkurrenzprojekt, über dessen Finanzierung bislang nicht einmal gesprochen wurde und dessen endgültige Streckenführung ebenfalls noch ungeklärt ist.

PUTIN, DIE RAKETEN
UND DIE ANGST

> Der Aggressor muss wissen, dass die Vergeltung
> unausweichlich ist. Dass er vernichtet wird.
> Aber wir sind die Opfer der Aggression. Und wir kommen
> als Märtyrer ins Paradies. Aber sie verrecken einfach.
> Sie werden nicht einmal mehr Zeit zum Bereuen haben.
>
> *Wladimir Putin, Präsident Russlands*

Russland ist das einzige Land auf der Welt, das den Vereinigten
Staaten ebenbürtig ist. Zumindest was die Zahl der atomaren
Sprengköpfe angeht. Die russischen Nuklearstreitkräfte verfügen
über rund 7000, die US-amerikanischen über 6800 Sprengköpfe.
In dieser Kategorie herrscht Parität, worauf in Russland auch der
Durchschnittsbürger stolz ist, obwohl ihm das persönlich nichts
bringt und er lediglich für die Kosten aufkommen muss. Aber für
sein seelisches Gleichgewicht ist es gut zu wissen, dass Russland – wie die USA – eine »nukleare Triade« besitzt, gewissermaßen die unheilige Dreifaltigkeit des Atomwaffen-Zeitalters. Sie
besteht zum einen aus landgestützten Interkontinentalraketen
mit Reichweiten deutlich über 5000 Kilometern, die in Bunkern
oder auf mobilen Startanlagen auf ihren Einsatz warten. Strategische Bomber – Tupolew Tu-95MS »Bear« (Erstflug 1952), Tupolew Tu-160 »Blackjack« (Erstflug 1981) und Tupolew Tu-22M3
»Backfire« (Erstflug 1969) – bilden mit ihren atomar bestückten
Flügelraketen und Atombomben den zweiten Teil der »Triade«.
Die atomar angetriebene Unterwasser-Flotte, bestückt mit see-
gestützten Interkontinentalraketen, den dritten Teil.

Die Aufteilung der Nuklearstreitkräfte in drei Komponenten
ist eine Erfindung aus den Zeiten der Ost-West-Konfrontation.
Sie soll die Zweitschlagfähigkeit gewährleisten. Dieses Denk-
muster aus der Zeit des Kalten Krieges ist wieder aktuell gewor-

den. Es geht von der Überlegung aus, dass jede der beiden Seiten nach einem Atomschlag des Gegners immer noch so stark sein muss, um einen Gegenschlag zu führen, der der anderen Seite unermessliche Schäden zufügen könnte. Diese gegenseitig gesicherte Zerstörung fand in der MAD-Doktrin der NATO ihren Niederschlag.[128]

Sie geht von der Annahme aus, dass niemand so irrational ist, die Zerstörung des eigenen Landes in Kauf zu nehmen, um den Gegner zu vernichten. Damit diese Doktrin »arbeitet« und Wirkung beim potenziellen Gegner entfaltet, sind beide Seiten genötigt, überdimensionierte Nuklearstreitkräfte zu unterhalten, damit im Ernstfall noch etwas für den Zweitschlag übrig ist. Für diese Aufgabe sind vor allem Atom-U-Boote, bestückt mit interkontinentalen Nuklearraketen gut geeignet, weil sie schwer zu orten sind und deshalb im Falle eines atomaren Angriffs eine höhere Überlebenschance hätten. So jedenfalls die Theorie, die von den Militärs auf beiden Seiten weitgehend akzeptiert wird.

Russland arbeitet gegenwärtig intensiv daran, diesen Teil der »Triade« auszubauen. Allein im Jahr 2019 erhielt Russlands Flotte drei neue Atom-U-Boote, teilte Verteidigungsminister Sergej Schoigu mit. Unter anderem sollen die Unterwasser-Raketenkreuzer »Fürst Wladimir« und »Kasan« bis Jahresende fertiggestellt sein. Sie würden künftig »das Gesicht der Unterwasserflotte Russlands bestimmen, das Verteidigungspotenzial Russlands erhöhen und die Position der RF auf den Weltmeeren festigen«.[129] Ein halbes Jahr später, im September 2019, kündigte sein Stellvertreter Aleksej Kriworutschko an, dass die russische Flotte bis 2024 insgesamt elf neue Atom-U-Boote erhalten wird.[130]

Die NATO ist besorgt, besonders über den Ausbau der für einen Zweitschlag geeigneten Waffengattung. »Russland hat massiv in seine Marine investiert, insbesondere in U-Boote«, sagte NATO-Generalsekretär Jens Stoltenberg schon vor Jahren.

Seit 2014 seien 13 weitere U-Boote an die russischen Streitkräfte ausgeliefert worden. Damit lägen die Aktivitäten der russischen Marine nun auf dem höchsten Niveau seit dem Kalten Krieg. [131]

Alexander Golz: Nie wieder eine Supermacht

Der Moskauer Presseklub ist ein beliebter, an der Arbat-Metro-Station gelegener Treffpunkt im Stadtzentrum. An einem heißen Junitag bin ich hier mit Alexander Golz verabredet. Golz ist Chefredakteur des Moskauer Nachrichtenportals *Jeschednjewnyj Schurnal* (Tägliches Journal), das es offiziell eigentlich gar nicht mehr gibt. Das liberale Portal, 2004 gegründet, nachdem die Printausgabe eingestellt worden war, wurde 2014 auf Anweisung der staatlichen Aufsichtsbehörde für die Medien Roskomnadsor im russischen Internet blockiert.

Die Verfügung konnte Roskomnadsor auf Anweisung der Staatsanwaltschaft selbst erlassen, weil die Duma zu der Zeit bereits ein neues Gesetz verabschiedet hatte, demzufolge für das Blockieren von Webseiten keine Gerichtsbeschlüsse mehr erforderlich sind. Die IT-Techniker des Portals waren allerdings pfiffig genug, die Internetausgabe den Lesern in Russland über einen Umweg dennoch zugänglich zu machen.

Golz näherte sich eiligen Schritts und wählte einen Platz im Schatten. Der Juni dieses Sommers war heiß, die Temperaturen lagen tagelang über 30 Grad. Der Journalist und Militärexperte hat sein Berufsleben in der sowjetischen Armeezeitung *Krasnaja Swesda* (Roter Stern) begonnen. Heute gilt er als einer der besten, von staatlichen Institutionen unabhängigen Kenner des russischen Militärs und seiner Denkweise. Die Frage, ob Russland heute eine Supermacht ist, deren militärische Macht ständig im Wachsen begriffen ist, stellte sich fast von selbst.

Golz wischte sich den Schweiß von der Stirn und erinnerte an eine simple Tatsache. »Wenn wir von den Attributen einer Großmacht sprechen, so hat sich Russlands Lage seit dem ersten

Test einer Atombombe in der Sowjetunion 1949 nicht verändert. Auch in den Jelzin-Jahren [Den Russen als Jahre der Schwäche in Erinnerung – M. Q.] blieb das Land eine Großmacht, weil es über Atomwaffen verfügte. Und damit, das ist die negative Feststellung, über die Fähigkeit, den Planeten zu zerstören. Diese Fähigkeit hat Russland bis heute nicht verloren, weil es eben noch Atomwaffen besitzt.«

Aber viele andere Attribute und Fähigkeiten, die eine Großmacht auszeichnen, existieren heute nicht mehr oder nur in sehr abgeschwächter Form, meinte Golz. In den 1990er Jahren, mit dem Zusammenbruch der Sowjetunion, sei auch die gigantische sowjetische Militärmaschinerie zusammengebrochen. »Die Sowjetunion hatte damals eine fünf Millionen Mann starke Armee. Die gesamte Industrie war auf das Militär orientiert, es gab keine einzige Fabrik, die nicht für die Streitkräfte produziert hätte. Der Absturz, der lawinenartigen Charakter hatte, ging einher mit dem Einbruch der Wirtschaftsleistung, und es schien, als habe Russland aufgehört, ein wichtiger Faktor in der internationalen Arena zu sein. Obwohl es weiterhin über die grundlegenden Attribute einer Großmacht verfügte.«

Es folgten zwei Tschetschenien-Kriege, »die die Schwäche der russischen konventionellen Streitkräfte zeigten«. Er erinnerte an den Durchbruch tschetschenischer Kämpfer 1999 nach Dagestan. »Es brauchte zweieinhalb Wochen, um die ersten Bataillone von Fallschirmjägern einsatzbereit zu haben.« Diese extreme Schwäche sei inzwischen überwunden, aber eine Supermacht im sowjetischen Sinne »wird Russland nie wieder werden«, ist Golz überzeugt. Der Hauptgrund sei die Demografie.

»Bis zum Jahr 2035 wird die Zahl der jungen Leute, die jährlich 18 Jahre alt werden, die 600 000 nicht übersteigen. Das bedeutet, dass es unmöglich ist, eine gewaltige Armee aufzustellen.« Zudem habe Russland, ungeachtet vieler Erfolge der vergangenen Jahre, »im Gegensatz zur UdSSR keine Verbündeten. Und die Verbündeten, die Russland innerhalb der ODKB[132] hat, haben Russland in der für Moskau so wichtigen Frage der Ukraine-Krise und der Annexion der Krim nicht unterstützt.«

Russland habe zudem eine verglichen mit der Sowjetunion sehr bescheidene Wirtschaftskraft, »es hat die Fähigkeit verloren, Waffen in Massenproduktion herzustellen«. Was Russland bleibe, seien die Atomwaffen. »Nicht zufällig hat Putin sich so in die Kernwaffen ›verbissen‹. Es vergeht keine Woche, in der er nicht eine weitere Erklärung über Kernwaffen abgibt. Die Atomwaffen sind die einzig verbliebene Spielkarte, und darüber wird auch sehr offen gesprochen.« In einem Interview habe Putin zugegeben, dass er anlässlich der Krim-Annexion daran gedacht habe, die Alarmbereitschaft der Atomstreitkräfte zu verkünden. »Vom Standpunkt der Militärs war das natürlich Blödsinn, die strategischen Streitkräfte sind in ständiger Bereitschaft. Die kann man nicht erhöhen.«

Tatsächlich aber seien solche Äußerungen gefährlich. »Die ständige Betonung der Rolle der atomaren Streitkräfte wirkt destabilisierend, besonders wenn Putin jetzt einen Partner von der Qualität eines Trump hat.« Kürzlich habe Putin im Waldai-Club deutlich gemacht, dass er ein Anhänger der Konzeption des nuklearen Vergeltungsschlages sei. »Das bedeutet, dass er im Falle eines ernsthaften Konflikts 20 Minuten Zeit hat, um herauszufinden, ob ein Fehler im Frühwarnsystem vorliegt oder nicht. Dann müsste er unverzüglich reagieren.«

Obskure Ansichten

Aber wirklich angsteinflößend sei etwas anderes: »In beiden Hauptstädten haben obskure Ansichten die Oberhand gewonnen. Man sagt beiderseits des Atlantik: Was brauchen wir Verträge, lasst uns sehen, wer den anderen am meisten erschrecken kann.« Er glaube, »dass das Schicksal des Start-3-Vertrags, der 2021 ausläuft, bereits entschieden ist«. Eine Aussicht, die Golz für höchst gefährlich hält. »In der Folge wird ein kompliziertes

System der Balancen auf verschiedenen Ebenen zerstört, das seit dem Ende der 1960er Jahre entwickelt worden ist. Wenn der Start-Vertrag zerstört wird, dann stirbt mit ihm das komplizierte System der gegenseitigen Überprüfungen. Aber wenn es keine genaue Vorstellung über das Potenzial des angenommenen Gegners mehr gibt, dann ziehen es die Militärs vor, von der schlechtesten aller Möglichkeiten auszugehen. 2021 werden wir wahrscheinlich ohne jegliche Verträge sein. Dann werden wir uns nicht in den 70er oder 80er Jahren des vergangenen Jahrhunderts wiederfinden, sondern in den 1960er Jahren am Vorabend einer neuen karibischen Krise. Das ist eine sehr große Gefahr«, warnte Golz.

Pawel Felgengauer, ebenfalls ein unabhängiger Militärbeobachter, der für die angesehene liberale *Nowaja Gaseta* schreibt, teilt die Besorgnis, kann sich allerdings vorstellen, dass die mögliche Vertragsverlängerung von Start-3 Gegenstand eines ausgedehnten Handels werden könnte. Putin habe bereits sein Pokerface aufgesetzt und verkündet, dass man darauf auch verzichten könne. Der Kreml-Chef erinnerte die Welt daran, dass Russland »die Konkurrenten überholt hat, indem es Systeme von Hyperwaffen geschaffen« habe. Damit sei die Sicherheit Russlands garantiert, man könne auch auf Start-3 verzichten, wenn die Amerikaner keine Vereinbarung wollten.[133]

Felgengauer hält das für »einen weiteren Spielzug im Handel mit Washington«. Also eher für einen Bluff. Trump seinerseits habe den Start-3-Vertrag bereits mit der Venezuela-Frage und anderen internationalen Problemen verknüpft. Wenn Moskau seine Unterstützung für das Maduro-Regime einstellen und entsprechend auch auf die Kubaner einwirken würde, könnte Nicolás Maduro von der Macht entfernt werden, und Washington hätte die Hände frei, um sich seinen Problemen mit China, Nordkorea und mit dem Iran zuzuwenden. Als »Belohnung«, so vermutete Felgengauer, würde sich Washington mit einer Verlängerung von Start-3 einverstanden erklären.[134]

Aber im Moment (Juni 2019) sei Moskau noch nicht bereit, Maduro fallen zu lassen. Mehr noch, Putin listete seinerseits eine Reihe von Problemen auf, bei denen er neben Start-3 ein Einlenken Washingtons erwartet: Abzug der US-Raketenabwehrsysteme aus Rumänien und Polen, Abzug der NATO-Truppen aus diesen Ländern und dem Baltikum. Auch ein Nachgeben bei den Sanktionen stehe auf der Wunschliste. Putin habe das mit dem Hinweis auf die »Superwaffen« Awangard, Pereswet, Burewestnik, Poseidon, Sarmat verbunden. Damit müsse Russland niemanden fürchten. Stattdessen brauchten die Amerikaner selbst die Vertragsverlängerung, behauptete Putin. Russland habe allein in diesem Jahr (2019) 30 Interkontinentalraketen in Dienst gestellt.[135]

Felgengauer hält das für eine Milchmädchenrechnung. Die USA wollen seinen Informationen zufolge 2020 eine Laserwaffe zur Abwehr von Raketen und Flugzeugen dislozieren. 2023 wird eine weitreichende Hyperschallwaffe mit einzeln lenkbaren Sprengköpfen bereitstehen, die von mobilen Abschussrampen gestartet werden kann. Der russische Militärexperte erinnerte in dem Zusammenhang daran: »Die UdSSR brach seinerzeit wegen Überlastung zusammen, als sie versuchte, mit den USA im Bereich der Superwaffen zu wetteifern. Die heutige Russische Föderation ist im Vergleich zur UdSSR technologisch ein hoffnungslos bleicher Schatten. Natürlich ist der Ausgang des Turniers bekannt, und es ist wahrscheinlich das Vernünftigste, jetzt zügig Vereinbarungen zu treffen.«[136]

Putin indes hat die Welt wissen lassen, dass ihn das nicht beeindruckt. In einer Gesprächsrunde mit den Chefs führender Nachrichtenagenturen der Welt sagte der Kreml-Chef: »Wir müssen ihn [den Start-3-Vertrag – M. Q.] nicht verlängern. Unsere Systeme können Russlands Sicherheit für einen langen Zeitraum garantieren.« Wenn niemand den Vertrag verlängern möchte, »nun, dann werden wir es nicht tun.«[137]

Könnte man derlei Äußerungen auch so verstehen, dass Putin vor allem versuche, im Ausland Angst und Unsicherheit zu verbreiten, fragte ich Golz. Seine Antwort kam ohne Zögern: »Ja, natürlich. Da gibt es keinen Zweifel.« Aber Putin habe schon lange ein Problem. »Die nukleare Karte als politische Waffe kann man nur ausspielen, wenn einen seine Gegenspieler für irrational halten. Wie es beispielsweise Kim Jong-un macht.« Die Drohung mit dem Einsatz von Atomwaffen wirke nur so lange, wie der Gegenspieler im Ungewissen über die Berechenbarkeit des Drohenden gehalten wird.

Zur Illustration erzählte Golz eine Episode aus der Zeit der Regentschaft von Boris Jelzin. »1999, als die NATO-Operation in Jugoslawien begann, rief Jelzin umgehend seine Vertreter im UN-Sicherheitsrat an. Er fragte sie: Warum fürchten sie uns nicht? Die Antwort lautete: Weil sie uns für vernünftig halten.«

Golz ist überzeugt, dass Putin – »ich kann das mit einer langen Liste von Zitaten beweisen« – in den vergangenen Jahren einen »sehr konsequenten Kampf gegen die Vorstellung geführt hat, er sei ein vernünftiger, rational denkender Mensch«. Denn Putin wisse: »Der nukleare Faktor wirkt nur dann, wenn er für unberechenbar gehalten wird.«

Tatsächlich sprechen zahlreiche Putin-Äußerungen für Golz' These. So krönte der russische Präsident einen Monolog darüber, dass Russland im Konfliktfall nicht als Erster Atomwaffen einsetzen werde, mit den Worten: »Der Aggressor muss wissen, dass die Vergeltung unausweichlich ist. Dass er vernichtet wird. Aber wir sind die Opfer der Aggression. Und wir kommen als Märtyrer ins Paradies. Aber sie verrecken einfach. Sie werden nicht einmal mehr Zeit zum Bereuen haben.«[138]

In dem Propagandafilm *Die Weltordnung 2018* gab Putin einen Staatschef, der angesichts der Gefahr eines nuklearen Infernos gelassen bleibt oder zumindest so tut: »Wenn irgendjemand den Beschluss fassen sollte, Russland zu vernichten, dann haben wir das gesetzmäßige Recht zu antworten. Ja, für die Menschheit wäre das die globale Katastrophe. Für die Welt wäre das die globale Katastrophe. Aber dennoch – als Bürger Russlands und als Oberhaupt des russischen Staates – möchte ich die Frage stellen: Wozu brauchen wir eine Welt, in der es kein Russland gibt?«[139] Die russischen Kommentatoren überschlugen sich sogleich: Diese Aussage sei nicht nur eine der bisher bedeutendsten Aussagen Putins, sie nehme auch einen Platz unter den wichtigsten Zitaten der russischen Geschichte ein.

Wie ernst, so fragte ich meinen Gesprächspartner, muss man diese Äußerungen Putins tatsächlich nehmen? Ist es mehr als der Versuch, den Westen in Angst und Schrecken zu versetzen, was ja teilweise schon ganz gut funktioniert? Mit einem Wort – tut Putin nur so, oder ist er bereit, auf den »roten Knopf« zu drücken? »Die Antwort auf diese Frage ist schwierig. Es gibt ja das bekannte psychologische Phänomen: Indem autoritäre Anführer irgendeine Kampagne als Spiel beginnen, erliegen sie dem Einfluss ihrer eigenen Propaganda.« Die Drohungen aus dem Kreml gewinnen offensichtlich an Gewicht durch ihre Unschärfe.

Sarmat, Kinschal und andere

Seinen Auftritt vor der Föderationsversammlung, der Duma und dem Föderationsrat, zelebriert Kreml-Chef Wladimir Putin jedes Jahr. Seine Botschaft ans Parlament ist eine Mischung aus Erfolgsbilanz und Befehlsausgabe, wobei die Bilanz oft geschönt ist und die Forderungen an seine Untergebenen blumig-unkonkret gehalten und kaum überprüfbar sind.

Putins Auftritt am 1. März 2018 vor der Föderationsversammlung war indes von besonderer Güte. In seinen Kommentaren zu einer 40 Minuten langen Video-Animation informierte der russische Staatschef seine Landsleute und die ganze Welt, dass der russischen Rüstungsindustrie gleich mehrfach epochale Durchbrüche bei der Entwicklung neuer Waffensysteme gelungen seien. Die machten Russland praktisch unangreifbar, während der große Konkurrent, die USA, weitgehend ungeschützt wie auf einem Präsentierteller daläge. Putins Auftritt entfachte mehrfach Beifallsstürme unter den anwesenden Abgeordneten, Politikern, Militärs und Vertretern des Klerus. Besonders als er versicherte: »Das ist kein Bluff.«[140]

Womit überraschte er das Auditorium? In farbigen bewegten Bildern, ähnlich einem Computerspiel, führte der Kreml-Chef die neuesten Waffen vor:

Awangard. Der Gleiter wird von einer Startrakete in die äußere Atmosphäre gebracht, von dort stürzt er mir 20-facher Schallgeschwindigkeit auf die Erde zurück. Seine Fähigkeit zu abrupten Kursänderungen und die hohe Geschwindigkeit machen es unmöglich, ihn abzufangen.

Burewestnik. Die Lenkwaffe 9M730 soll auf einer nicht ballistischen Bahn die Abwehrzentren des Gegners umfliegen können. Angetrieben werde die Rakete von einer kleindimensionierten Nuklearanlage, die eine beliebig lange Flugzeit ermögliche, sagte Putin.[141]

Sarmat. Die Interkontinentalrakete (RS-28) ist ein bekanntes System, sie soll Ende 2017 erprobt worden sein. Die neue Waffe ersetzt die alten Wojewoda-Raketen aus der Zeit der UdSSR. Die Sarmat besitzt eine höhere Reichweite und könnte die USA nicht nur über die Nordpolroute, sondern auch über den Südpol angreifen und dabei ein weit höheres Wurfgewicht transportieren. Was kaum ein Zuschauer realisierte – der Teil, in dem die Sarmat-Rakete vorgestellt wurde, war ein Fake. Um die extreme Leistungsfähigkeit der neuen Sarmat-Rakete zu illustrieren, benutzten die Autoren eine elf Jahre alte Computeranimation. Sie zeigte, wie die Sarmat-Atomrakete die Stadt St. Petersburg in Florida zerstört.[142]

Kinschal. Die Hyperschallwaffe erreicht die zehnfache Schallgeschwindigkeit, also 12 000 Stundenkilometer. Sie hat eine Reichweite von 2000 Kilometern. Die Abwehrchance sei gleich null, behauptete der Kreml-Chef. Russische Medien jubelten anschließend, die Amerikaner könnten ihre Abwehrsysteme einmotten, sie seien nutzlos geworden.

In seiner Botschaft von 2019 legte Putin noch einmal nach: Der Laserkomplex Pereswet befinde sich in der Testphase und werde noch im gleichen Jahr im Dezember in die Streitkräfte eingeführt. Technische Angaben gab es zunächst nicht. *RIA Nowosti* zufolge kann der »Superlaser« vorläufig amerikanische Tomahawk-Flügelraketen nur blenden. Die verlieren ihr Ziel »aus den Augen« und zerstören sich selbst. Flugzeuge könnten auch angegriffen werden, indem sie die Piloten »desorientieren«.[143]

Die Poseidon ist ein unbemanntes Tauchboot, ausgestattet mit einem Atomsprengkopf mit einer Sprengkraft von zwei Megatonnen. Es wurde im Frühjahr 2019 erstmals zu Wasser gelassen. Es soll Flottenbasen und andere Bauten am Meeresufer bekämpfen. Poseidon bewegt sich bis zu einer Tiefe von 1000 Metern mit einer Geschwindigkeit von rund 180 Stundenkilometern und verfügt über interkontinentale Reichweite. Awangard ist das fliegende Pendant dazu. Seine Serienproduktion sei angelaufen, teilte das russische Verteidigungsministerium im Juni 2019 mit.[144]

Alexander Golz teilt die offiziell verordnete Euphorie über die Waffensysteme nicht. Er entdeckte einige Widersprüche, unter anderem schon in der Rede des Präsidenten von 2018. »Im ersten Teil sprach er davon, dass Russland ein technologischer Rückstand drohe.« Und im zweiten Teil zeigte sich plötzlich, »dass wir einen umwerfenden Durchbruch in der Technologie geschafft haben. Sollte es uns gelungen sein, eine nuklear-energetische Anlage zu schaffen, die auf einem Fluggerät installiert werden kann, das nicht das gesamte Territorium verseucht, über das es fliegt – das wäre eine fantastische Errungenschaft«.[145]

Was die anderen Waffenarten angehe, »so begeben wir uns ins Reich der Magie«. Über die Rakete Sarmat sei beispielsweise vor der Präsidentenrede lediglich bekannt gewesen, dass sie mit großen Problemen behaftet sei. Es war die erste landgestützte

Rakete mit Flüssigtreibstoff, die in Russland selbst projektiert und gebaut wurde. Bisher war der ukrainische Konzern Jusch-masch in Dnipro, früher Dnjepropetrowsk, Hersteller von Inter-kontinentalraketen. Auch die Rakete Wojewoda, im Westen als Satan bekannt, stammt von dort. Sarmat soll die veraltete Rakete ablösen. In dem Video wurde die neue Rakete gezeigt, wie sie auf dem Boden transportiert wird, aber die Rakete, die in den Himmel aufgestiegen sei, sei nicht Sarmat gewesen. »Wieder betraten wir das Reich der Magie. Die Botschaft des Präsidenten ist in der Lage, ähnlich wie die Bibel, Wunder zu erzeugen. Das, was eben noch nicht einmal getestet worden war, ist plötzlich getestet und steht schon im Truppendienst.«[146]

Und die nukleargetriebene Unterwasser-Drone namens Poseidon? Dazu meint Golz: »Man erzählt uns, dass es eine fantastische Atomenergie-Anlage gibt, die diese Unterwasserdrohnen, versehen mit einem Nuklearsprengkopf, mit hoher Geschwindigkeit bis zur amerikanischen Küste bringen kann. Das ist eine klassische Waffe für den Tag des Jüngsten Gerichts, die nach einem Erstschlag auf Russland eingesetzt werden würde. Das ist die eigentliche Mitteilung an die USA, die Warnung, keinen Erstschlag gegen uns zu führen. Aber stellen wir uns vor, es gibt ein irrtümliches Kommando, es gibt keinen Erstschlag, aber der Torpedo kann nicht mehr zurückgerufen werden …« Golz ist überzeugt, dass Putin eine »Mischung aus wissenschaftlicher Fantastik des Journals *Technik der Jugend* und, möglicherweise, irgendwelchen realen Projekten« präsentiert habe.[147]

Das Ende des INF-Vertrages

Ein Hauch von Eiszeit wehte mitten im Sommer über Europa. Am 2. August 2019 lief der INF-Vertrag aus, der Vertrag, der 1987 zwischen den USA und der Sowjetunion abgeschlossen worden war und die Stationierung von landgestützten Mittelstrecken-raketen und Marschflugkörpern in Europa verbot.[148]

Der INF-Vertrag wurde seinerzeit als ein Meilenstein im Ringen der beiden Supermächte USA und Sowjetunion um Rüstungsbegrenzung und Rüstungskontrolle gefeiert. War es in der Vor-INF-Zeit in erster Linie darum gegangen, den zufälligen Ausbruch eines nuklearen Krieges zu verhindern oder zumindest die Risiken zu minimieren, vereinbarten der amerikanische Präsident Ronald Reagan und der sowjetische Partei- und Staatschef Michail Gorbatschow mit dem 1987 in Washington unterzeichneten Vertrag erstmals eine reale Rüstungsreduzierung.

Dem war ein langwieriger Prozess mit Verhandlungen und Massenprotesten in Westeuropa, insbesondere in der Bundesrepublik, vorausgegangen. Denn hier befand sich der Schauplatz, auf dem die Mittelstrecken stationiert und notfalls auch eingesetzt werden sollten. Der damalige Bundeskanzler Helmut Schmidt hatte dem Prozess wichtige Impulse gegeben, als er 1977 in London angesichts der von der UdSSR betriebenen Aufrüstung die Begrenzung von Mittelstreckenraketen in Europa forderte. Diese Waffengattung war bis dahin noch von keinen Rüstungskontrollverträgen erfasst. In einem am 12. Dezember 1979 verabschiedeten Beschluss der Außen- und Verteidigungsminister der NATO-Mitgliedsstaaten in Brüssel bot die nordatlantische Allianz der sowjetischen Seite Verhandlungen darüber an. Für den Fall, dass diese scheitern, sollten vier Jahre später 572 US-amerikanische bodengestützte nukleare Mittelstreckenwaffen in Deutschland und anderen westeuropäischen Ländern stationiert werden.[149]

Die mühsamen Verhandlungen waren von hochkochenden Emotionen begleitet. Vertreter der älteren Generation werden sich lebhaft daran erinnern: Massendemonstrationen, Sitzblockaden vor US-Stützpunkten in der Bundesrepublik und Mahnwachen zogen im Laufe der Zeit Hunderttausende an. In Moskau schaute man wohlgefällig auf eine Friedensbewegung im Westen, die, wie sich später herausstellte, tüchtig vom sowjetischen Geheimdienst KGB befeuert worden war und die folglich auf einem

Auge blind war: Die Pershing-II-Raketen, die die Amerikaner ab 1983 nach Deutschland brachten, waren »Teufelszeug«, die sowjetischen SS-20-Raketen, die bereits im europäischen Teil der Sowjetunion standen, wurden nicht wahrgenommen. Dabei hatte Moskau bereits ab 1980 begonnen, ihre RSD-10-Raketen, NATO-Code SS-20, in russischen, ukrainischen und weißrussischen Gebieten der UdSSR zu stationieren. Diese Raketen konnten Ziele in Westeuropa innerhalb weniger Minuten erreichen.

Die Stationierung amerikanischer Pershing II und Tomahawk-Marschflugkörper war die militärische Reaktion darauf. Der Ärger in Moskau war groß. Man sah darin einen ungerechten Vorteil für die USA und eine neue strategische Lage, weil die Amerikaner nun sowjetisches Territorium mit ihren Mittelstreckenwaffen in ein paar Minuten erreichen konnten, während die Sowjetunion Amerika »nur« mit strategischen Waffen mit einer deutlich längeren Vorwarnzeit bedrohen konnte.

Die sowjetisch-amerikanischen Verhandlungen über diese Waffengattung zu Beginn der 1980er Jahre in Genf verliefen zunächst erfolglos. Nachdem Michail Gorbatschow in der Sowjetunion die Macht übertragen bekommen hatte, kam Bewegung in den Prozess, der 1987 mit der Unterzeichnung des INF-Vertrages abgeschlossen wurde. Der Vertrag leistete jahrzehntelang gute Dienste und hielt Europa frei von landgestützten Mittelstreckenraketen und Marschflugkörpern.

2013 waren erstmals Beschwerden aus Washington zu hören. Schon die Regierung von Präsident Barack Obama beschuldigte Moskau, den Vertrag zu brechen. Moskau dementierte hartnäckig, Obama erwog eine Kündigung des INF-Vertrages. Er verzichtete dann doch darauf, weil er sich an die Nachrüstungsdebatte in Europa in den 1980er Jahren erinnerte und er keine neue, in dem Fall zu erwartende Auseinandersetzung unter den Europäern hervorrufen wollte. »Obama unterließ seinerzeit diesen Schritt unter Rücksichtnahme auf die europäischen Verbündeten – Trump hatte da weniger Skrupel.«[150]

Lange Zeit bestritt die russische Seite, dass der in Rede stehende Marschflugkörper 9M729, in der NATO als SSC-8 bekannt, überhaupt existierte. Dann wechselten die russischen Militärs und Politiker in einen anderen Abwehrmodus: Nun hieß es, das Fluggerät existiere, sei aber in seinen technischen Parametern in Übereinstimmung mit den INF-Bestimmungen. Er habe lediglich eine Reichweite von 480 Kilometern, liege mithin also unter der im INF-Vertrag festgelegten Schwelle von 500 Kilometern. Das glaubten weder die USA noch die anderen NATO-Mitgliedsstaaten. Die US-Militärs gehen davon aus, dass Moskau mindestens an vier Standorten je 16 (Stand Sommer 2019) bodengestützte Marschflugkörper vom Typ 9M729 stationiert hat, die deutlich weiter als die erlaubten 500 Kilometer zu fliegen in der Lage sind.

In Moskau tun sich Militärexperten schwer damit, die Vertragsverletzung durch das eigene Land einzuräumen. Alexej Arbatow, ein angesehener Kenner der Rüstungskontroll- und Abrüstungsproblematik von der liberalen Jabloko-Partei, wand sich, als er direkt gefragte wurde: »Also haben wir den Vertrag verletzt?« Seine Antwort: »Das behaupten sie [die Amerikaner – M. Q.]…« Er räumte dann allerdings ein, dass einige hochrangige russische Generäle, die vor nicht allzu langer Zeit hohe Posten im Verteidigungsministerium innehatten, indirekt zugegeben hätten, dass Russland die Bestimmungen des INF-Vertrages nicht einhält. Es könne sein, dass man hier und da den Vertrag verletzt habe, sei ihm bedeutet worden, aber nur deshalb, »um sie [die Amerikaner – M. Q.] vom Austritt aus dem Vertrag abzuhalten«, sagte Arbatow in einem Interview. Wenn das so war, dann war diese Strategie jedenfalls ein Fehlschlag, der Vertrag existiert nicht mehr.[151]

Für Pawel Felgengauer, den renommierten, nicht mit dem Militär-Industrie-Komplex verbandelten russischen Militärexperten, hat das INF-Aus eine sehr lange Vorgeschichte. »Die Verletzung der Kontrollen über die nuklearen und nicht nuklearen

Waffen begann nach der Münchner Rede von Wladimir Putin im Februar 2007.« Bis dahin sei die Atmosphäre zwischen Russland und dem Westen beinahe schon partnerschaftlich gewesen. Doch »nach der georgischen Revolution [2003 – M. Q.], dem ersten Maidan [Kiew 2004 – M. Q.] überzeugte der Generalstab Putin, dass ein Krieg unausweichlich sei. Der Westen bereite einen Überfall vor und wolle ihn persönlich töten – das sei sein wesentliches Ziel.« Dafür würden Stützpunkte gebaut, Militär stationiert, habe man Putin eingeredet. Dem hat sich der Kreml-Chef offensichtlich nicht verschlossen, meint Felgengauer.[152] Auch deshalb erhielten seine Raketenbauer weitgehend freie Hand. Umso mehr, als Putin, wie aus seiner Umgebung durchsickerte, von einer für ihn unangenehmen Vorstellung getrieben wird. Er ist besorgt darüber, dass Russland aus irgendeinem Grund das Potenzial zu einem Antwortschlag einbüßen könnte. Diese Sorge treibt den Kreml-Chef offenbar schon lange um. Er versucht, eine Sicherheitsreserve zu schaffen, die viele selbst in seinem Umkreis für überflüssig halten, die aber für ihn offenbar prinzipiell wichtig ist. Eine der Folgen: In Russland gibt es heute zwischen 2500 und 8500 nicht strategische Kernwaffen.[153] Darunter eben auch solche, die der INF-Vertrag eigentlich untersagt hatte.

Im Februar 2019 hielt US-Präsident Donald Trump den richtigen Zeitpunkt für gekommen, er kündigte den Austritt aus dem Vertrag an. Damit begann die sechsmonatige Austrittsfrist. Sein Außenminister Mike Pompeo twitterte am 2. August: Der Ausstieg der USA aus dem Vertrag »tritt heute in Kraft«. Für das Ende des Abkommens sei »ausschließlich« Russland verantwortlich. »Die Vereinigten Staaten werden nicht Verträgen angehören, wenn andere diese verletzen.« Nach Ansicht Washingtons hat Russland spätestens seit Mitte der 2000er Jahre Marschflugkörper vom Typ 9M729 »entwickelt, produziert und getestet«.[154]

Zwischen den USA und den europäischen NATO-Partnern, deren Verhältnis seit dem Amtsantritt von Trump merklich getrübt ist, herrscht in dieser Frage Einigkeit. Die 29 NATO-

Mitgliedsstaaten stellten sich geschlossen hinter Washington. »Wir wollen, dass Russland sich verantwortungsvoll verhält und nicht den Vertrag verletzt, aber das haben sie immer wieder getan«, sagte NATO-Generalsekretär Jens Stoltenberg im ZDF-Interview zum Auslaufen des INF-Vertrages. Die neuen russischen Raketen seien »schwer auszumachen« und könnten »europäische Städte innerhalb von Minuten erreichen«. Im Falle eines bewaffneten Konflikts würden sie »die Schwelle der Gefährdung« absenken. »Genau das ist der Grund, warum wir so beunruhigt sind angesichts dieser anhaltenden Vertragsverletzung durch Russland«, sagt der NATO-Generalsekretär.[155]

Am 3. Juli kündigte dann auch Moskau den INF-Vertrag. Im russischen Staatsfernsehen wurde das am selben Tag als notwendige Antwort auf den Schritt der USA interpretiert. Die Anschuldigung Washingtons, dass die russische Flügelrakete vom Typ 9M729 gegen den Vertrag verstoße, wurde zurückgewiesen. Es seien vielmehr die Amerikaner, die mit ihren Angriffsdrohnen gegen den Vertrag verstießen. Das seien zwar formal keine Raketen, sie fielen aber durch ihre technischen Charakteristika unter die Vertragsbestimmungen, hieß es. Womit Moskau kurzfristig ein ganz neues Argument ins Spiel brachte, ohne damit Überzeugungskraft zu entfalten.[156]

Absonderlich klang das Angebot Putins, man werde solange keine Mittelstreckenwaffen in Europa stationieren, wie auch die USA das nicht täten. Der Verzicht auf Raketen, die es angeblich gar nicht gibt, erinnert an die üblichen Nebelkerzen, die die russische Propaganda gern entzündet, wenn man die Schuld auf andere schieben möchte.

Wie ernst ist die Lage?

Die USA besaßen im Sommer 2019 noch keine weitreichenden landgestützten Mittelstreckenwaffen. Das, so meinte Alexander Golz bei unserem Treffen in der Moskauer Juni-Hitze, verschaffe

Russland kurzzeitig einen strategischen Vorteil. Denn die Entwicklung eines neuen amerikanischen Raketensystems würde mindestens 18 Monate dauern. Dann könnten diese Waffen in Europa, beispielsweise in Polen oder dem Baltikum, aufgestellt werden. In dem Falle, so Golz, würde Russlands strategischer Vorteil »verdampfen«. Und die USA hätten, wie in den 1980er Jahren nach der zeitweiligen Stationierung der Pershing II, mit ihren neuen Waffen die Möglichkeit, St. Petersburg oder Moskau innerhalb von sechs bis acht Minuten zu erreichen. »Es ist klar, dass die Signale des Frühwarnsystems, das sich mehrfach geirrt hat, in dieser kurzen Zeit nicht überprüft werden können. Der Gegenschlag würde folglich augenblicklich ausgeführt.« Das erhöhte Risiko eines fälschlich ausgelösten Krieges liege auf der Hand.

Putin hat im Falle der Stationierung amerikanischer Raketen in Europa seinerseits mit Weiterungen gedroht. Als mögliche Ziele russischer Raketen kämen nicht nur europäische, sondern auch »Entscheidungszentren« in den USA in Frage. Der Kreml-Chef sprach in dem Zusammenhang von der Möglichkeit, russische U-Boote mit Atomraketen an Bord an den amerikanischen Küsten patrouillieren zu lassen. Russische Militärs brachten auch Venezuela oder Nicaragua als Stationierungsorte ins Gespräch. Der stellvertretende russische Außenminister Sergej Rjabow drohte damit, Russland könnte seinerseits Mittelstreckenraketen näher an die Grenzen der USA heranrücken, sollten amerikanische Raketen dieses Typs in Europa auftauchen. Rjabow erinnerte in dem Zusammenhang ausdrücklich an die Kuba-Krise von 1962, wollte eine mögliche Stationierung indes nicht allein auf die Insel in der Karibik beschränkt sehen. Seine Analogie sei nicht geografisch gemeint, sie verstehe sich »ohne Bindung an irgendwelche Koordinaten auf der Erdkugel«.[157]

Europäische Experten mahnten in der brisanten, neuen Lage zur Besonnenheit. Sie verweisen darauf, dass Washington zunächst keine Stationierungspläne für Europa habe, sondern seinen Blick nach Asien richte. Die USA sehen in China, das nie Teil der INF-Vereinbarung war und demzufolge in dem Bereich kräftig aufrüstete, vor allem aber wegen der stark gewachsenen strategischen Position, die größere potenzielle Gefahr. Im jüngsten Bericht des Pentagon zu China sind die Analysten zu einem für die USA höchst unangenehmen Ergebnis gekommen: Die Volksrepublik China hat ein gewaltiges Raketenarsenal aufgebaut.[158] Peking besitzt mehr als 2000 Raketen mit INF-Reichweite. Die neuen amerikanischen bodengestützten Raketen, die im Sommer 2019 bereits getestet wurden, sind denn auch weniger für Europa, sondern in erster Linie für Asien bestimmt.

Der Direktor des Instituts für Sicherheitspolitik an der Universität Kiel, Joachim Krause, hält den INF-Vertrag bereits seit Längerem für überlebt. Er habe »seine Daseinsberechtigung in dem Augenblick verloren, als der Ost-West-Konflikt zu Ende ging. Er blieb bestehen, weil es für keine Seite Gründe gab, ihn aufzugeben«. Doch eine Schutzfunktion hatte er in den letzten Jahren seiner Existenz bereits weitgehend verloren. Seit Moskau erneut offensiv geführte Kriege plane, »nicht mehr im kontinentalen Maßstab, aber regional, etwa gegen die baltischen Staaten oder die Ukraine«, spiele »die Eskalationsdominanz durch Mittelstreckenwaffen – konventionell und nuklear bewaffnet – eine zentrale Rolle«, meint Krause.[159]

Auf diesem Feld hätten sich in den vergangenen zehn Jahren erhebliche Veränderungen abgespielt, die der jetzt beendete Vertrag nicht habe verhindern können. Russland investierte »enorm in Mittelstreckensysteme, die nicht durch den INF-Vertrag abgedeckt sind, namentlich luftgestützte (Ch-101/102) und seegestützte Marschflugkörper (Kalibr) sowie ballistische Raketen kürzerer Reichweite wie die Iskander, die bei Stationierung im Gebiet Kaliningrad die gleiche Wirkung wie INF-Systeme aufweisen«. Krause erwähnte auch die Entwicklung der Rakete RS-26, die eine Reichweite von über 5500 Kilometern habe, Ziele in Europa bedrohen könne und der SS-20 ähnlich sei.[160]

Auch der Schweizer Politologe Oliver Thränert, Leiter eines Think-Tanks am Center for Security Studies der ETH Zürich, sieht die Schuld für das Ende des INF-Vertrages bei Russland. Moskau habe gegen den Kerngedanken jeder Rüstungskontrolle, das Prinzip der gemeinsamen Sicherheit verstoßen, indem es bodengestützte SSC-8-Marschflugkörper stationierte. »Die amerikanische Kündigung des INF-Vertrages ist insofern konsequent. Doch folgt daraus für die USA oder die NATO keineswegs die Notwendigkeit, selbst zusätzliche Atomwaffen in Europa zu stationieren, die der INF-Vertrag verbot.«[161]

Thränert zufolge könnte es zu »schweren politischen Verwerfungen innerhalb wichtiger europäischer Staaten sowie zwischen ihnen« kommen. Zudem könnte sich eine Kluft zwischen den NATO-Mitgliedern auftun, die bislang eine überraschende Einigkeit an den Tag gelegt hätten. Das könnte sich im Falle der Stationierung amerikanischer Waffensysteme mittlerer Reichweite in Europa ändern. Während einige westeuropäische Staaten »die Stationierung zusätzlicher Kernwaffen kritisch sähen, würden osteuropäische NATO-Mitglieder, vor allem Polen, eine Stationierung von US-Atomwaffen auf ihrem Territorium begrüßen. Die Allianz wäre einer großen Belastungsprobe ausgesetzt. Genau in diese Falle möchte Moskau die NATO locken. Sie sollte nicht hineintappen«, rät Thränert.[162]

Für die Sicherheit Europas sei das Ende des Vertrages eine schlechte Entwicklung, sagt Oliver Meier von der Stiftung Wissenschaft und Politik. »Uns steht jetzt eine Diskussion in der NATO bevor, ob es zu einer neuen Stationierung von Mittelstreckenwaffen kommt.« NATO-Generalsekretär Jens Stoltenberg zufolge gehörten neue landgestützte atomare Mittelstreckenwaffen in Europa derzeit nicht zu den Optionen. Man müsse das russische Verhalten nicht spiegeln, um auch weiterhin eine glaubwürdige Abschreckung und Verteidigung zu gewährleisten.[163]

RUSSLAND AUF DEM WEG
ZUM OLYMP?

> Ich würde anfangen, die Balten und die anderen
> kleinen Staaten zu quetschen. Es kümmert mich nicht,
> dass sie von der UNO anerkannt wurden.
> Ich werde radioaktive Abfälle an der Grenze zu Litauen
> vergraben und starke Gebläse aufstellen und
> das Zeug nachts über die Grenze blasen.
>
> *Wladimir Schirinowskij,*
> *Fraktionsvorsitzender der LDPR*

Russlands Weg auf den Olymp der ganz Großen in dieser Welt
ist der Weg der kleinen militärischen Schritte. Das Hauptope-
rationsfeld blieb zunächst der postsowjetische Raum. In den
1990er Jahren setzte Moskau seine Streitkräfte in eng begrenzten Operationen, damals noch mit Zustimmung der Betroffenen,
als sogenannte »Friedenstruppen« ein. Das geschah 1992 in der
Republik Moldau, als General Alexander Lebed die kämpfenden
Truppen der Moldowas und die Separatisten von Transnistrien
trennte und zum Waffenstillstand zwang. Gelöst ist dieser »ein-
gefrorene« Konflikt bis heute nicht. Transnistrien, vorwiegend
von Russen und Ukrainern bewohnt, besteht auf Eigenständig-
keit. Moldowa fordert die Rückkehr der Separatisten in den mol-
dauischen Staatsverband. Teile der russischen »Friedenstruppen« – rund 1500 Mann – stehen noch immer in Transnistrien.
Auch die Einsätze russischer Streitkräfte in Tadschikistan
(1992) und Georgien (1992–1994) führten letztlich dazu, dass
Moskau in diesen Krisenregionen seinen Fuß in der Tür behielt.
In Tadschikistan hat die 201. Militärbasis mit Stützpunkten in
Duschanbe und Bochtar ein vertraglich zugesichertes Aufent-
haltsrecht bis zum Jahr 2042. Die Zahl der dort stationierten Mi-
litärangehörigen wird bis 2020 von 7000 auf 9000 erhöht. Damit

ist die 201. Militärbasis, ehemals die 201. Schützendivision, der größte russische Auslandsstützpunkt.[164]

Russlands militärische Operationen erreichten mit dem russisch-georgischen Konflikt vom Sommer 2008 eine neue Stufe der Eskalation. »Erstmals nach Ende des Kalten Krieges führte Russland einen zwischenstaatlichen Krieg, um seinen regionalen Hegemonialanspruch abzusichern und gegenüber westlichen Akteuren rote Linien zu ziehen. Diesem Ziel dient auch die verdeckte Intervention in der Ukraine seit 2014.«[165]

Georgien heute

Im Juni 2019 kam es zu Meetings und Straßenprotesten in der georgischen Hauptstadt Tbilissi. Die Demonstranten waren wütend, weil die Regierungspartei Georgischer Traum eine Abordnung der Interparlamentarischen Versammlung der Orthodoxie unter Führung des russischen Duma-Abgeordneten Sergej Gawrilow ins georgische Parlament eingeladen hatte. Schon diese Einladung, in der die Georgier einen verabscheuungswürdigen Kotau vor Moskau sahen, regte die Gemüter auf. Als Parlamentspräsident Irakli Kobakhidze dem Russen Gawrilow auch noch seinen Präsidentensessel für dessen Rede vor den Angeordneten anbot, war für die Georgier eine rote Linie überschritten.

Im Parlament brachen Tumulte aus, die schnell auf den Straßen ihr Echo fanden. Wut über die Arroganz der Großmacht brach wieder auf, einer Großmacht, die de facto 20 Prozent des georgischen Territoriums okkupiert hat. Es kam zu Demonstrationen und spontanen Meetings, die sich anfangs gegen Russland, bald aber vorwiegend gegen Mitglieder der georgischen Regierung richteten. Kobakhidze trat von seinem Posten zurück. Der Parteichef vom Georgischen Traum, der Milliardär Bidsina Iwanischwili, entschuldigte sich bei seinen Landsleuten. Doch die Konfrontationen in Tbilissi zogen sich über Wochen hin, immer wieder angefacht durch brutale Polizeieinsätze.

Russland gab die beleidigte Großmacht und griff zu seinem in den vergangenen Jahren schon mehrfach benutzten Instrumentarium. Alle Flüge von Moskau nach Tbilissi wurden wieder einmal zeitweilig gestrichen. Die russischen Staatsmedien forderten russische Touristen auf, ihre geplanten Reisen in das südkaukasische Land am Schwarzen Meer abzusagen. Die gleichen Medien machten Stimmung mit gefälschten Berichten über angebliche Übergriffe auf russische Touristen in Georgien. Medien und Politiker in der russischen Metropole überschlugen sich in ihrer Erregung über die »russophobe Hysterie«, die angeblich in Georgien herrschte. Der föderale Dienst für Verbraucherschutz entdeckte wieder einmal die mangelnde Qualität von Wein und Mineralwasser aus Georgien. Die Duma-Abgeordneten wurden aus dem Urlaub zurückbeordert, um dann tagelang über Handelssanktionen zu debattieren, und darüber, wie das große Russland machtvoll auf eine dämliche Bemerkung eines georgischen Fernsehjournalisten in einem kleinen georgischen Privatsender reagieren sollte.[166]

Gleichzeitig nahmen die verbalen Auseinandersetzungen zwischen Moskau und Tbilissi an Schärfe zu. Georgiens Präsidentin Salome Surabischwili nannte Russland einen »Feind« und »Okkupanten«. Sie drückte damit die Gefühle ihrer Landsleute aus, die Russland sehr wohl als Aggressor wahrnehmen. Daraufhin verlangte Duma-Sprecher Wjatscheslaw Wolodin, die georgische Präsidentin solle sich öffentlich für die »antirussische Rhetorik« entschuldigen. Die Vorwürfe, Russland sei aggressiv und habe Territorien okkupiert, beleidige die Bewohner Russlands, die angesichts dessen »nicht gleichgültig bleiben« könnten.[167]

Genau das sind die aggressiven, drohenden Töne, die Georgien auch früher schon aus Russland vernommen hatte. Moskau betrachtet Georgien als zum »nahen Ausland« gehörig, zu den Ländern der ehemaligen Sowjetunion, in denen Moskau »besondere Interessen« beansprucht. Als sich die rechtlich zu Georgien gehörenden Regionen Abchasien und Südossetien zu Beginn der 1990er Jahre in blutigen Konflikten vom georgischen Mutterland lösten und Hunderttausende Georgier aus den aufrührerischen Regionen fliehen mussten, stand Russland auf der Seite der Separatisten. Seitdem überlebten beide Regionen als selbständige Gebilde nur durch massive militärische, wirtschaftliche und politische Unterstützung Moskaus, das mit seiner multilateral vereinbarten »Friedenstruppe« einen Fuß in den Regionen behielt.

Der Fünf-Tage-Krieg von 2008

Zu einer Zäsur wurde der russisch-georgische Fünf-Tage-Krieg. Dem kurzen, intensiven Waffengang im Sommer 2008 war eine Dummheit des damaligen georgischen Präsidenten Micheil Saakaschwili vorausgegangen. Der hatte kurz zuvor das ebenfalls abtrünnige, besonders vom Moskauer Bürgermeister Jurij Luschkow unterstützte Adscharien im Süden das Landes mit einer einfachen Polizeioperation unblutig heimgeholt in den georgischen Staatsverband. Ähnliches schwebte ihm auch für Südossetien vor. Zur Ouvertüre ließ er allerdings die südossetische Hauptstadt Zchinvali mit schweren Geschützen beschießen. Von Norden rückten Einheiten der russischen 58. Armee durch den Rokski-Tunnel vor und trieben die georgischen Truppen vor sich her.

Der Streit, ob die Georgier oder die Russen den Krieg begonnen haben, tobt bis heute zwischen beiden Seiten. Eine vom Europäischen Rat eingesetzte Untersuchungskommission unter Leitung der Schweizer Diplomatin Heidi Tagliavini kam schon 2009 zu dem Schluss: »Es gab keinen laufenden militärischen Angriff Russlands vor dem Beginn der georgischen Operation.« Dem russischen Militär bescheinigt der Bericht, es habe zwar in einer ersten Phase, als es die eigenen Truppen schützen wollte, die auf der Grundlage multilateraler Vereinbarungen in Südossetien stationiert waren, grundsätzlich legal gehandelt. Doch der Vorstoß auf georgisches Staatsgebiet sei »im Wesentlichen ein Verstoß gegen internationales Recht« gewesen, hieß es in dem Bericht.[168]

Russische Einheiten standen zeitweilig bei der georgischen Stadt Kaspi 40 Kilometer vor der Hauptstadt Tbilissi. Die russische Luftwaffe zerstörte militärische Anlagen in Gori, wobei auch Wohnhäuser getroffen wurden. In Kaspi erwischte es eine Zementfabrik, wie ich in den Tagen selbst sehen konnte. Wichtige russische Ziele waren der militärische Teil des Flughafens von Tbilissi, Hafenanlagen in Poti am Schwarzen Meer sowie ein Militärflughafen im georgischen Kernland.

Nur eins war die von Saakaschwili ausgelöste unsinnige Aktion ganz gewiss nicht: Es war kein Angriff auf Russland, wie russische Nationalisten im Verein mit deutschen Querfrontlern gern behaupten. Südossetien gehört nicht zu Russland. Saakaschwili wollte es, sich am Vorgehen Putins in Tschetschenien orientierend, wieder in den georgischen Staatsverband eingliedern. Das war ein Fehler, und es ging schief. Moskau erfasste seine Chance und erkannte nach Kriegsende unter Bruch internationalen Rechts Südossetien und Abchasien als unabhängige Staaten an und stationierte dort jeweils mehrere tausend Soldaten. Es okkupierte sie praktisch, was für Georgien bis heute eine schmerzhafte Wunde geblieben ist und Russland zum Feind macht. Die angeblich für die russischen Interessen damals so gefährliche US-Militärpräsenz wurde während des kurzen Krieges umgehend abgezogen. Ich sah amerikanische Offiziere am dritten Tag des Konflikts, wie sie im Metechi-Palace-Hotel von Tbilissi mit ihrem Gepäck auf ihre Busse zum Flughafen warteten. Moskau konnte sich in seinem Vorgehen bestätigt fühlen.

Fünf Jahre okkupierte Krim

18. März 2019. An diesem Morgen erreichte mich eine kurze Nachricht von einem russischen Freund aus Moskau: »An den Häusern hängen die Flaggen der Russischen Föderation«, schrieb

er mir. »Das Land feiert den fünften Jahrestag des Anschlusses der Krim und wundert sich, dass es zu einem geächteten Staat wurde. Und dass die Welt uns aus irgendeinem Grunde nicht liebt.« Diese Verwunderung ist fünf Jahre nach der Tat in Russland immer noch groß, wenngleich die national-patriotische Aufwallung des Jahres 2014 deutlich abgeebbt ist. Die Eliten im Dunstkreis des Kremls beharren freilich weiter darauf, dass alles rechtens war, was die »grünen Männchen« auf der Krim und die angeblichen »Selbstverteidigungskräfte« in der Ostukraine angerichtet haben. Als Rechtfertigung wurde der verlogene Hinweis vorgeschoben, man habe ethnische Russen vor »ukrainischen Faschisten« schützen müssen. Ebenso verlogen ist die von Moskau ständig wiederholte Behauptung, in Kiew habe ein »faschistischer Putsch« stattgefunden, den Washington und die EU organisiert und bezahlt hätten.

Tatsache dagegen ist, dass Moskau internationale und bilaterale Verträge und Vereinbarungen gebrochen hat, um seine völkerrechtswidrigen Ziele in der Ukraine zu erreichen. Im russischen Propagandafeuer von der angeblichen Rechtmäßigkeit des Vorgehens in der Ukraine wird das, auch in Deutschland, oft vergessen oder verdrängt. Zur Erinnerung:

- Die Charta von Paris für ein neues Europa, unterzeichnet im November 1990 in der französischen Hauptstadt, unter anderem vom sowjetischen Präsidenten Gorbatschow. In dem Bekenntnis zu Demokratie, Frieden und Einheit steht: »Wir sind entschlossen, bei der Verteidigung der demokratischen Institutionen gegen Verletzungen der Unabhängigkeit, souveränen Gleichheit oder territorialen Integrität der Teilnehmerstaaten zusammenzuarbeiten. Dazu zählen illegale Aktivitäten unter Anwendung von äußerem Druck, Zwang und Subversion.«
- Artikel V der Beloweschsker Vereinbarung vom 8. Dezember 1991 über die Gründung der Gemeinschaft Unabhängiger Staaten. Darin erkennen die Unterzeichnerstaaten Russ-

land, Ukraine und Weißrussland die Unverletzlichkeit der zu dem Zeitpunkt bestehenden Grenzen an. Was den Fakt einschließt, dass die Krim ukrainisch ist. Wer dieses Dokument in Frage stellt, stellt auch die Existenz der Russischen Föderation in Frage.

- Im Budapester Memorandum zum Vertrag über den Beitritt der Ukraine zum Vertrag über die Nichtweiterverbreitung von Atomwaffen vom 5. Dezember 1994 verpflichteten sich die Russische Föderation, die USA und Großbritannien, die Unabhängigkeit, die Souveränität und die territoriale Integrität der Ukraine zu achten und sich jeder Androhung oder Anwendung von Gewalt zu enthalten.

- Parallel dazu trat die Ukraine dem Vertrag über die Nichtweiterverbreitung von Kernwaffen bei und übergab die strategischen Atomwaffen, die aus der sowjetischen Zeit stammten, an Russland in der Hoffnung, sich dadurch Sicherheit eingehandelt zu haben. Insgesamt befanden sich zu dem Zeitpunkt 15 Prozent des gesamten sowjetischen Atomwaffenpotenzials in der Ukraine.[169] Die strategischen Trägerraketen (ICBM), die schweren Bomber und die Cruise Missiles wurden entweder demontiert oder nach Russland transportiert. Dieser Prozess, bezahlt übrigens von den USA, war 2001 abgeschlossen. Bis 2002 waren dann auch die nicht mehr benötigten Raketensilos in der Ukraine demontiert.[170]

- Die Unverletzlichkeit der Grenzen vereinbarten die Russische Föderation und die Ukraine im Vertrag über Freundschaft, Zusammenarbeit und Partnerschaft vom 28. Mai 1997, den Boris Jelzin und Leonid Kutschma in Kiew unterzeichneten. Am 28. Januar 2003 unterzeichneten der neue russische Präsident Wladimir Putin und sein damaliger ukrainischer Amtskollege Leonid Kutschma in Kiew den Vertrag über die Staatsgrenze, in dem die Krim als unumstrittener Teil der Ukraine behandelt wurde. Der Vertrag wurde im April 2004 von den Parlamenten beider Länder ratifiziert.

- Im August 2008, nach dem Georgien-Krieg, als russische Truppen noch – völkerrechtswidrig – auf georgischem Territorium standen, gab Russlands Präsident Putin in einem Interview mit dem damaligen ARD-Korrespondenten Thomas Roth den Entrüsteten. Auf die Frage von Roth, ob Moskau nach dem Georgien-Konflikt jetzt den Blick in eine andere Richtung wende, ob eventuell die Ukraine oder die Krim zum nächsten Ziel werden könnten, erregte sich der Kreml-Chef: Diese Frage rieche nach einer Provokation. Schließlich sei die Krim – wir sind immer noch im August 2008 – »kein strittiges Gebiet [...] Und Russland hat vor langer Zeit die Grenzen der heutigen Ukraine anerkannt.« Und weiter: »Dort, innerhalb der Gesellschaft, auf der Krim, finden schwierige Prozesse statt. Dort gibt es Probleme mit den Krimtataren, der ukrainischen Bevölkerung, der russischen Bevölkerung, allgemein der slawischen Bevölkerung. Aber das ist eine innenpolitische Angelegenheit der Ukraine selbst.«[171]

Als die ukrainischen Aufständischen auf dem Kiewer Maidan zu Jahresbeginn 2014 den korrupten Wahlfälscher Wiktor Janukowitsch davonjagten (ein innenpolitischer Vorgang) und der ukrainische Staat in schweres Fahrwasser geriet, hielt der Kreml seine Stunde für gekommen: Er schlug auf der Krim zu, er ließ die Ukraine im Osten angreifen.

Von einem Moskauer Freund lernte ich damals eine russische Wendung, die ich bis dahin noch nicht gekannt hatte: »Plocho leschit«, da liegt was 'rum. Sagt der Gauner und greift zu.

Aufstand in Kiew 2014

Der Aufstand in Kiew (ukrainisch: Kyiv) mit seinem Zentrum auf dem Unabhängigkeits-Platz, kurz Maidan genannt, hatte seine direkte Ursache in einem fatalen Fehler des ukrainischen Präsidenten Wiktor Janukowitsch, der die Stimmung in der ukrainischen Bevölkerung falsch eingeschätzt hatte. Nach jahrelangen Verhandlungen, die schon unter seinen Vorgängern Leonid Kutschma und Wiktor Juschtschenko begonnen hatten, wollte er bei einem EU-Gipfel zur östlichen Partnerschaft in Vilnius im November 2013 das längst fertig vorliegende Assoziationsabkommen mit der Europäischen Union unterzeichnen. Doch Janukowitsch vollzog eine jähe Wende. Kurz vor dem Gipfel teilte er mit, er werde seine Unterschrift nicht unter das Abkommen setzen.

Das finanzielle Angebot der EU sei nicht ausreichend gewesen, ließ Janukowitsch verlauten. Die 610 Millionen Euro unmittelbarer Finanzhilfe, gebunden an die Unterzeichnung eines neuen Beistandsabkommens mit dem Internationalen Währungsfonds (IWF), seien »erniedrigend«. Auch seien die Konditionen des IWF für einen neuen Kredit für die Ukraine inakzeptabel. Die Ukraine benötige nach Ansicht des Staatsoberhaupts, wie es auf dessen Website hieß, »jährlich mindestens 20 Milliarden Euro, um seine Wirtschaft an europäische Normen anzupassen. Die Ukraine werde die Unterzeichnung der Abkommen in Betracht ziehen, wenn man auf einem Niveau angelangt sei, auf dem man sich bereit fühle und das den ukrainischen Interessen entspreche. Wann das sein werde, werde sich zeigen. Er wünsche sich, dass es so bald als möglich sei.«[172]

Wusste Janukowitsch zum Zeitpunkt seiner Absage schon, dass der Kreml mehr zu geben bereit war? Jedenfalls sicherte der russische Präsident Putin seinem ukrainischen Amtskollegen am 17. Dezember einen Kredit über 15 Milliarden US-Dollar (10,9 Milliarden Euro) zu und senkte den Gaspreis um ein Drittel. Zehntausende Menschen – später sollten es 100 000 werden – versammelten sich auf dem Maidan, den sie wochenlang besetzt hielten. Sie wollten das Abkommen mit der Europäischen Union, mit dem sie große Hoffnungen für eine demokratische Entwicklung ihres Landes verbanden. Und sie wollten nun auch den Rücktritt des Präsidenten, dem sie Korruption und Wahlfälschung vorwarfen. Dieses Aufbegehren sollte als »Revolution der Würde« in die Geschichte eingehen.

Unwürdig dagegen war die russische Propaganda, die flink mit der Anschuldigung zur Hand war, die USA und die EU würden die Proteste organisieren und bezahlen, ukrainische »Faschisten« ihr Unwesen in Kiew treiben. Zwar waren an den Demonstrationen auch rechtsextreme Kräfte wie der Rechte Sektor und die Organisation Swoboda beteiligt, doch sie waren zahlenmäßig schwach, wenn auch militant. Mehrheitlich jedoch stützten sich die Proteste in Kiew auf die Demonstranten, die sich für eine demokratische, proeuropäische Ausrichtung der ukrainischen Politik einsetzten, während sie sich gleichzeitig gegen die herrschende korrupte Oligarchie wandten, »die in der Ukraine leider eine besondere Qualität, teils sogar mafiaähnliche Strukturen aufweist«. Der Widerstand gegen diese Verhältnisse war ein Gebot der demokratischen und rechtsstaatlichen Hygiene.[173]

Anfang 2014 stiegen die Spannungen. Bei Zusammenstößen zwischen Demonstranten und der Polizei gab es die ersten Toten. Regierungschef Nikolai Asarow, ein Freund Moskaus, reichte am 28. Januar seinen Rücktritt ein. Tags darauf kündigte Putin sein Lockvogel-Angebot vom Dezember: Er legte den zugesagten Kredit auf Eis. Am 18. Februar brach die Gewalt aus: Bei Straßenschlachten kamen mindestens 18 Menschen ums Leben. Zwei Tage später geriet die Lage völlig außer Kontrolle. Sicherheitskräfte schossen auf Demonstranten, fast 80 Menschen wurden getötet. In einer späteren Untersuchung wurde die Spezialeinheit Berkut dafür verantwortlich gemacht.

Die EU entsandte die Außenminister Deutschlands und Polens sowie einen Vertreter des französischen Außenministeriums am 21. Februar zu einer Vermittlungsmission nach Kiew. Kreml-Chef Putin schickte den sehr angesehenen Ex-Diplomaten und ehemaligen Menschenrechtsbeauftragten Wladimir Lukin, der bei den Verhandlungen anwesend war. Die Gruppe vermittelte einen Kompromiss zwischen der ukrainischen Opposition und Janukowitsch, um weiteres Blutvergießen zu vermeiden. Die ukrainischen Kontrahenten unterzeichneten im Beisein der ausländischen Vermittler einschließlich Lukins ein Papier, in dem die Bildung einer Übergangsregierung, die Rückkehr zur Verfassung des Jahres 2004 mit weniger Rechten für den Staatschef sowie vorgezogene Präsidentenwahlen bis spätestens Dezember 2014 vereinbart wurden. Doch die Massen auf dem Maidan, vor allem der Rechte Sektor, stellten sich quer, akzeptierten das Kompromisspapier nicht und düpierten damit die EU-Minister. Sie forderten stattdessen den bedingungslosen Rücktritt Janukowitschs.

In dieser Situation geschah etwas völlig Unerwartetes: Die Truppen des ukrainischen Innenministeriums und die Sondereinheit Berkut, die bis dahin die Regierungsgebäude, das Parlament und den Präsidentenpalast bewacht hatten, wurden abgezogen, sie verschwanden von den Straßen der ukrainischen Hauptstadt. Den Befehl dazu hatte Innenminister Witaly Sachartschenko gegeben, der damit seinem Präsidenten praktisch die Gefolgschaft aufkündigte.

Jetzt reagierte das Parlament, in dem die Vertreter von Janukowitschs Partei der Regionen die Mehrheit hatten, sehr zügig. Noch in der Nacht, in der die EU-Vertreter mit ihrer Vermittlungsmission scheiterten, wurde per Parlamentsbeschluss die inhaftierte ehemalige Premierministerin Julia Timoschenko freigelassen, Janukowitsch seines Amtes enthoben. Von seiner eigenen Parlamentsmehrheit! Für den 25. Mai wurden Neuwahlen angesetzt. Der gefeuerte Präsident Janukowitsch verschwand zunächst in den Osten des Landes. Bei der Präsidentschaftswahl im Mai 2014 wurde der »Schokoladenkönig« Petro Poroschenko mit fast 55 Prozent der Stimmen im ersten Wahlgang zum Präsidenten gewählt.

Moskau erobert die Krim

Die Eroberung der Krim war ein gut geplantes, von langer Hand vorbereitetes militärisches Unternehmen. Pläne dafür lagen bereits vor der Flucht von Janukowitsch im Kreml vor. Die oppositionelle *Nowaja Gaseta* berichtete über ein Strategiepapier, das ihr in die Hände gefallen war, in dem minutiös der Plan zur Okkupation der Krim und des Anschlusses ostukrainischer Regionen an Russland vorweggenommen wurde. Dieses Papier sei nach Erkenntnissen der Zeitung zwischen dem 4. und dem 15. Februar 2014 in der Kreml-Administration vorgelegt worden. Rechnet man die Zeit hinzu, die es braucht, um ein derartiges Dokument zu erarbeiten und in den zuständigen Instanzen abzustimmen, gerät man schnell ins Jahr 2013. Da war der ukrainische Präsident Janukowitsch noch im Amt. Ab Ende Februar 2014, so die Moskauer Zeitung, sei der Plan dann, von einigen notwendigen Anpassungen abgesehen, in die Tat umgesetzt worden.[174]

Während in Kiew nach der Flucht von Janukowitsch ein politisches Durcheinander herrschte und in Sotschi die Welt mit dem Glanz olympischer Winterspiele geblendet wurde, landete am 27. Februar 2014 ein Vorauskommando des Geheimdienstes des russischen Generalstabs GRU (Glawnoje raswedowatjelnoje uprawlenije – Hauptverwaltung Aufklärung) auf dem Flughafen von Simferopol unter Vortäuschung einer Notsituation. Die Geheimdienstler übernahmen die Kontrolle des Luftraumes am Ort, weitere Militärmaschinen mit hochgerüsteten Spezialeinsatzkräften erreichten die Halbinsel. Sie besetzten die strategisch wichtigen Plätze, vor allem blockierten sie die ukrainischen Truppen in ihren Stützpunkten. Erst im April gab Putin zu, was er bis dahin geleugnet hatte: Russisches Militär hatte seine Hand im Spiel. Mit dabei waren auch Angehörige der 45. Garde-Brigade für Sondereinsätze, die in Kubinki bei Moskau stationiert ist. Die Angehörigen dieser Sondereinsatztruppe nahmen innerhalb einer Aufklärungseinheit »teil an der Operation zur Rückkehr der Krim in den Bestand Russlands«, wie die Armeezeitung *Roter Stern* euphemistisch schrieb.[175]

Zunächst hatte Putin sie als »Selbstverteidigungskräfte der Krim« bezeichnet, im Volksmund wegen fehlender Hoheitsabzeichen »grüne Männchen« genannt. In Simferopol, der Hauptstadt der Krim, sicherten sie, die später zu »höflichen Leuten« mutieren sollten, die »freie Willensäußerung« im Parlament. Sie besetzten das Parlamentsgebäude und sorgten dafür, dass nur die Abgeordneten eingelassen wurden, die Sergej Aksjonow eingeladen hatte. Der von Moskau gestützte Abenteurer war zuvor in einem mehr als undurchsichtigen Verfahren hinter verschlossenen Türen, abgeschirmt durch russisches Militär, zum Parlamentschef gekürt worden.[176]

Das Militär ohne Hoheitsabzeichen sorgte auch dafür, dass die Abgeordneten der Krimtataren, deren ablehnende Haltung gegenüber einem Unabhängigkeitsreferendum bekannt war, draußen bleiben mussten. Ebenso wurde Anatoli Mogiljow, dem von Janukowitsch eingesetzten Ministerpräsidenten der Krimregion und gleichzeitig Vertreter der auf der Halbinsel bis dahin herrschenden Partei der Regionen (sie hatte zu dem Zeitpunkt 80 der 100 Parlamentssitze inne), der Zutritt verwehrt. Auch er galt nicht als Befürworter einer Abtrennung von der Ukraine.

Damit war die von Moskau inszenierte Ausgangslage geschaffen: Unter dem Vorsitz von Sergej Aksjonow, dessen Partei bei der Parlamentswahl 2010 ganze vier Prozent erreicht hatte, fand die »historische« Sitzung in »bereinigter« Zusammensetzung statt. Eine Pressesprecherin des sogenannten Parlaments behauptete anschließend, von den 64 anwesenden Abgeordneten hätten 61 für das Referendum gestimmt. Unabhängige Journalisten fanden heraus, dass nur 36 Abgeordnete anwesend waren, damit war das Quorum von 51 Parlamentsmitgliedern nicht erreicht und die Abstimmung ungültig. Zudem stellte sich heraus, dass einige der Abgeordneten, die als anwesend geführt wurden, zu der Zeit nicht einmal in Simferopol waren.

Trotzdem wurde, Rechtsstaatlichkeit vortäuschend, der Anschluss mit dem Tempo eines Hochgeschwindigkeitszuges abgespult. Bereits am 11. März 2014, noch vor dem Referendum, gab das Krim-»Parlament« eine Unabhängigkeitserklärung ab. Am 16. März fand das »Referendum« über die »Unabhängigkeit« statt. Tags darauf, am 17. März, verkündete die Abstimmungskommission, die fest in den Händen von Aksjonow war, es gäbe bei einer Wahlbeteiligung von rund 82 Prozent eine Zustimmung von 96,77 Prozent der Wählerstimmen für einen Beitritt zu Russland. Am 18. März empfing Präsident Putin seine Krim-Vasallen im Kreml und unterzeichnete mit ihnen den Beitrittsvertrag. Putin jubelte, die Krim sei in den Heimathafen zurückgekehrt.

Krieg in der Ostukraine

Nach den Ereignissen in Kiew zur Jahreswende 2013/2014 entwickelte sich im Osten der Ukraine eine zunächst unübersichtliche Gemengelage. Unterschiedlichste Gruppierungen glaubten, den Moment der Verwirrung in der Hauptstadt für sich nutzen zu können. Regionale Oligarchen, Gangstergruppen und nicht zuletzt Regionalvertreter des Janukowitsch-Regimes machten mobil. Die Schwäche der Zentralgewalt in Kiew eröffnete plötzlich die Möglichkeit, sich von den korrupten Eliten in den Regionen, in der Regel Parteigänger von Janukowitsch, zu befreien oder eigene Interessen zu verfolgen. Verwaltungsgebäude und Polizeistationen wurden besetzt, Regionalpolitiker abgesetzt. Mehr als ein Strohfeuer war das zunächst nicht. Doch dann griff Moskau ein. Putins Clique sah in der Entwicklung in der Ostukraine die Möglichkeit, mit zunächst verdeckten Operationen gegen die Führung in Kiew vorzugehen.

Igor Girkin, Kampfname »Strelkow« (Schütze), ein ehemaliger Oberst des russischen Militärgeheimdienstes GRU, wird sich später rühmen, dass der Kampf in der Ostukraine ohne ihn und sein Eingreifen in sich zusammengefallen wäre. Das wusste Moskau mit seiner Hilfe zu verhindern. Neben einem ständigen Zustrom von Kämpfern aller Couleur überquerten massenhaft schwere Waffen die russisch-ukrainische Grenze, die nicht mehr von der Regierung in Kiew kontrolliert wurde.

Der Widerstand gegen die Aggression blieb zunächst schwach. Die neue Regierung in Kiew versuchte gerade erst, Fuß zu fassen. Im Mai wurden, von Moskau installiert und weiterhin kontrolliert, die »souveränen Volksrepubliken« Donezk und Luhansk ausgerufen. Gehackte E-Mails, an den Putin-Berater Wladislaw Surkow gerichtet, der zuständig war für die Ukraine, bewiesen: Die Personalauswahl für die »Regierungs«-Posten in den territorialen Gebilden lag beim Kreml. Die Vorschläge dafür kamen vom russischen Milliardär Konstantin Malofejew, der seine Ressourcen gern für den Angriff auf Russlands Nachbarn einsetzt. (Mehr über Malofejew im übernächsten Kapitel.)[177]

Die ukrainische Armee war zu dem Zeitpunkt in einem desolaten Zustand. Kampffähig waren vor allem die rund 80 Freiwilligenverbände. Darunter auch die 850 Kämpfer des rechtsextremen Regiments Asow. Sie verhinderten unter anderem den Durchbruch der moskaugesteuerten Einheiten im Süden nach Mariupol, was einen direkten Zugang zur gerade von Russland eroberten Krim bedeutet hätte.

Als die ukrainischen Einheiten zwischen Mai und Juli 2014 fast zwei Drittel der umkämpften 36 Bezirke zurückerobert hatten, wurde der »lange Arm Moskaus« endgültig offensichtlich. Im August griff reguläres russisches Militär in die Kämpfe in der Ukraine ein, nach Ansicht von Militärexperten bis zu 4000 Mann. In einer massiven Gegenoffensive wurde die ukrainische Armee, die die Kontrolle über den Donbass fast schon wiedererlangt hatte, zurückgedrängt, teils eingekesselt und von Panzern und Artillerie zusammengeschossen.

Während das offizielle Moskau den Einsatz von russischem Militär in der Ukraine leugnete oder behauptete, es handele sich um »Urlauber« oder Einheiten, die sich »verirrt« hatten, wurden die Beweise immer zahlreicher. Das in Russland sehr angesehene Komitee der Soldatenmütter, das sich schon während der Tschetschenien-Kriege für junge russische Soldaten eingesetzt hatte, schätzte die Zahl der in der Ostukraine getöteten russischen Armeeangehörigen schon 2017 auf rund 1500. Daraus ist zu schließen, dass zeitweilig Tausende russische Soldaten in der Ostukraine im Einsatz waren.[178]

Russische Zeitungen wie die *Nowaja Gaseta* berichteten zudem über heimliche Militär-Beisetzungen unter anderem in Pskow, wo die 76. Garde-Fallschirmjägerdivision stationiert ist. Auf einem Friedhof in Sergijew Possad bei Moskau tauchten nach und nach Grabdenkmäler auf, bei denen die angegebenen Sterbeorte der beigesetzten Angehörigen einer Einheit des Innenministeriums ausnahmslos in der Ostukraine verortet waren.

Einen blutigen Höhepunkt im verdeckten Krieg markierte der Abschuss des Passagierflugzeuges MN17, einer Boeing 777-200 der Malaysian Airlines, im Sommer 2014 über der Ostukraine. Die Maschine war auf dem Wege von Amsterdam nach Kuala Lumpur, als sie von einer russischen Buk-Rakete abgeschossen wurde, die zeitweilig ins Gebiet der Separatisten gebracht worden war. Alle 298 Passagiere, darunter 80 Kinder, starben. Im Sommer 2019 wurden drei Russen, darunter der berüchtigte Igor Girkin (Strelkow), und ein Ukrainer von einem niederländischen Gericht als mutmaßliche Täter angeklagt.

Ukraine 2019

In den fünf Jahren seit Beginn der russischen Invasion im Osten des Landes und der Besetzung der Halbinsel Krim hat die Ukraine schwere Zeiten durchgemacht. Über 13 000 Menschen starben entlang der Kampfzone zwischen dem ukrainischen Kernland und den ostukrainischen Gebieten Donezk und Luhansk. In diesen Pseudorepubliken herrschen Marionettenregimes, die von Moskau bezahlt und mit Waffen versorgt werden. Dieser verdeckte Krieg, verbunden mit der Herrschaft ukrainischer Oligarchen im ganzen Lande und einer grassierenden Korruption, ließ die Wirtschaft des Landes seit 2014 heftig einbrechen. Präsident Petro Poroschenko war glücklos in seinen halbherzigen Versuchen, die Dinge zum Besseren zu wenden. Seine Abwahl im Frühjahr 2019 war deshalb folgerichtig.

Dass sein Nachfolger Wolodymyr Selenskyj wurde, ein Komiker, der sich in einer ukrainischen TV-Satire-Serie mit dem Titel *Diener des Volkes* einen Namen gemacht hatte, war zunächst Anlass für hämische Kommentare in der Ukraine und auch im Ausland. Die wurden schwächer, als Selenskyj mit seiner gerade erst gegründeten Partei, deren Namen Diener des Volkes er seiner TV-Serie entlehnt hatte, bei den Parlamentswahlen die absolute Mehrheit holte. Offensichtlich kamen die Ziele, die Selenskyj während des Wahlkampfes verkündet hatte, gut an beim ukrainischen Wähler: Selenskyj will den Krieg im Donbass beenden, mit der Korruption aufräumen und die Ukraine weiter nach Europa führen.

Eine der ersten Reaktionen in Moskau auf die Wahl Selenskyjs: Den in der Ostukraine lebenden Menschen wurden freigiebig russische Pässe angeboten. Die Inhaber der neuen Dokumente, inzwischen sind es weit über 100 000, können jederzeit als Vorwand für ein direktes russisches Eingreifen zum »Schutz unserer Landsleute« dienen. Selenskyjs Reaktion war zumindest pfiffig. Er bot seinerseits Russen, die in ihrer Heimat verfolgt werden, ukrainische Pässe an.

Die Ereignisse vom Herbst 2019 zeigen, wie schwierig sich der weitere Weg in der Ukraine gestalten könnte. Selenskyj sah sich mit Massendemonstrationen konfrontiert, auf denen ihm Verrat vorgeworfen wurde. Der Grund für die Empörung war die sogenannte Steinmeier-Formel, die von der trilateralen Kontaktgruppe, bestehend aus Vertretern der Ukraine, Russlands und der OSZE, im Oktober unterzeichnet worden war. Der nach dem ehemaligen deutschen Außenminister und heutigen Bundespräsidenten Frank-Walter Steinmeier benannte Lösungsansatz sieht vor, »dass die Separatistengebiete an dem Tag, an dem dort Wahlen im Einklang mit der ukrainischen Verfassung abgehalten werden, einen provisorischen Sonderstatus erhalten sollen. Erst dann, wenn die Organisation für Sicherheit und Zusammenarbeit in Europa (OSZE) die Wahlen als frei und fair anerkennt, erhalten die Separatistengebiete einen dauerhaften Sonderstatus.«[179]

Vielen Ukrainern klingt das wie eine Kapitulation vor Moskau. Sie können sich – für meine Begriffe zu Recht – keine ehrlichen Wahlen in den sogenannten Volksrepubliken vorstellen, solange die Regierung in Kiew nicht die gesamte Grenze zu Russland unter ihrer Kontrolle hat. Selenskyj beschwichtigte seine Landsleute, es werde erst Wahlen in den besetzten Regionen geben, wenn Kiew wieder die Grenze nach Russland kontrolliert. Aber auch der in Aussicht gestellte Sonderstatus ist höchst unpopulär in der Ukraine. Eine Mehrheit, nämlich 54 Prozent der Befragten, will die Rückkehr zum Vorkriegsstatus. Das geht aus einer Umfrage hervor, die vom Fonds für demokratische Initiativen und dem Rasumkow-Zentrum abgehalten wurde.[180]

Einen Achtungserfolg, so schien es, konnte Selenskyj beim Ukraine-Gipfel in Paris verbuchen, an dem neben dem ukrainischen Präsidenten Gastgeber Emmanuel Macron, die deutsche Bundeskanzlerin Angela Merkel und Kreml-Chef Wladimir Putin teilnahmen. Nach den pessimistischen Stimmen im Vorfeld einigten sich die Teilnehmer unter anderem auf eine vollständige Umsetzung des Waffenstillstands in der Ostukraine bis Ende 2019, einen weiteren Truppenrückzug in drei weiteren Gebieten an der Demarkationslinie bis Ende März 2020 sowie auf einen umfassenden Gefangenenaustausch. Letzteres war zunächst nur eine Absichtserklärung. Eine grundsätzliche Lösung blieb noch in weiter Ferne.[181]

Und das wird auch so bleiben, weil Russland es ablehnt, dass die Ukraine die Kontrolle über ihre Grenze zu Russland übernimmt. Damit bleibt das Tor für den Nachschub an Waffen und Personal in die Ostukraine weit offen.

Der Syrien-Coup

Moskaus Eliten waren zufrieden. Die Syrien-Operation, die, wie man heute einräumt, in der russischen Führung durchaus umstritten war, galt 2019, vier Jahre nach ihrem Beginn im Oktober 2015, als Erfolg. Das war so nicht unbedingt vorauszusehen. »Syrien ist eine sehr riskante Operation mit nicht klar formulierten Gründen. Anfangs bestand sogar die Befürchtung, sie könnte sich in ein sehr schlimmes Fiasko verwandeln«, sagte mir Fjodor Lukjanow bei unserem Gespräch Mitte Juni 2019 in Moskau. »Warum war es nötig, sich in Syrien einzumischen? Darauf gibt es keine klare Antwort. Nun ja, der Terrorismus im Nahen Osten … Trotzdem wurde der Beschluss gefasst, die Einmischung fand statt. Sie erwies sich als wesentlich effektiver, als anfangs gedacht.«

Immerhin – Lukjanow ließ das unerwähnt – hatte das russische Militär das Regime von Baschar Hafiz al-Assad in Damaskus vor dem Untergang gerettet. Und, was aus Moskauer Sicht mindestens ebenso schwer wog, »niemand hatte erwartet, dass sich Russland innerhalb kurzer Zeit in eine Schlüsselmacht im Nahen Osten verwandeln würde«, freute sich Lukjanow. Damit hatte Russland die USA als regionale Ordnungsmacht im Nahen Osten beerbt und sich mit den Stützpunkten in Tartus und Hmeimim eine militärische Dauerpräsenz im Mittelmeerraum gesichert.

Ende Juni zog auch Kreml-Chef Wladimir Putin eine aus seiner Sicht erfolgreiche Bilanz der Syrien-Operation. Er gestand, dass dem russischen Eingreifen eine längere Diskussion in der Führung vorausgegangen war. Doch dann habe er entschieden,

»dass der positive Effekt unserer aktiven Beteiligung an den syrischen Angelegenheiten für Russland und die Interessen der Russischen Föderation die teilnahmslose und passive Beobachtung, wie eine internationale Terrororganisation in der Nähe unserer Grenzen immer stärker wird, bei weitem überwiegen würde«.[182]

Was weder Kreml-Chef Putin noch sein Politologe Lukjanow erwähnten: Im September 2015 hatte es im Kreml ein Geheimtreffen Putins mit dem iranischen General Qasem Soleimani gegeben, bei dem die entscheidenden Weichen für Moskaus Vorgehen in Syrien gestellt wurden. Soleimani, der im Januar 2020 durch einen US-Drohnen-Angriff in Bagdad getötet wurde, galt als treibende Kraft der iranischen Expansion im Nahen Osten und war Befehlshaber der terroristischen Al-Quds-Brigaden der iranischen Revolutionsgarden. Bei dem Treffen im Kreml überzeugte General Soleimani Putin von der Notwendigkeit, in Syrien einzugreifen und die Assad-Gegner zu bekämpfen.[183]

Das Risiko – deutlich minimiert durch die nicht erwähnte strategische Abstimmung mit Teheran – habe sich gelohnt, sagte Putin in einem Interview mit der *Financial Times:* Zunächst seien »mehrere tausend« Dschihadisten »eliminiert« worden, die nach Russland oder in dessen Nachbarländer zurückkehren wollten. Beides wäre aus russischer Sicht gefährlich gewesen. »Zweitens haben wir es geschafft, die Situation in einer nahe gelegenen Region auf die eine oder andere Weise zu stabilisieren [...] Deshalb haben wir die innere Sicherheit Russlands direkt gestärkt. Dies ist die dritte Sache.« Außerdem habe Russland gute Geschäftsbeziehungen zu Ländern in der Region aufgebaut, wobei er den Iran und die Türkei besonders hervorhob. Die syrische Staatlichkeit sei bewahrt und ein »Chaos nach libyschem Vorbild« verhindert worden. Und schließlich lobte Putin den positiven Effekt für das russische Militär. »Unsere Streitkräfte haben so praktische Erfahrungen gesammelt, die sie bei keiner Friedensübung hätten sammeln können.«[184]

Ausführlicher würdigte sein Verteidigungsminister Sergej Schoigu den Syrien-Krieg als Schulungsveranstaltung: Kampferfahrungen hätten dort »die Kommandeure der Regimenter, Divisionen, Brigaden, die Truppenkommandeure der Militärbezirke, die Kommandierenden der Armeen, die Leiter der zentralen Organe der Militärverwaltungen des MO« (Verteidigungsministerium) gewonnen. Auch als Waffentestgelände war der Krieg willkommen: »Ungefähr 300 Waffenarten wurden anschließend unter Berücksichtigung der syrischen Erfahrungen überarbeitet, 12 Waffentypen, die sich als nicht perspektivreich erwiesen, wurden aus der Produktion und den Streitkräften ausgemustert.« Die Anweisung zur Modernisierung der Marschflugkörper vom Typ Kalibr habe Präsident Putin persönlich erteilt, nachdem er sich mit den Ergebnissen ihres Einsatzes gegen »Stellungen der Terroristen« bekannt gemacht habe, sagte Schoigu.[185]

Die russische Führung hatte, nachdem der Beschluss zum Eingreifen in Syrien einmal gefasst war, diese Operation dann auch konsequent durchgezogen. Internationale Proteste wegen der brutalen Bombardements ziviler Ziele, der gezielten Attacken auf Krankenhäuser, der Giftgasangriffe des Assad-Regimes auf die eigene Bevölkerung und die Empörung in der UNO ließ sie an sich abperlen. Putin inszenierte sich als Friedensstifter und brach zusammen mit seinem Schützling Assad skrupellos das Völkerrecht.

Andere Länder hätten es »an Entschlossenheit fehlen lassen«, meinte Fjodor Lukjanow. »Europa ist überhaupt nicht bereit, Gewalt anzuwenden, unter keinen Umständen.« In Moskau belächelt man dieses Verhalten. Was in europäischen Hauptstädten als Tugend gilt, halte der Kreml für Schwäche, erklärte mir der russische Politologe. Selbst die USA seien im Gegensatz zu vor fünf oder zehn Jahren jetzt auch nicht mehr willens, militärische Gewalt einzusetzen. »Trump ist kein Krieger. Er ist bereit, die Fäuste zu schütteln und einen Raketenschlag auf eine leere Basis in Syrien zu führen. Das kann er. Aber kämpfen will er nicht, und das macht er richtig. Denn die Menschen in Amerika wüssten nicht, wozu das gut sein sollte.«

Die Menschen in Russland allerdings auch nicht. Aber das spielt, im Gegensatz zu demokratisch verfassten Staaten, zu denen die USA gehören, keine Rolle. »Russland kann kraft seines autoritären politischen Regimes je nach Notwendigkeit Beschlüsse fassen und umsetzen.« Putin, so Lukjanow, müsse sich im Unterschied zu westlichen Politikern, »keine Erlaubnis des Parlaments einholen«.

Dmitrij Trenin von der Moskauer Carnegie-Stiftung hat in der Syrien-Operation eine neue Flexibilität des Kremls entdeckt, die seiner Meinung nach ein Entwurf für die russische Außenpolitik des 21. Jahrhunderts sein könnte. Moskau habe im Nahen Osten formal keine permanenten Alliierten, »aber es ist bereit zur Kooperation mit jenen, deren Interessen in einem gegebenen Gebiet für eine bestimmte Zeit zusammenfallen mit den Interessen der Russischen Föderation«. Jähe Wendungen und Überraschungen bei russischen Entscheidungen sind folglich nicht ausgeschlossen. »Keinem der Verbündeten – Damaskus, Ankara, Teheran, Hisbollah« habe Russland hundertprozentige Zusagen gegeben oder sie seinerseits erhalten. »Alle Beziehungen sind transaktional und interessenbasiert.« Ein ähnliches Herangehen existiere auch in Bezug auf die meisten Gegner, mit Ausnahme des Islamischen Staates und Al-Qaida. »Saudi Arabien und Katar waren im Syrien-Krieg auf der anderen Seite, aber das hat Russland nicht daran gehindert, seine Beziehungen mit Riad und Doha zu entwickeln und zu vertiefen.« Ankara sei erst ein Partner, dann ein Gegner gewesen und nun wieder ein sehr enger Partner Moskaus.[186]

Es sind diese Entschlossenheit und der Verzicht auf demokratische Spielregeln im eigenen Land, was Moskau in Syrien erfolgreich aussehen lässt. »Putin wusste von Anfang an, was zu tun war«, meinte die deutsche Syrien-Expertin Kristin Helberg.

»Er ließ Assad Krieg führen, wie er wollte, stattete ihn mit den notwendigen Waffen aus, schickte ihm Militärberater und verhinderte im Weltsicherheitsrat die Verabschiedung von kritischen Resolutionen.«[187] Auch die russische Luftwaffe mischte kräftig mit. Offiziell kämpfte sie, teilweise im Schulterschluss und in Absprache mit den US-Truppen, gegen den islamistischen Terrorismus. Tatsächlich aber bombardierte sie »sämtliche von Rebellen bewohnte Gebiete ohne Rücksicht auf deren Bewohner«. Nicht zufällig gerieten auch Assad-Gegner, die nicht dem IS oder Al-Qaida zugerechnet werden konnten, unter die russisch-syrische Feuerwalze. Dabei wurden Krankenhäuser, Schulen und Marktplätze gezielt angegriffen. Massenhaft kamen Kassettenbomben, Brandbomben und bunkerbrechende Waffen in den Städten zum Einsatz, was durch internationale Konventionen verboten ist.[188]

Millionen Syrer flohen aus ihren zerbombten Städten. Seit März 2011, als der Aufstand der Syrer gegen das Assad-Regime unter der Losung »Freiheit und Würde« in der syrischen Provinzstadt Daraa ausbrach – keineswegs gesteuert von der CIA –, wurden über 223 000 Zivilisten getötet, davon mehr als 28 000 Kinder. Dafür ist in erster Linie das Assad-Regime verantwortlich, das skrupellos seine eigenen Bürger tötet oder millionenfach zur Flucht zwingt. Seit Herbst 2015 trägt Russland, insbesondere der Mann im Kreml, ganz entscheidend eine Mitverantwortung für die massenhaft verübten Kriegsverbrechen.[189]

Im September 2019 erklärte Russlands Außenminister Sergej Lawrow den Krieg in Syrien für beendet. Die Realität war, auch wenn das Assad-Regime als gerettet gelten konnte, eine andere. Eins der wichtigen Ziele Assads und Moskaus, die »territoriale Integrität Syriens« wiederherzustellen, war noch längst nicht erreicht. Große Teile des Landes wurden zu dem Zeitpunkt noch von sehr unterschiedlichen Kräften beherrscht, die Lage war verwirrend. Denn kurz nach Lawrows Verkündung rückten türkische Truppen, nach Absprache mit Russland, in Nordsyrien ein, um eine kurdische Autonomie in der Region zu verhindern. Dabei wurde die Türkei von Tausenden Kämpfern der Syrischen Nationalarmee unterstützt, einem Zusammenschluss syrischer Rebellengruppen, die als Freie Syrische Armee (FSA) bekannt waren. Darunter befinden sich auch radikale Islamisten.

Ein Viertel Syriens stand im Nordosten des Landes unter dem Einfluss der Demokratischen Kräfte Syriens (SDF), auch sie ein Konglomerat verschiedener Gruppierungen. Neben der Kurden-Miliz YPG, die den größten Anteil stellte, sind auch arabisch-muslimische und arabisch-christliche Einheiten dabei.

Die USA, die sich von Anfang nur zögerlich in Syrien engagiert hatten, obwohl sie Assad gern losgeworden wären, boten in der Phase ein Bild der Zerrissenheit. Sie zogen ihre Truppen im Nordosten nach Präsident Trumps Ankündigung tatsächlich ab und überließen ihre Verbündeten, die Milizen der kurdischen YPG, deren mutigem Bodeneinsatz der Sieg über den IS ganz wesentlich zu verdanken war, ihrem Schicksal. Im Kampf mit dem IS hatten die Kurden 11 000 Kämpfer verloren, die USA lediglich fünf. Nach dem Rückzug der Amerikaner mussten die YPG-Truppen dem türkischen Druck weichen. Die neue Lage zwang sie zu einem Arrangement mit den Assad-Truppen.

Russische Einheiten übernahmen den verlassenen US-Stützpunkt in Manbij und gerierten sich wie die Sieger im Kampf gegen die Vereinigten Staaten. Dann kehrten die amerikanischen Einheiten, verstärkt durch mechanisierte Infanterie einschließlich Abrams-Panzer, nach Deir ez-Zor zurück. Sie sollten, wie Präsident Trump erklärte, die dortigen Ölquellen nicht in die Hände eines wiederauflebenden IS fallen lassen. Tatsächlich jedoch entzog er die relativ geringen, für Syrien aber wichtigen Erdölreserven dem Zugriff von Assad. Moskau, das schon seinen Sieg gefeiert hatte, beschwerte sich über dieses »aktuelle Beispiel amerikanischen Verrats«. Das russische Verteidigungsministerium nannte die Übernahme der Kontrolle über die Ölquellen »internationales Banditentum«.[190]

Derweil nahmen Türken und Russen in einem 30 Kilometer breiten, mehrere hundert Kilometer langen Streifen entlang der türkisch-syrischen Grenze gemeinsame Patrouillen auf. Das hatten die Staatschefs beider Länder, Erdogan und Putin, zuvor in einem gemeinsamen Memorandum vereinbart. Bei den russischen Patrouillen handelte es sich teilweise um Einheiten des Tschetschenen-Anführers Kadyrow, die man kurzerhand in Uniformen der russischen Militärpolizei gesteckt hatte.

Als die wesentlichen Pflöcke im Syrien-Konflikt eingeschlagen waren und eine russisch-türkisch-syrische Lösung für Nordsyrien gefunden schien, von der freilich niemand wusste, wie lange sie halten würde, kam im Oktober 2019 plötzlich noch eine Wortmeldung aus Deutschland. Verteidigungsministerin Annegret Kramp-Karrenbauer regte eine UNO-Friedenstruppe für eine Sicherheitszone in Nordsyrien an, an der sich auch die Bundeswehr beteiligen sollte. Diese Idee war weder mit Außenminister Heiko Maas noch mit den Partnern in der EU und der NATO abgestimmt. Die schmallippigen Reaktionen auf den Vorstoß machten deutlich: Die CDU-Politikerin hatte sich und der Bundesrepublik einen Bärendienst erwiesen. Neben vielen anderen Einwänden konnte niemand erklären, warum Russland einer von Kramp-Karrenbauer angestrebten UN-Resolution zustimmen sollte, wenn es dadurch seine starke Position in Syrien schwächen und Deutschland und anderen potenziellen westlichen Teilnehmern an der Mission den Weg ins Land ebnen würde. Moskau, ausgestattet mit dem Veto-Recht eines ständigen Mitglieds des UN-Sicherheitsrates, könnte den unausgegorenen Vorschlag der deutschen Verteidigungsministerin jederzeit mit einem kurzen »Njet« scheitern lassen, wenn er denn das Gremium je erreichen sollte.

In dieser Phase wurde Genf zum Schauplatz diplomatischer Bemühungen. Am 30. Oktober 2019 trat nach langer, mühseliger Vorbereitung erstmals das von der UNO initiierte Verfassungskomitee für Syrien zusammen.[191] Vieles deutete darauf hin, dass es in Genf erneut zu einer Show-Veranstaltung kommen könnte. Kristin Helberg, die langjährige Syrien-Korrespondentin, sieht in den Verhandlungen in der Schweiz die Wiederholung einer Strategie, wie sie das syrische Regime bereits seit vielen Jahren verfolgte: Damaskus täuschte in Genf bereits mehrfach Gesprächsbereitschaft vor, setzte in Wirklichkeit aber auf einen militärischen Sieg. Jetzt, da das Assad-Regime den militärischen Konflikt mit der Opposition für sich entschieden habe, habe es keinen Anlass, Macht abzugeben.[192]

VON DER ARKTIS BIS NACH ZENTRALAFRIKA

> Putin erwies sich als präziser Schütze.
> Er schoss sich auf die Wurzeln der westlichen
> Widersprüche ein. In Europa wurde der latente oder
> offene Antiamerikanismus in vielen Ländern
> zu seinem Hauptverbündeten.
>
> *Wiktor Jerofejew, russischer Schriftsteller*

Russland ist im Grunde genommen ein Kontinent, der sich vom östlichen Europa bis zum Pazifik über elf Zeitzonen erstreckt. Wenn man sich morgens um acht Uhr in Russlands westlichstem Teil, in Kaliningrad, ins Flugzeug setzt und nach Osten fliegt, nach Petropawlowsk-Kamtschatskij oder Wladiwostok, dann ist man etwa zwölf Stunden in der Luft, hat rund 9000 Kilometer zurückgelegt und landet immer noch in Russland. Selbst meine russischen Freunde wundern sich manchmal immer noch über die gewaltige Ausdehnung ihres Landes. »Da fliegst du zwölf Stunden, und wenn du landest, sprechen die Leute immer noch Russisch!«

Das heutige Russland ist in seinen Ausmaßen das Resultat der Expansion des Großfürstentums Moskau. Anfang des 15. Jahrhunderts lag dieses relativ kleine territoriale Gebilde im Zentrum dessen, was wir heute Russland nennen. Dieses Fürstentum, »hat sich, bald zum Zarenreich geworden, im Laufe von vier Jahrhunderten ausgedehnt, nach allen Himmelsrichtungen: nach Norden an die Ostsee und ans Nordmeer; nach Westen bis zur Grenze mit Polen und Preußen und Österreich; nach Osten bis zum Ural und bald darüber hinaus, bis zum Pazifik; nach Süden bis zum Schwarzen und zum Kaspischen Meer, bis zu den Grenzgebirgen zu China und den Wüsten Zentralasiens. Innerhalb von 400 Jahren hat Russland sein Territorium massiv erweitert: von 0,4 Millionen Quadratkilometern auf 22 Millionen Quadratkilometer; es ist vom Binnenstaat zur Seemacht geworden, die an fünf Meere grenzt; und es hat sich auf dem eurasischen Kontinent an die 200 Völker und Völkerschaften einverleibt.«[193]

Modernität habe das Land dabei nur in sehr begrenzten Teilen gewonnen, meint der Russland-Kenner Falk Bomsdorf, der viele Jahre die Naumann-Stiftung in Moskau vertrat. Russland habe sich weniger in der Dimension der Zeit, sondern vielmehr in »der Dimension des Raumes« entwickelt. Das habe die intensive Nutzung eines einmal gegebenen Raumes behindert. Die Entwicklung sei bestimmt worden durch die »immer weitere Ausdehnung des Raumes, ohne seine umfassende Erschließung«.[194]

Ein russischer Philosoph des 19. Jahrhunderts kam bereits damals zu dem Schluss, Russland habe »allzu viel überflüssigen Raum, der zur Expansion verleitet, während er gleichzeitig die Intensität sozialer und wirtschaftlicher Beziehungen erschwert [...] Allzu flüchtige gesetzliche Strukturen, die nicht die Auseinandersetzung (Konkurrenz) begünstigen, sondern die Fluchtbewegung, nicht Ansässigkeit und Kontinuität, sondern Unbeständigkeit und Nomadismus, nicht die Wahrung und Mehrung von Besitz, sondern Ausbeutung, Verausgabung, Verschleuderung.«[195] Die Folgen umreißt ein heutiger russischer Denker mit den Worten: »So hat denn Russland keine intensive Entwicklung erlebt; hat nicht, an Ort und Stelle hockend, eine Zivilisation hervorgebracht, sondern ist ganz im Extensiven geblieben.«[196]

Das hat tiefe Spuren in der Vorstellungswelt sehr vieler Russen hinterlassen: Die Größe des Landes ist ihnen ein Wert an sich, territoriale Expansion ein Ausdruck, aber auch Bedingung für ein vermeintlich prosperierendes Staatswesen.

»Die Arktis ist russisch«

In meinem Moskauer Büro hing in den 1990er Jahren eine große Karte der Russischen Föderation an der Wand. Man wollte ja schließlich wissen, wo man sich befand. Die Karte war von der militär-topografischen Verwaltung des russischen Generalstabes erstellt worden und entsprach dem, was man als Normalbürger von einer Karte erwartet: Man konnte sich in den Weiten Russlands orientieren, jedes kleinste Dorf war vermerkt, auch wenn die »Briefkästen«, die geheimen Städte, darauf fehlten.

Erst bei genauerem Hinsehen fiel mir eine Besonderheit auf. Die russischen Militär-Topografen hatten den bis heute andauernden Streit um die Arktis auf der aus den 1990er Jahren stammenden Karte längst entschieden. Bei ihnen begann die russische Staatsgrenze im Nordpolarmeer in den Küstengewässern nördlich von Murmansk und verlief zwischen Spitzbergen und dem Franz-Josef-Land direkt zum Nordpol. Von dort zog sich eine gerade Linie bis in die Bering-Straße, die die russische Halbinsel Tschukotka von Alaska trennt. Der von dieser Grenze umschlossene riesige Teil der Arktis ist auf der Karte russisches Hoheitsgebiet, im Widerspruch zu der 1982 von der UNO verabschiedeten und auch von der Sowjetunion unterzeichneten Seerechtskonvention. Die Konvention gesteht den Anrainern der Arktis lediglich eine 320 Kilometer breite Wirtschaftszone entlang ihrer Küsten zu. Russische Freunde bestätigten indes: Schon in sowjetischer Zeit wurde in der Schule gelehrt, dass die Arktis sowjetisch sei. Zur Begründung erfuhren die Schulkinder damals, dass der Lomonossow-Rücken, die unterseeische Gebirgskette zwischen Sibirien und Grönland, die Fortsetzung des sowjetischen Festlandsockels sei und folglich zur Sowjetunion gehöre.

Heute erhebt Russland Anspruch auf eine Wirtschaftszone, die etwa der Hälfte der Fläche der gesamten Arktis entspricht. Ein erster Antrag wurde 2001 bei den Vereinten Nationen eingereicht und als unzureichend abgelehnt. Der zweite Antrag vom Jahr 2015 hatte mehr Erfolg. Die für Seerechtsfragen zuständige UN-Unterkommission stimmte in einer vorläufigen Entscheidung zu, der endgültige Beschluss steht noch aus.

Das Gewicht des Zankapfels wiegt schwer. Interessant sind vor allem die Rohstoffvorkommen. Erkundet sind gegenwärtig Lagerstätten von 7,4 Milliarden Tonnen Erdöl, 50,8 Trillionen Kubikmeter Gas, 613 Millionen Tonnen Steinkohle und 18,2 Millionen Tonnen seltener Erden, die für die Hardware der Digitalisierung gebraucht werden. Und der größere Teil der Rohstoffreserven soll noch nicht einmal gefunden worden sein, meinen Geologen.[197]

Bekräftigt wurden diese Ansprüche auf 1,2 Millionen Quadratkilometer durch Expeditionen und tatsächliche oder vermeintliche Heldentaten ihrer Mitglieder, die die Sowjetunion seit den 1930er Jahren in die Arktis entsandt hat. Zu Sowjetzeiten tummelten sich zeitweise mehr als 2000 Menschen auf Stationen im ewigen Eis.

Die polaren Abenteuer waren immer mit politisch-ideologischem Ballast überfrachtet. Von einer für damalige Verhältnisse gewaltigen Propagandawelle wurde die 274-Tage-Drift der ersten sowjetischen Polarstation Nordpol-1 im nördlichen Eismeer von Mai 1937 bis Februar 1938 begleitet. Der wissenschaftliche Nutzen, von dem allenthalben die Rede war und mit dem auch die Notwendigkeit von Nordpol-2 bis Nordpol-32 begründet wurde, hielt sich in Grenzen. Iwan Papanin, der legendäre Polarforscher, räumte das kurz vor seinem Tode 1986 ein. »Warum, zum Teufel, haben sie uns auf diese Eisscholle geschickt? Wer hat das gebraucht?« Doch der Expeditionsleiter Otto Juljewitsch Schmidt und Papanin wurden zu Nationalhelden hochstilisiert, sowjetische Größe wurde beschworen in der Zeit des Großen Terrors.[198]

Ganze Generationen von Schulkindern wuchsen mit den arktischen Legenden auf. In der DDR war das Kinderbuch von Alex

Wedding *Das Eismeer ruft,* das an dieser Legende mit strickte, indem es den Untergang der Tscheljuskin und die nachfolgende Rettung der gesamten Besatzung durch Polarflieger thematisierte, sehr populär. Die vorläufig letzte Heldentat wurde 2007 hinzugefügt. Der Atomeisbrecher Rossija brach in Nordpolnähe eine Fläche im Eis frei, ein Tauchapparat wurde in die Tiefe gelassen. Mit an Bord waren zwei Abgeordnete der Kreml-Partei Einiges Russland. Mit Hilfe der Greifarme des Tauchbootes installierten sie eine in rostfreiem Titan ausgeführte, einen Meter hohe und zehn Kilogramm schwere russische Flagge auf dem Meeresboden. Rechtliche Konsequenzen hatte das natürlich nicht, aber es demonstrierte eindringlich die russischen Ansprüche. »Die Arktis ist russisch«, hatte Artur Tschilingarow, Vizesprecher der Duma und Expeditionsteilnehmer, vor dem Auslaufen verkündet.

Der Tauchgang am Nordpol, so freuten sich nationalpatriotische Medien, beweise »die technologische Macht des Putin'schen Russlands und einen Epochenwechsel«. Die Fakten sagten etwas anderes. So wurde der in Leningrad gebaute atomar betriebene Eisbrecher Rossija, der die Reise zum Pol erst möglich machte, schon 1985 in der Sowjetunion in Dienst gestellt und kann kaum noch als technologische Neuheit gelten. Die beiden hochgelobten Tauchboote waren zu dem Zeitpunkt schon 20 Jahre alt und stammten aus der finnischen Werft Rauma-Repolo Oceanics. Die Kosten für die Tauchexpedition in Höhe von drei Millionen Dollar hatte der schwedische Millionär Frederick Paulsen übernommen, der dafür mitfahren durfte. Das russische Fernsehen berichtete aufgeregt vom »technologischen Triumph« und benutzte – ohne das zu kennzeichnen – für seine Berichterstattung alte Filmaufnahmen, die die beiden aus Finnland stammenden U-Boote bei früheren Tauchfahrten zum Wrack der Titanic aufgenommen hatten, als der amerikanische Regisseur James Cameron seinen gleichnamigen Film drehte.[199]

Moskau verstärkt sein Militär am Nordpol

In einem Grundsatzpapier hat die russische Führung 2008 (aktualisiert 2013) ihre langjährigen Interessen an der Arktis umrissen und in allgemeiner Form die entsprechenden Maßnahmen zu ihrer Realisierung benannt. Als wesentliches Ziel formulierten die Dokumente – neben dem Umweltschutz und dem Erhalt der Arktis als Friedenszone (das war noch vor Beginn der Konfrontation ab 2014) – »die Nutzung der arktischen Zone der Russischen Föderation als strategische Ressourcenbasis«. Dazu sollten die Grenzfragen im Küstenschelf entsprechend der internationalen Rechtslage bis 2015 geklärt werden, um so die »Konkurrenzvorteile Russlands bei der Gewinnung und dem Transport von Energieträgern zu sichern«. Bis 2020 gehe es um die »Verwandlung der arktischen Zone in die führende strategische Rohstoffbasis der Russischen Föderation«.[200]

Beide Ziele wurden verfehlt. Nach der russischen Okkupation der Krim und dem fortgesetzten verdeckten Krieg in der Ukraine liegen auch Seerechtsfragen erst einmal auf Eis. Die hochfliegenden Wünsche, nach den Energieträgern der Arktis zu greifen, scheiterten am Mangel entsprechender Technologie, deren Beschaffung im Ausland infolge der US-Sanktionen gegenwärtig kaum mehr möglich ist.

Neben der Förderung von Bodenschätzen rückte der nördliche Seeweg infolge des klimabedingten Rückgangs des »ewigen Eises« ins Blickfeld. Er gewinnt strategische Bedeutung. Diese Route, die vom Atlantik zum Pazifik führt, ist deutlich kürzer als die durch den Suez-Kanal. Sie verläuft entlang der russischen Küste am Nordpolarmeer, Moskau betrachtet sie praktisch als »naturgegebenes Eigentum«, Seerechtskonvention hin oder her. Und da die vier anderen Arktis-Anrainerstaaten USA, Dänemark, Norwegen und Kanada NATO-Mitglieder sind, ist auch hier der Knoten geschürzt, die Arktis wurde zum militärischen Aufmarschgebiet.

Der Ausbau der russischen Militärkapazitäten wird begleitet von Sirenengesängen aus Moskau, denen der Westen nicht so recht glaubt. Besonders seit den militärischen Angriffen in der Ukraine und in Syrien ist das Misstrauen groß. Die starken russischen Interessen in der Arktis, die »Reaktivierung alter Militärbasen, die jahrzehntelang eingemottet gewesen waren, wecken Ängste, ebenso die umfangreichen Militärübungen«. Fotos von einem Präsidenten, der sich an Bord eines Atom-U-Boots während eines Manövers in der Barentssee sichtlich wohlfühlte und die vom Kreml-Pressedienst absichtsvoll verbreitet wurden, verstärken dieses Gefühl. »Putin, so scheint es, präsentiert sich gerne als der starke Mann der Arktis.«[201]

Aber nein, versicherte Putin im Dezember im Verteidigungsministerium in Moskau: »Ich unterstreiche noch einmal: Wir haben nicht die Absicht, uns mit der Militarisierung der Arktis zu beschäftigen. Unsere Handlungen in der Region haben vom Umfang her zurückhaltenden und vernünftigen Charakter, sind aber absolut notwendig für die Sicherung der Verteidigungsfähigkeit Russlands.« Er forderte, dass der Ausbau der militärischen Infrastruktur auf Nowaja Semlja, den Inseln Kotelnyj, Wrangel und am Kap Schmidt »im kommenden Jahr« abzuschließen seien. Das ist inzwischen weitgehend erledigt.[202]

Das diene auch den Interessen anderer Benutzer des nördlichen Seewegs, versicherte Putin auf einer internationalen Tagung, wo er den Geschichtenerzähler gab und von Schmugglern und Piraten plauderte. »Das, was wir auf den Inseln und am Ufer tun, trägt lokalen Charakter, es ist unter anderem verbunden mit der Absicherung der Wiederherstellung der Schifffahrt«, sagte Putin auf einem Arktis-Forum in Archangelsk. »Wir sollten gemeinsam gegen die verschiedenen Arten der Schmuggelei kämpfen, mit einem möglichen Piratentum in den nördlichen Regionen. Wir schaffen gegenwärtig eine Infrastruktur mit einer dreifachen Verwendungsmöglichkeit.« Dort würden Vertreter des Katastrophenschutzministeriums, des Dienstes für die Verhinderung von Ölverschmutzungen und Wissenschaftler tätig sein. »Wir schaffen eine komplexe Infrastruktur, unter anderem mit militärischer Bestimmung.«[203]

Letzteres bleibt für Moskau von besonderer Bedeutung. Denn in der Arktis gilt militärisch der Status, der auch für alle anderen Operationsgebiete der russischen Streitkräfte gilt: Wir werden bedroht. Als die 29 NATO-Staaten im Herbst auf Island und in den Gewässern um die Insel herum ihr Manöver »Trident Junction« 2018 abhielten, fühlte man sich in Moskau einmal mehr bestätigt. »Die NATO bereitet sich auf den Angriff in der Arktis vor«, hieß es in dem Verteidigungsministerium nahestehenden Medien. Island werde als »unsinkbarer Flugzeugträger«, Norwegen als »Aufmarschgebiet« benutzt.[204]

Wie sich die russischen Militärs diesen »Angriff in der Arktis« vorstellen, hatten sie bei einem Großmanöver der arktischen Truppen zwei Jahre zuvor (2016) deutlich gemacht. Dem Manöverplan zufolge griff ein angenommener Gegner mit Luft- und Raketenschlägen gleichzeitig von der Barentssee, vom Nordpol und von Tschukotka aus an. Anschließend unternahm ein Flottenverband des angenommenen Gegners den Versuch, in Richtung auf den nördlichen Seeweg durchzubrechen. Ziel des Durchbruchs war es, Landungseinheiten und Diversionsgruppen abzusetzen. Die am Manöver teilnehmenden Einheiten der russischen Streitkräfte hatten die Aufgabe, diesen Angriff des angenommenen Gegners abzuwehren und ihm maximale Verluste beizubringen. Dabei sollten »alle zur Verfügung stehenden Mittel und Waffensysteme« zum Einsatz kommen. In der zweiten Manöveretappe wurde ein Gegenschlag geführt. Für die Lösung dieser Aufgabe wurden Angriffskriegsschiffe und Fernfliegereinheiten herangezogen. Krönender Abschluss war dann noch der Abschuss einer Interkontinentalrakete von einem der modernen Atom-U-Boote aus.[205]

Zurückhaltend, vernünftig und von lokalem Charakter? Die Welt wird umdenken und Begriffe anders interpretieren müssen.

Oder sie wird die Kluft erkennen müssen, die sich auch hier zwischen Worten und Taten des Kreml-Chefs auftut.

Zuständig für die Kriegsführung im Hohen Norden ist das Vereinigte Strategische Kommando »Sewernyj Flot« (OSK Nord), gebildet 2004, sein Rückgrat ist die arktische Brigade, die 2015 geschaffen wurde. Die neuen Organisationsformen auf der Grundlage bestehender Einheiten waren notwendig geworden, um Russland vor Angriffen aus dem Norden zu schützen, hieß es offiziell. Zum Bestand des Nord-Kommandos gehören 38 Überwasserschiffe, 42 Unterseeboote und zwei arktische motorisierte Schützenbrigaden.[206]

Im Herbst 2019 erhielt ein Luftabwehrregiment der Nordflotte Waffen vom Feinsten: Die S-400-Komplexe, von denen einige gerade an die Türkei verkauft wurden, ersetzen die bisher in der Arktis im Einsatz befindlichen S-300. Bis dahin waren sie nur auf der Kola-Halbinsel in der Nähe des NATO-Staates Norwegen im Einsatz. Jetzt stehen sie auch auf der Insel Juschnyj, die zur Inselgruppe von Nowaja Semlja gehört. Der moderne Flugabwehrkomplex ermögliche es, »die Kontrollzone des Luftraums in der Arktis zu erweitern«. Das Luftabwehrsystem, so freuen sich russische Medien, sei in der Lage, alle modernen Angriffsmittel aus der Luft und aus dem Weltraum in einer Entfernung von mehreren hundert Kilometern zu vernichten.[207]

Griff nach dem afrikanischen Kontinent

Moskaus weltweite Aktivitäten werden in der Regel mit Syrien, auch noch mit Venezuela oder Kuba verbunden. Den Ambitionen des Kremls in Afrika wird dagegen weniger Aufmerksamkeit geschenkt. Dabei spielen sich gerade dort Schlüsselprozesse der russischen Expansionspolitik ab. In Moskaus Visier befinden sich gegenwärtig mehr als ein Dutzend afrikanische Länder, mit denen die Handels-, vor allem aber die Militärbeziehungen entwickelt werden. Waffenlieferungen, die militärtechnische

Kooperation im weiteren Sinne sowie politische und technische Unterstützung in verdeckten Kriegen stehen im Vordergrund. In der propagandistischen Begleitmusik werden triumphale Töne von der »Afrikanischen Jagd« und der »Rückkehr auf den schwarzen Kontinent« angeschlagen.[208]

In realen Zahlen allerdings findet das kaum eine Bestätigung. So hat sich der russische Warenumsatz mit afrikanischen Ländern zwischen 2009 und 2017 zwar mehr als verdreifacht, erreichte aber dennoch nur die bescheidene Summe von etwas über 17 Milliarden US-Dollar. Die EU-Länder kamen im gleichen Jahr auf 275 Milliarden, China auf 170 Milliarden Dollar.[209]

Moskau weiß, dass es da nicht mithalten kann, und wirbt deshalb mit seinen vermeintlichen Vorteilen. Eine Verschuldung afrikanischer Länder, wie sie beispielsweise schon jetzt gegenüber China existiert, werde es mit Russland nicht geben, hieß es in Moskau. Auch werde man sich nicht in die inneren Angelegenheiten einmischen, auch keinen Druck auf die afrikanischen Eliten ausüben und womöglich Menschenrechte einklagen. Ein »Trumpf« in den Händen Moskaus, so meinte ein *TASS*-Autor, sei die gemeinsame Geschichte der 1960er und 1970er Jahre, als die Sowjetunion die afrikanischen Länder in ihrem Befreiungskampf unterstützt habe. Dass es sich dabei in der Regel um Stellvertreterkriege gegen die Vormachtstellung der USA in Afrika gehandelt hat, verschweigt die neuere russische Geschichtsschreibung.[210]

Über einen nicht unwesentlichen Vorteil verfügt Moskau allerdings tatsächlich. Seit 1970 erhielten rund 400000 afrikanische Studenten eine Ausbildung in der Sowjetunion und später in der Russischen Föderation. Gegenwärtig studieren rund 5000 Afrikaner an russischen Universitäten. Auf dem afrikanischen Kontinent unterhält der staatliche Atomenergiekonzern Rosatom seine eigenen Bildungsprogramme.

Einige der früheren Absolventen »stiegen im Laufe der Zeit bis zu den Schalthebeln der Macht auf«. So wurde Michel Am-

Nondokro Djotodia, der in der Sowjetunion studiert und dann dort und in Russland gearbeitet hat, 2013 Präsident der Zentralafrikanischen Republik. Im Verlaufe des Bürgerkrieges gab er diesen Posten wieder auf, hat aber bis heute einen starken Einfluss im Lande und auf Präsident Faustin-Archange Touadéra. João Manuel Gonçalves Lourenço, Absolvent der militärpolitischen Lenin-Akademie, wurde 2017 Präsident Angolas. Beide Länder pflegen heute sehr enge Beziehungen zur russischen Führung.[211]

Dazu muss man wissen, dass ausländische Studenten, die vorzugsweise an der Moskauer Lumumba-Universität studierten, in ihrer Zeit in der Sowjetunion und auch in Russland eine intensive Begleitung durch russische Geheimdienste erfuhren. Russische Studienkollegen hatten in der Regel noch einen Zweitjob. Die Dossiers der Ex-Studenten sind in Moskau jederzeit griffbereit, was für die »Kontaktpflege« überaus nützlich ist.

»Für Moskau ist der afrikanische Kontinent nicht nur ein wachsender Markt für die Kern-Energetik, sondern auch ein wachsender landwirtschaftlicher Handelsplatz für den Export von russischem Weizen«, heißt es in einer Analyse, die in einem Blatt des russischen Militär-Industrie-Komplexes erschienen ist.[212] Russland suche aber auch deshalb mehr Einfluss in Afrika, weil dort im Jahr 2050 etwa 25 Prozent der Weltbevölkerung im arbeitsfähigen Alter leben werden und weil es der Kontinent ist, der über die meisten Vorkommen an seltenen Erden außerhalb Chinas verfügt. Zudem stellen die 54 afrikanischen Staaten eine Macht in der UNO dar, die Moskau gern auf seiner Seite hätte, zumindest teilweise. Interessanterweise erwähnte der Artikel die wachsenden Rüstungsexporte und die zunehmende militärpolitische Kooperation nicht, obwohl Moskau gerade in dem Bereich gewisse Wettbewerbsvorteile gegenüber dem Westen hat.[213]

»Russland versucht, einen Teil Afrikas auf sich zu orientieren«, warnte der Chef des britischen Verteidigungsstabes, Nicolas Carter, seine Regierung und die westlichen Staaten in einem

Zeitungsinterview. Dieser Prozess vollziehe sich »schneller und krasser« als noch 2015 angenommen, bekannte der General. Russland sei ein »Meister der Manipulation« und hinreichend klug »in dem Versuch, anderen Ländern das Gefühl zu vermitteln, dass Russland möglicherweise der bessere Verbündete oder die bessere Variante für Unterstützung sei als der Westen«.[214]

Mit Putins Afrika-Gipfel in Sotschi im Oktober 2019 sollte sich die Richtigkeit von Carters Worten bestätigen. Das Treffen sandte ein ganz starkes Signal für Russlands »Rückkehr nach Afrika« aus. Die einst intensiven Beziehungen zu afrikanischen Staaten und Befreiungsbewegungen waren mit dem Ende der UdSSR zusammengebrochen. Seit ein paar Jahren fühlt Moskau sich stark genug, die zerrissenen Fäden wieder neu zu knüpfen. Der Sotschi-Gipfel war der vorläufige Höhepunkt dieser Bemühungen. Staatschefs aus 47 afrikanischen Ländern kamen und gaben der Veranstaltung ein glanzvolles Gepräge, was Moskau sich 4,5 Milliarden Rubel (rund 64 Millionen Euro) kosten ließ. Als Morgengabe erließ Putin afrikanischen Ländern zudem noch 20 Milliarden Dollar alter Schulden. In einem begleitenden Interview erklärte der Kreml-Chef die Stärkung der Verbindungen zu afrikanischen Ländern zu einer der Prioritäten der russischen Außenpolitik. Dabei werde Russland niemandem seine Ansichten aufdrängen, sondern das Prinzip »afrikanische Lösungen für afrikanische Probleme« respektieren, versicherte Putin.[215]

Dabei hätte die Losung des Sotschi-Gipfels – »Wir helfen Afrika, souverän zu werden, um keine Marionette des IWF zu sein« – direkt aus dem Schatzkästlein der Sowjetpropaganda stammen können. Konkret sah das so aus, dass Moskau in Sotschi Rüstungsexportverträge mit über 30 afrikanischen Staaten abschloss und Putin anregte, so ein Treffen regelmäßig zu wiederholen.

Einige russische Beobachter begleiteten die Veranstaltung in Sotschi kritisch. Während der Kreml ständig von einer multipolaren Welt rede, handele er doch ganz in sowjetischen Traditionen, indem er versuche, dem Westen »auf den Schwanz zu treten«, kommentierte der russische Politologe Dmitrij Oreschkin das Gipfeltreffen. Das Ziel bestehe nicht darin, sein eigenes Spiel zu spielen, »sondern das der anderen zu verderben, damit sie Angst und Achtung empfinden. Gerade darin besteht die niedrigste Form des Kolonialismus«, urteilte Oreschkin.[216]

Zentralafrikanische Republik

Besonders eng ist seit Kurzem das Verhältnis zur Zentralafrikanischen Republik (ZAR). Das Land, in dem zwischen 2013 und 2017 ein blutiger Bürgerkrieg zwischen Moslems und Christen tobte, liegt in einem strategisch wichtigen Raum zwischen dem moslemischen Norden und dem christlichen Süden Afrikas. Es verfügt über bedeutende Vorkommen an Erdöl, Diamanten, Gold und Uran. In die ZAR hat die russische Führung »private Auftragnehmer« entsandt, die für Waffenlieferungen, die Ausbildung der Regierungsstreitkräfte und die persönliche Sicherheit des Präsidenten Faustin-Archange Touadéra zuständig waren, heißt es in der russischen Analyse.[217]

Während französische Quellen darauf bestehen, dass die 200 russischen »Instrukteure« Angehörige des »privaten« russischen Sicherheits- und Militärunternehmens Wagner sind, dementierte das russische Außenministerium nachdrücklich (mehr zu Wagner im 8. Kapitel). Eine Gruppe russischer Journalisten, Kirill Radtschenko, Alexander Rastorgujew und Orhan Dschemal[218], die im Juli 2018 den Spuren der Wagner-Gruppe nachgehen wollte, wurde in der ZAR von Unbekannten ermordet. Außenminister Sergej Lawrow erklärte später, in der ZAR befänden sich lediglich 170 zivile Instrukteure im Rahmen einer Vereinbarung zwischen Russland und der ZAR mit Zustimmung des UN-Sicherheitsrates. Außerdem nehme Russland teil »an der Tätigkeit zur Gewährleistung von Frieden und Sicherheit im Rahmen des Völkerrechts«.[219]

Tatsächlich liefert Moskau auch schon mal unentgeltlich Waffen in die ZAR, pflegt ein enges Verhältnis zu Präsident Touadéra und hat seinen Vertreter direkt im Präsidentenpalast installiert. Der »starke Mann« in der Hauptstadt Bangui ist Walerij Sacharow, der Sicherheitsberater des dortigen Präsidenten. Ohne ihn, so berichtete die Moskauer *Nowaja Gaseta,* werde in Bangui »nicht eine einzige wichtige Entscheidung getroffen«. Das Land ist praktisch dem Einfluss der einstigen Kolonialmacht Frankreich entzogen. Ein angedachter russischer Militärstützpunkt würde diesen Zustand zementieren.[220]

Analog war Russland auch im Sudan vorgegangen, wo der inzwischen gestürzte Diktator Umar al-Baschir jahrelang Hilfe aus Moskau bekam. Das Ende seiner Macht war ein schwerer Schlag für das russische Engagement im Sudan und damit in Afrika. Auch die Republik Kongo ist aus russischer Sicht interessant. Moskau kündigte die Entsendung »technischer Spezialisten« an, die die örtlichen Militäreinheiten im Gebrauch russischer Kampftechnik schulen sollen.[221]

Indem Moskau mehr Einfluss in den Regionen gewinnt, die für den Westen wichtig sind, so vermutet *VPK-News,* könnte es Washington und Brüssel eher unter Druck setzen. »Die Konkurrenz um die großen Ressourcen Afrikas und die Suche nach geopolitischen Verbündeten« spiegele den intensiver gewordenen Kampf in der Welt wider. »In Eurasien stoßen die USA mit China und Russland zusammen, auf dem afrikanischen Kontinent entwickelt sich stufenweise eine ähnliche Szenerie, auf der sich die Konkurrenz zwischen diesen drei Akteuren abspielt.«[222]

Ägypten

»Verteidiger der Freundschaft–2019« hieß ein wenig beachtetes, kleines taktisches Militärmanöver, bei dem in der Nähe von Tula und Rjasan Fallschirmjäger ihr Können zeigten. Neben russischen und weißrussischen Teilnehmern war auch eine 150 Mann starke Gruppe aus Ägypten dabei. Das vierte Mal übrigens, nachdem sich Kreml-Chef Putin und der ägyptische Präsident Abdel Fatah al-Sisi 2013 getroffen hatten. Die Manöverbezeichnung ist eine Anspielung auf längst vergangene Zeiten, als es die Sowjetunion noch gab, die engste Beziehungen zu den verschiedenen autoritären ägyptischen Herrschern unterhalten hatte.

In den vergangenen Jahren hat Putin versucht, diese alten Kontakte mit den neuen Leuten in Kairo wiederzubeleben. Von Interesse ist für beide Seiten die Modernisierung der über 100 von der Sowjetunion in Ägypten gebauten Industrieanlagen. Putin konnte während seines Besuchs in Kairo 2017 zudem einen Vertrag über den Bau eines Atomkraftwerkes bei Dabaa abschließen, verknüpft mit einem Vertrag über die Lieferung von Kernbrennstoff.[223]

Zu einem beeindruckenden Zukunftsprojekt könnte die Errichtung einer russischen Industriezone östlich von Port Said direkt am Suez-Kanal werden. Auf einer über fünf Hektar großen Fläche sollen dort künftig russische Unternehmen Niederlassungen für Montage- und Produktionskapazitäten installieren. Das betrifft zunächst Autoproduzenten, Hersteller von Baumaterialien, Unternehmen des Fluss- und Hochseetransports sowie Firmen, die Energieausrüstungen und pharmazeutische Produkte herstellen. Der erste Bauabschnitt soll 2021 fertiggestellt sein. Indem Russland auf den ägyptischen Markt vordringt, fördert es seinen Zugang zum Gemeinsamen Markt für Ost- und Südafrika (COMESA), in dem 21 afrikanische Staaten vertreten sind. Gleichzeitig versucht Moskau, Freihandelsgeschäfte mit regionalen Organisationen wie der Ostafrikanischen Gemeinschaft und der Südafrikanischen Entwicklungsgemeinschaft zu entwickeln.[224]

Nach dem Einbruch der militärtechnischen Zusammenarbeit während des »Arabischen Frühlings« 2011 ist diese Form der Kooperation, die im Wesentlichen im Export russischer Waffen besteht, seit 2013 wieder im Aufwind begriffen. Russland verkaufte unter anderem Luftabwehrkomplexe S-300 (Exportbezeichnung Antäus-2500) und Militärhubschrauber vom Typ Ka-52 »Alligator« für das Heer und die Seekriegsversion Ka-52K »Katran« an Ägypten. Der kommerzielle Vorteil, der sich aus dem Verkauf großer Stückzahlen ergibt, liegt auf der Hand. Moskau genießt aber auch die Tatsache, dass diese Waffengeschäfte die »militärpolitische Präsenz in der Region« festigen, wie es der russische Strategieexperte Konstantin Makijenko formulierte. Ägypten – in Nordafrika gelegen und an den Nahen Osten grenzend – sei das stärkste Land der »arabischen Welt«, und das in »jeder Beziehung, in militärischer, demografischer, politischer und ökonomischer«.[225]

Libyen

In Libyen, wo im Herbst 2011 das Regime von Machthaber Muammar al-Gaddafi gestürzt worden war und anschließend ein blutiger Bürgerkrieg ausbrach, versucht Moskau seine Präferenzen hinter einem Nebelvorhang zu verbergen. Zwei Regierungen beanspruchen die Macht im Land, von den lokalen und Stammesgruppierungen mal abgesehen. Ministerpräsident Fajis al-Sarradsch wird von den Vereinten Nationen unterstützt. Seine Regierung kontrollierte im Herbst 2019 wenig mehr als die Hauptstadt Tripolis. In Al-Baida, im Osten Libyens, hat die Gegenregierung ihren Sitz, die mit dem einflussreichen Rebellenkommandeur Chalifa Haftar, der sich inzwischen Feldmarschall nennt, verbündet ist. Er hatte im Frühjahr 2019 den Bürgerkrieg, der abgeflaut war, neu entfacht und rückte auf Tripolis vor.

Die libysche Regierung, und zwar die von der UNO unterstützte, warf Russland vor, mit seinem militärischen Eingreifen den Konflikt in Libyen zu verschärfen. Fathi Bashagha, Innenminister des in Tripoli ansässigen Kabinetts von al-Sarradsch, beschuldigte Moskau, einen »monatelangen Krieg zur Ausweitung seines Einflusses auf die strategischen Ölproduzenten«

befeuert zu haben. Die Anti-Terror-Kooperation mit den USA habe zwar vernichtende Luftschläge gegen die Terrororganisation Islamischer Staat ermöglicht. Aber der von Chalifa Haftar im Frühjahr gestartete Krieg habe den Nährboden dafür bereitet, dass sich die Terrororganisation habe neu gruppieren können.[226]

Die von der UNO geleiteten Versuche, den Konflikt zu deeskalieren, sind komplizierter geworden durch die Entsendung einer wachsenden Zahl von russischen Söldnern der Wagner-Gruppe. Mindestens 300, möglicherweise sogar 1000 sollen es im November 2019 gewesen sein, berichteten Beobachter. »Sie haben sie davor nach Syrien geschickt, nach Zentralafrika, und wo auch immer Wagner hingeht, dort herrscht Zerstörung«, klagte Bashagha in einem Interview mit der Agentur *Bloomberg*. Der Libyer beschuldigte Russland, den verbliebenen Rest des Gaddafi-Regimes, gemeint ist Haftar, wieder an die Macht zurückbringen zu wollen. Er forderte die USA auf, eine effektivere Rolle »bei der Wiederherstellung von Stabilität und Sicherheit« in Libyen zu spielen.[227]

Die Amerikaner folgten der Bitte, mit zweifelhaftem Erfolg. Ende November reiste eine US-Abordnung unter der Leitung von Richard Norland, dem Botschafter Washingtons in Tripolis, zu General Chalifa Haftar. Sie forderte den einstigen Gaddafi-Freund Haftar auf, die im April begonnene Offensive unverzüglich einzustellen. Sie drückte auch ihre Besorgnis über die »russische Ausbeutung des Konflikts auf Kosten des libyschen Volkes« aus. Große Wirkung erzielten die Amerikaner nicht. Denn neben Russland kann Haftar auf die Unterstützung durch Ägypten, die Vereinigten Arabischen Emirate, Saudi-Arabien, Jordanien und Frankreich zählen. »Selbst Israel soll laut Insider-Angaben für Haftar Einsätze gegen Positionen des IS in Sirte geflogen haben.«[228]

Haftar, der einstige enge Parteigänger Gaddafis, hat seine militärische Ausbildung noch in der Sowjetunion genossen. Seine starke Position im Libyen nach Gaddafi machte ihn für

Moskau wieder interessant. In der sich schnell ändernden Lage in dem nordafrikanischen, ölreichen Land mussten Kräfte gefunden werden, »mit denen eine Zusammenarbeit möglich und vorteilhaft für Russland war, die Führung unseres Landes zog es vor, Kontakte mit Feldmarschall Haftar herzustellen«, schrieb die russische *Militärische Umschau*. Das Blatt, das eng mit der russischen Rüstungsindustrie verbunden ist, charakterisierte Haftar als einen Menschen von »weltlicher Kultur«. Er sei einer der letzten noch lebenden arabischen Nationalrevolutionäre aus der zweiten Hälfte des 20. Jahrhunderts und stelle eine weit akzeptablere Figur für die Entwicklung partnerschaftlicher Beziehungen dar »als die prowestlichen Liberalen oder, noch schlimmer, die eiskalten Radikalen«.[229]

Allerdings leidet der 75-Jährige an Krebs, was über kurz oder lang zum Problem werden könnte. Trotzdem sieht Russland in ihm vorläufig eine reale Kraft, die gegen die radikalen islamistischen Gruppen in Libyen vorgehen kann und gleichzeitig fähig ist, den anglo-amerikanischen Einfluss zu begrenzen. Offiziell hat sich Moskau noch nicht für Haftar ausgesprochen. Doch wenn es um die militärische Zusammenarbeit geht, ist im Kreml »die Wahl schon längst auf den Feldmarschall gefallen. Davon zeugen seine zahlreichen Besuche in Russland und seine Treffen besonders mit Vertretern der Leitung des Verteidigungsministeriums der Russischen Föderation.« Im Hintergrund mit dabei: Putins Strippenzieher Jewgenij Prigoschin (mehr über »Putins Koch« im nächsten Kapitel). Auch habe man Haftar schon mal kräftig unter die Arme gegriffen, indem für ihn Geldscheine im Wert von rund zehn Milliarden libyschen Dollar in Russland gedruckt wurden, die anschließend nach Libyen verschifft wurden, um seine militärischen Abenteuer zu finanzieren.[230]

Haftar durfte im Januar 2020 zusammen mit dem von der UNO anerkannten Premier Fajis al-Sarradsch an einer Libyen-Friedenskonferenz nach Berlin reisen, zu der die Bundeskanzlerin Angela Merkel geladen hatte. Daran nahmen Vertreter aus mehr als zehn Ländern teil, darunter die Präsidenten Frankreichs, der Türkei und Russlands, Emmanuel Macron, Tayyip Erdogan und Wladimir Putin. Die beiden libyschen Vertreter blieben Zaungäste.

In einer Abschlusserklärung verpflichteten sich die Konferenzteilnehmer, »eine Einmischung in dem bewaffneten Konflikt oder in die inneren Angelegenheiten Libyens zu unterlassen«. Die internationalen Anstrengungen zur Überwachung des Waffenembargos in Libyen sollen verstärkt werden, heißt es in der Erklärung von 16 Staaten und Organisationen. Gefordert werden eine umfassende Demobilisierung und Entwaffnung der Milizen. Verletzungen eines Waffenstillstands sollen sanktioniert werden.[231] Die Realisierung der löblichen Absichtserklärung dürfte schon deshalb schwierig werden, weil der Kreml sich auch in Libyen seiner Verantwortung zu entziehen versuchte. Präsident Putin nutzte die Pressekonferenz im Anschluss an das Treffen mit Bundeskanzlerin Angela Merkel dazu, die Zuständigkeit für die in Libyen agierende Wagner-Truppe von sich zu weisen. Auf die Frage, ob er die Mitteilung des türkischen Präsidenten Erdogan bestätigen könne, dass sich 2000 russische Söldner der Kompanie Wagner in Libyen aufhielten, sagte Putin: »Wenn es dort russische Bürger gibt, dann vertreten sie nicht die Interessen des russischen Staates, und sie bekommen kein Geld vom russischen Staat.«[232]

Mittel- und Lateinamerika

Es ist kein langfristig durchdachter strategischer Masterplan, der Russland dazu treibt, in verschiedenen Gegenden der Welt Einfluss, wirtschaftliche Vorteile und militärische Präsenz zu suchen. »Die Situationen müssen jede für sich genommen werden, es gibt [im Kreml – M. Q.] kein großes Design für alle Lagen«, versicherte mir Fjodor Lukjanow in unserem Gespräch in Moskau, in dem er versuchte, mir die Denkweise des Kremls, so wie er sie sieht, verständlich zu machen. »Jede Situation ist anders, in jeder kann man etwas gewinnen, oder auch nicht, aber man muss es versuchen. Daher Venezuela, Sudan, Syrien …« Es sei eben nicht so, »wie die Amerikaner annehmen, dass dies eine durchdachte Politik zur Schwächung der USA wäre«, sie habe sich so ergeben.

Die recht engen, geradezu freundschaftlichen Beziehungen zu Venezuela gehen noch auf den verstorbenen venezolanischen Präsidenten Hugo Chavez zurück. Die Initiative für ein engeres Verhältnis zu Russland sei von ihm ausgegangen. »Das wurde aufgegriffen, weil die Amerikaner in Georgien und der Ukraine zu aktiv geworden waren. Eine spiegelartige Antwort, direkt unter ihrer Nase, das ist doch immer angenehm«, freute sich Lukjanow. Natürlich gehe es auch um Waffenexporte, Investitionen und um Erdöl, »aber das Land sollte nicht in einen russischen Vorposten verwandelt werden«, behauptete er. Erst als die USA offen einen Regimewechsel ansteuerten, sei Russland »prinzipiell geworden«. Man wusste allerdings auch: »Trump ist kein Krieger«, wie Lukjanow es formulierte. »Erstaunt sah man, dass die USA ihre einstige Fähigkeit zur Beseitigung unliebsamer Regimes verloren zu haben schienen. Früher wurde so eine Figur in einer Bananenrepublik vor der Nase einfach hinweggefegt, und jetzt? Nichts. Da haben wir Maduro natürlich unterstützt.« Im Übrigen, glaubt Lukjanow, werde das Regime Maduro früher oder später fallen. »Es ist nicht handlungsfähig.«

Nicolás Maduro war im Mai 2018 erneut zum Präsidenten gewählt worden. Die Opposition hielt die Wahl für manipuliert, das von ihr kontrollierte Parlament erklärte die zweite Amtszeit Maduros am 6. Januar 2019 für verfassungswidrig. Allerdings hatte Maduro das Parlament zuvor durch eine von ihm kontrollierte verfassunggebende Versammlung ausgehebelt. Trotz aller Proteste wurde Maduro am 10. Januar als Präsident vereidigt, am 23. Januar erklärte sich Oppositionsführer Juan Guaidó selbst zum Übergangspräsidenten. Die USA und weitere rund 50 Staaten erkannten ihn umgehend als Staatschef an. Russland, China, die Türkei und der Iran stellten sich hinter Maduro.

Der umstrittene venezolanische Präsident kann sich der Unterstützung des russischen Präsidenten sicher sein. Russland hat viele Milliarden Dollar in die venezolanische Erdölindustrie investiert. Es verkauft Waffen nach Venezuela, vergibt langfristige Kredite, damit Caracas diese Waffen kaufen kann. Seit 2006 hat Moskau dem venezolanischen Staat insgesamt rund 17 Milliarden US-Dollar überwiesen. Wegen der anhaltenden Wirtschaftskrise, verbunden mit dem Rückgang der Ölförderung – allein 2018 betrug das Minus 37 Prozent –, läuft es nicht gut mit der Rückzahlung. Doch wenn es mal klemmt mit der Ratenzahlung, was bereits mehrfach passierte, werden die Schulden bereitwillig restrukturiert. Russische Militärberater sind permanent im Lande, ebenso Wartungs- und Ausbildungspersonal, das in regelmäßigen Abständen abgelöst wird. Ein Flottenabkommen regelt gegenseitige Marinebesuche.

Atom-U-Boote nach Venezuela?

Moskaus Langmut bei der Schuldenrückzahlung hängt auch mit Überlegungen zusammen, in Venezuela einen Militärstützpunkt zu errichten. Das venezolanische Verteidigungsministerium hat bereits die Hafenstadt Puerto Cabello 220 Kilometer westlich von Caracas angeboten. Offenbar in der Hoffnung, auf diese Weise den Schuldenberg abbauen zu können, der sich auch durch die umfangreichen russischen Waffenlieferungen aufgetürmt hat. Im russischen Internet waberten im Herbst 2019 erneut Informationen über den angeblichen Bau einer Flottenbasis in Venezuela, wo auch russische Atom-U-Boote stationiert werden sollen. Unter der Schlagzeile »In den USA stille Panik« berichteten obskure Quellen unter Berufung auf das russische Verteidigungsministerium, der Bau des Stützpunktes habe bereits begonnen. Meine Nachfrage beim Ministerium mit der

Bitte um Aufklärung blieb unbeantwortet. Ich erfuhr nicht einmal, ob das Ministerium so eine Pressemeldung überhaupt herausgegeben hatte.[233]

So ein Stützpunkt wäre für Venezuela ökonomisch sinnvoll, meint Konstantin Siwkow, erster Vizepräsident der russischen Akademie für geopolitische Probleme. Den militärstrategischen Nutzen für Russland sieht er dagegen nicht. Die Flottenbasis wäre nicht abgesichert, denn »im Atlantik herrscht die Marine der USA«. Ein einzelner russischer Stützpunkt könne schnell isoliert und im Konfliktfall recht einfach zerstört werden. Deshalb sollte Russland die Amerikaner besser mit Super-Atombomben, »100 Megatonnen und mehr«, bedrohen und so zu Verhandlungen bewegen, rät Siwkow.[234]

Auch Generaloberst Leonid Iwaschow, Präsident der selben Akademie, aus der auch Siwkow stammt, und ein »Falke« unter der keineswegs zart besaiteten russischen Generalität, hält Venezuela für keine gute Wahl. Das Regime dort sei sehr instabil, die USA unternähmen alles, um Maduro vom Präsidentensessel zu entfernen. Russland sollte deshalb nicht die Schulden gegen einen Flottenstützpunkt eintauschen. Viel besser könne Moskau die Vereinigten Staaten unter Druck setzen, wenn russische Raketen in Nicaragua stationiert würden, schlägt Iwaschow vor. Dazu müsse man sich allerdings noch mit den Chinesen verständigen, die dort parallel zum Panama-Kanal eine neue Wasserstraße bauen wollen, die den Atlantik mit dem Pazifik verbinden soll. Dieses Vorhaben hängt allerdings seit Jahren in der Schwebe. Auf die Idee, die Nicaraguaner zu fragen, kam der russische General nicht.[235]

Die Beziehungen Moskaus zu Nicaragua, mehr noch zu Kuba, sind Überbleibsel aus der Zeit des Kalten Krieges, als die Sowjetunion beide Länder umfangreich unterstützte. Die sozialistischen Regimes waren, so sah man es in Moskau, nützlich als »Speerspitze« auf beziehungsweise vor dem amerikanischen Kontinent. Mit dem Ende der Sowjetunion brach auch die sowjetische Hilfe zusammen. Erst seit es Russland wirtschaftlich wieder etwas besser geht, wurden die alten Kontakte wiederbelebt, ohne freilich die einstigen Umfänge wieder erreicht zu haben. Mit Besuchen von Militärdelegationen in beiden Ländern, mit regelmäßigen Marinevisiten in Havanna versucht Moskau, verstärkt Präsenz in der Karibik zu zeigen.

Bei seinem jüngsten Besuch in Havanna unterzeichnete der russische Premier Dmitrij Medwedjew Kooperationsabkommen in den Bereichen Wissenschaft, Zoll, Schienenverkehr und Nuklearmedizin. »Ich bin überzeugt, dass unsere Beziehungen zu Kuba eine strahlende Zukunft haben«, sagte der russische Premier, was auch als Botschaft an Washington gemeint war. Die US-Regierung hatte kurz zuvor die Sanktionen gegen Kuba verschärft, weil Havanna an den engen Beziehungen zum Maduro-Regime in Venezuela festhält.[236]

PUTINS GRAUE MÄNNER

Ein Vater wollte seinen Kindern beibringen,
was Demokratie ist. Also ließ er sie abstimmen,
was es zum Abendbrot geben soll. Sie votierten
alle für Eiscreme. Aber weil sie
in Russland lebten, gab es Borschtsch.

Russische Anekdote

Im Laufe seiner 20-jährigen Amtszeit hat Kreml-Chef Putin, weitgehend unbemerkt von der breiten Öffentlichkeit, eine kleine, aber effektive Gruppe loyaler Parteigänger – Unternehmer, Ex-Militärs, Staatsbedienstete und Geheimdienstleute – geschaffen, die die Angelegenheiten seines Kreml-Clans unterstützen, befördern oder deren Realisierung sogar erst ermöglichen. Sie erledigen ihre Obliegenheiten im Hintergrund, manche agieren so zurückhaltend, dass sie nur schwer mit dem Kreml in Verbindung gebracht werden können. Die finanziellen Aufwendungen für ihre Aktivitäten tragen die scheinbar privaten Akteure zum Teil selbst. Sie wissen, dass sie im Gegenzug Zugang zu lukrativen Geschäften erhalten, die reichlich Gewinne abwerfen. Geld fließt notfalls auch aus verdeckten Quellen von Ministerien oder aus dem Sonderfonds des Präsidenten, die keiner parlamentarischen Kontrolle unterliegen und folglich nicht im offiziellen Staatshaushalt auftauchen. Staatsbedienstete, die im Auftrag Putins diffizile Aufgaben zu erfüllen haben, die nicht immer mit der Verfassung im Einklang stehen, nutzen ihre speziellen Kontakte und ihren Einfluss – stillschweigend geduldet – auch zur persönlichen Bereicherung.

Alexej Gromow, »Propagandaminister«

Einer von ihnen ist Alexej Gromow, dessen Gesicht in den vergangenen zehn Jahren fast in Vergessenheit geraten ist. In den ersten acht Jahren, die Putin im Amt des Präsidenten verbrachte (2000–2008), war sein Pressesekretär Gromow auf offiziellen Fotos stets präsent. Jetzt, als erster stellvertretender Leiter der Kreml-Administration, zieht er es vor, seine Macht außerhalb des Rampenlichts auszuüben. Seine Aufgabe: die Überwachung der russischen Medien und ihre Orchestrierung im Sinne des Kremls. Kaum ein Russe zweifelt daran, »dass die großen russischen Medien, besonders das Fernsehen, sich unter der Kontrolle der Machthaber befinden. Diese Kontrolle ist so total, dass die Journalisten bisher nichts über den Menschen geschrieben haben, der sie seit zwanzig Jahren überwacht.«[237]

Gromow, der seinen Geburtsnamen Grobow wegen des Missklangs im Russischen (Grob – dt. Grab) geändert hatte, studierte die Geschichte der süd- und westslawischen Völker an der Moskauer Lomonossow-Universität. Er wechselte in den diplomatischen Dienst und wurde Mitarbeiter in der russischen Botschaft in Bratislava in der Slowakei. Botschafter war zu der Zeit der weltgewandte Sergej Jastrschembskij, dem es gelungen war, die russische Botschaft zu einem Ort des Meinungsaustauschs der in Bratislava akkreditierten Diplomaten zu machen. Im Kreml wurde man auf den agilen Diplomaten aufmerksam, Jastrschembskij wurde zum Pressesekretär von Präsident Boris Jelzin berufen. Dort erwarb er sich schnell den Ruf eines Mannes, der loyal und eloquent die manchmal etwas unbedachten Äußerungen seines Präsidenten so zu interpretieren wusste, dass alle damit leben konnten. Selbst seine Dementis unangenehmer russischer Realitäten waren nicht ohne Charme. In seinem Kielwasser gelangte auch Gromow ins »Allerheiligste« in Moskau. 1996 wurde er zunächst Leiter des Pressedienstes von Präsident Jelzin.

Im Januar 2000, kurz vor der Wahl Wladimir Putins zum Präsidenten, machte der ihn zu seinem Pressesekretär. Innerhalb kurzer Zeit, so erinnern sich ehemalige Kollegen, verwandelte sich der als maßvoll und freundlich bekannte Gromow in einen Wachhund seines Herrn. Er benahm sich weniger wie ein Pressesekretär denn als Bodyguard, der die Journalisten von Putin fernhielt und ihnen verbot, direkt Fragen an den Präsidenten zu stellen. Wer sich nicht daran hielt, bekam schon mal Gromows kräftige Ellenbogen schmerzhaft zu spüren, wie sich ein deutscher TV-Korrespondent erinnern wird. Er hatte sich erdreistet, Gromows Redeverbot zu missachten und Putin eine Frage zuzurufen. Gromow beförderte den unerwünschten Frager mit einem kräftigen Schlag zu Boden.

Weit wichtiger waren indes seine Qualitäten als loyaler Mitarbeiter seines obersten Dienstherren. In dessen ersten acht Jahren im Kreml gaben beide nach außen das medienfreundliche Duo. Dem Präsidenten liege nichts mehr am Herzen als die Freiheit der Medien, ließ Gromow die in- und vor allem ausländische Welt wissen. Besonders jenseits der Grenzen wollte man sich gern blenden lassen. In Deutschland war – und ist – die Fraktion derer, die Russland »auf dem richtigen Weg« sehen, unüberhörbar.

Tatsächlich waren schon die ersten Jahre des Putin'schen Wirkens auch medienpolitisch eine Riesenenttäuschung. Alexej Wenediktow, Chefredakteur des sehr populären, noch halbwegs unabhängigen Radiosenders *Echo Moskwy,* zog schon 2008 eine traurige Bilanz: »Bis zu dem Zeitpunkt, als Putin Präsident wurde, gab es in der russischen Föderation landesweit sechs Fernsehsender, vier staatliche und zwei private. Heute sind es sechs Staatssender. Das ist die Statistik. Und in den letzten acht Jahren sind bei all den Gesetzen, die die Massenmedien berühren, 43 Zusätze eingeführt worden. Beim Gesetz für die Massenmedien, für Werbung, Wahlen, beim Gesetz zum Extremismus …« Kein Zusatz sei der Pressefreiheit zugutegekommen,

»alle 43 Änderungen waren repressiv. Des Weiteren: In der Regierungszeit Putins [Gemeint ist die Zeit bis 2008, das Jahr, in dem das Interview stattfand – M. Q.] wurden 13 Journalisten ermordet – nicht ein Fall ist bis zum Ende aufgeklärt worden. Es kam fast nie zu einer Gerichtsverhandlung, kein Fall ist schlussendlich aufgedeckt worden. Und sogar da, wo es Gerichtsverhandlungen gab, wurden die Auftraggeber nicht gefunden. Das ist die Statistik.«[238]

In den nachfolgenden Jahren hat sich die Lage zum Schlimmeren verändert. Auf der Rangliste der Pressefreiheit, erstellt von »Reporter ohne Grenzen«, nimmt Russland im Jahr 2019 unter 180 Ländern Platz 149 ein, nur wenig schlechter als Venezuela auf Platz 148.

Der schattenhafte Gromow leistet dazu seinen unrühmlichen Beitrag, Woche für Woche. Jeden Donnerstag findet in seinem Büro in der Kreml-Administration am Alten Platz, ehemals Sitz des Zentralkomitees der KPdSU, die Befehlsausgabe statt. Die Chefs der großen russischen Fernsehanstalten treten bei Gromow an, um die Richtlinien für die Berichterstattung der kommenden Woche in Empfang zu nehmen. Und da macht es keinen Unterschied, ob sie staatliche oder private Kanäle vertreten. Der erste stellvertretende Leiter der Kreml-Administration sagt allen, wo es langgeht. Er bespricht mit ihnen die Termine des Präsidenten und erteilt Auflagen, wie und in welcher Form darüber zu berichten ist. Fällt die Bemerkung, dieser oder jener Tatsache brauche man keine Beachtung zu schenken, verstehen alle: Das ist tabu.[239]

Diese Verfahrensweise ist natürlich eine grobe Verletzung der russischen Verfassung, in der die Freiheit der Medien als hohes Gut festgeschrieben ist. Aber das ist kein Thema für die herrschenden Eliten. Im Gegenteil, sie sind zufrieden mit der straffen Gängelung vor allem des Fernsehens, die ihnen Ruhe vor unliebsamen öffentlichen Diskussionen verschafft und deren propagandistische Wucht die Meinung in ihrem Sinne manipuliert. Das läuft wie ein gut geschmierter Mechanismus.

Wenn nicht, kann Gromow grob werden. So geschehen während der Tragödie, die sich am 17. Oktober 2018 ereignete. In einer Fachschule in der Hafenstadt Kertsch auf der Krim ermordete ein 18-Jähriger insgesamt 21 Menschen. Es war einer der größten Massenmorde in Lehreinrichtungen in der gesamten europäischen Nachkriegsgeschichte.

Die Nachrichten in Text und Bild verbreiteten sich weltweit, auch die russischen TV-Anstalten *Rossija* und *Rossija-24* strahlten Videoberichte aus. Als Gromow das sah, sei er fuchsteufelswild geworden, erzählten Insider. Er habe zum Telefon gegriffen und den russischen Kanälen die weitere Ausstrahlung von Videos über das tragische Ereignis untersagt. Niemand widersprach. Hintergrund seiner Erregung war, dass in Moskau alles, was sich auf der Krim ereignet, mit besonderer Aufmerksamkeit beobachtet wird. Seit der Okkupation der ukrainischen Halbinsel 2014 sind die russischen Medien angewiesen, über aufblühendes Leben, Touristenströme und Normalität im Alltag zu berichten. Der Amoklauf von Kertsch passte überhaupt nicht ins befohlene Bild. Gromow griff ein. In der Regel ist das jedoch nicht nötig, die Selbstzensur ist allgegenwärtig.[240]

Bei einem einstigen DDR-Journalisten wie mir werden Erinnerungen wach: Der Vorgang ähnelt dem damaligen Verfahren in Ost-Berlin. Jede Woche, ebenfalls am Donnerstag, wenn ich mich recht erinnere, eilten die Chefredakteure der Medien ins Zentralkomitee, wo sie die Anweisungen für die kommende Woche vom Leiter der Agitations-Kommission des ZK, Heinz Geggel, entgegennahmen. Tags darauf erzählten die Chefredakteure den Mitarbeitern das, was für deren Ohren bestimmt war. Und es wurde über die neuesten Tabus informiert. Die landeten in einer Kladde, die die Blattmacher für ihre tägliche Arbeit in ihren Schreibtischen stets zur Hand hatten. Ich erinnere mich nicht, dass je ein Tabu wieder gestrichen worden wäre.

Die Chefredakteure hatten das System, übernommen vom »sowjetischen Bruder«, tief verinnerlicht. Sie verstanden sich, wie auch die meisten ihrer Journalisten, als Parteisoldaten an der Informationsfront, die eine Propagandafront war. Geggels Lieblingsspruch »Die Medien sind eine Waffe. Und so handhaben wir sie auch – auf Befehl!« wurde oft zitiert, manchmal ironisierend. Aber jeder wusste, dass Befehlsverweigerung nur dann eine Option war, wenn man den Rausschmiss in Kauf zu nehmen bereit war. Das war in der Regel nicht der Fall, auch wenn im engeren Kollegenkreis gemosert, Geggel als »Dr. Geggels« tituliert und auch schon mal die Faust in der Tasche geballt wurde. Der zynische Spruch von der Freiheit, die darin bestehe, nicht an der Kette zu zerren, wurde zu einem geflügelten Wort.

Der Umgang des Kremls mit den russischen Medien heute erinnert in vielem an alte DDR-Zeiten, wenn auch die technische Ausstattung um ein Vielfaches besser ist. Dafür ist der Zynismus, kaum zu glauben, noch deutlicher ausgeprägt. Junge Leute, vor allem aus der Provinz, »prostituieren« sich im Fernsehen für den Aufstieg. Irina Scherbakowa von der Menschenrechtsorganisation Memorial hat das mit ihrer Organisation am eigenen Leibe erfahren. »Als eine verleumderische Welle gegen uns anlief [Memorial habe angeblich für ausländisches Geld Russland verleumdet – M. Q.], haben wir genau hingeschaut. Da waren junge, aufstiegshungrige Leute zu jeder Verleumdung bereit. Gewissenlos lieferten sie die übelsten Propagandastücke gegen die Opposition, um sich den Chefs anzudienen.« In Russland, so Scherbakowa, gebe es für die Jugend nur dann Aufstiegsmöglichkeiten, »wenn sie die Macht bedienen, indem sie beim Staatsfernsehen anheuern, zur Polizei oder zur Nationalgarde gehen«. Denn in der Wirtschaft komme nur der voran, der über die entsprechenden Beziehungen verfüge, was bei den Provinzlern in der Regel nicht der Fall sei.

So richtig schmutzig wird es allerdings, wenn TV-Propagandisten wie Dmitrij Kisseljow oder Olga Skabejewa auf Knopfdruck ihre gerade aktuellen Opfer verleumden. Jahrelang waren die »von den USA gekaufte Ukraine« und das »faschistische Regime

in Kiew« die Zielscheiben, nach den Vorgaben von Propaganda-
chef Gromow. Sie standen plötzlich im Regen, als es dem Kreml-
Chef beliebte, kurzfristig andere Töne anzuschlagen. Während
eines Treffens mit dem Waldai-Club gab Putin sich erstaunt über
die angeblich einseitig negativen Berichte über die Ukraine. Das
gehe so nicht, belehrte er seine Zuhörer. »Wir sollten unseren
nächsten Nachbarn und das Brudervolk nicht in irgendeinem
unvorteilhaften Licht darstellen.« Man könne so über das Regime
reden, »aber nicht über das Land, nicht über das Volk«. Aber so
sei es eben, »selbst in den staatlichen TV-Kanälen des russischen
Fernsehens wird eine unabhängige Redaktionspolitik verfolgt«.[241]

Dicker kann man eine Lüge kaum auftragen. Das weiß Gromow, das wissen die Chefs der russischen TV-Sender, und alle
miteinander verstehen, dass ihr »Woschdj«, ihr Anführer, den in
Sotschi versammelten Ausländern mal wieder »Nudeln über die
Ohren« gehängt hat. Dass also der Einwurf des Kreml-Chefs fürs
Ausland, aber kaum für sie bestimmt war. Und falls doch, sind sie
fähig, sich über Nacht um 180 Grad zu drehen.

Gromows Macht heute reicht noch über das Medienimperium
hinaus. Bei ihm müssen auch die Vertreter der Pressedienste der
Regierung, des Parlaments und die für die Wahlen in den Regionen zuständigen Kreml-Mitarbeiter antreten. Selbst die bis zur
Dreistigkeit forsche offizielle Vertreterin des russischen Außenministeriums, Maria Sacharowa, bleibt nicht davon verschont.
Auch sie, die gern ausländische Journalisten und Politiker »auf
ihre Plätze« verweist, muss bei Gromow »antanzen«.

Besonders am Herzen liegt Gromow der Fernsehsender *RT,*
den er 2005 als staatlich finanzierten Auslandsfernsehsender
Russia Today mit ins Leben gerufen hat. Auf sein Betreiben
wurde damals die junge Journalistin des Kreml-Pools Margarita Simonjan zunächst zur Chefredakteurin des TV-Kanals,
dann der später gegründeten Agentur *Rossija Sewodnja* ernannt,
zu der *RT* gehört. Aus der Sicht des Kremls war das eine gute
Entscheidung. Die junge Journalistin, ohne jegliche Erfahrung

in der Leitung eines Fernsehsenders, verstand sehr schnell, was man von ihr verlangte. *Russia Today* sei so etwas wie ein »Verteidigungsministerium« des Kremls, erläuterte sie offenherzig in einem Interview. In Friedenszeiten erscheine ein Auslandssender nicht unbedingt nötig. Aber im Krieg könne er entscheidend sein. Deshalb müsse man vorbereitet sein, eine Armee gründe man ja auch nicht erst eine Woche vor Kriegsbeginn, so Simonjan. In einer ersten Etappe gehe es dem TV-Sender erst einmal darum, einen Kanal zu schaffen, der den Leuten gefällt. Wenn es dann ernst werde, »zeigen wir ihnen, was nötig ist«.[242]

Während sich Alexej Gromow nach außen ganz dem Staatsdienst hingibt, unterhält er über seine Familie sehr enge Beziehungen zu den Oligarchen Oleg Deripaska und Roman Abramowitsch. Gromows Gattin Anna hat zusammen mit dem Milliardär Deripaska das Elisabethanisch-Sergijewsker Bildungswerk gegründet, eine Stiftung, die sich der »Wiedergeburt der Traditionen von Barmherzigkeit und Mildtätigkeit« widmet.[243]

Gromows Sohn, der ebenfalls Alexej heißt, hat über Beteiligungen an Firmen der beiden Oligarchen bereits Millionen verdient. Er war gerade 24 Jahre alt, als er 2017 einen zehnprozentigen Anteil an einer Fabrik aus dem Deripaska-Imperium erhielt, die in Krasnojarsk Aluminiumfelgen für Kraftfahrzeuge herstellt. Mit Hilfe von Abramowitsch stieg Gromow Junior kurzzeitig ins lukrative Geschäft der Moskauer Müllabfuhr ein. Schon nach einem halben Jahr verkaufte er seine Anteile an dem Unternehmen wieder und machte einen Gewinn von umgerechnet rund 10,5 Millionen Dollar. Dem Vater sind derlei Geschäfte verwehrt, er ist schließlich ein Staatsbediensteter.[244]

Konstantin Malofejew, der Monarchist

In der Ukraine ist ein Strafverfahren gegen ihn anhängig wegen des Verdachts, illegale bewaffnete Einheiten gegründet zu haben. Auf der EU-Sanktionsliste steht er wegen seiner Unterstützung der Krim-Okkupation und des verdeckten Krieges in der Ostukraine. Außerdem ist er ein russischer Medienunternehmer, Vizevorsitzender des Weltkonzils des Russischen Volkes, orthodoxer Christ und Monarchist – und nicht zuletzt Milliardär: Konstantin Malofejew ist ein Mann, der dem Kreml in vielerlei Hinsicht nützlich ist, ohne allzu viel Lärm dabei zu machen.

Malofejew, Jahrgang 1974, wurde in Puschtschino im Moskauer Gebiet geboren. Er absolvierte die Lomonossow-Universität in Moskau, Fakultät Staatsrecht. Anschließend war er als Jurist in verschiedenen Investmentgesellschaften und privaten Banken tätig. Woher das Geld stammte, mit dem er 2005 die Investmentgruppe Marshall Capital Partners gründete, ist unklar. Heute schreiben ihm russische Medien den Besitz von rund zwei Milliarden Dollar zu. Malofejew ist Vorsitzender des Aufsichtsrates des Unternehmens Zargrad und Chef des gleichnamigen orthodoxen TV-Kanals.

Der bekennende Monarchist gehörte 2014 zu den verdeckt agierenden Drahtziehern vor und während der Okkupation der Krim und der Bildung der Pseudorepubliken in der Ostukraine. Er war, wie sich später durch gehackte E-Mails erwies, der Mann, der hinter der Inthronisierung des damaligen »Verteidigungsministers« der »Donezker Republik«, Igor Girkin alias Strelkow, und des Chefs der DNR, Alexander Sachartschenko, und anderer Personalien stand. Eigenen Angaben zufolge hat Malofejew auch seinen finanziellen Beitrag zu Moskaus aggressiven Vorstößen in der Ukraine geleistet, die aus russischer Sicht offiziell so nie stattgefunden haben.

Im gleichen Jahr fiel der vielseitige Malofejew erstmals in der westlichen Öffentlichkeit auf. Er hatte im Palais Liechtenstein in Wien ein geheimes Treffen organisiert, bei dem er rechte Politiker und Aktivisten aus Europa und Russland zusammenführte, um sie zu vernetzen. Dabei waren auch Vertreter der französischen Front National und der FPÖ. Gerade zur österreichischen

Rechtspartei unterhält Malofejew eigenen Aussagen zufolge »die allerbesten Beziehungen«. Er unterstützt das Programm der FPÖ, »weil sie das richtige Programm gegenüber den Migranten hat und eine EU-skeptische Ausrichtung. Das ist wirklicher Patriotismus und entspricht den Interessen der Österreicher«, glaubt der Russe zu wissen. Finanzielle Unterstützung erhielten Österreichs Rechte allerdings nicht von ihm, behauptet er.[245]

Neben der FPÖ fühle er sich im Besonderen auch der Alternative für Deutschland nahe. Das verbindende Element sei, wie bei der FPÖ, »das Christentum«. In seinem Interview mit dem österreichischen Nachrichtenmagazin *Profil* ließ er keinen Zweifel daran, dass er durchaus die Meinung des inzwischen verstorbenen FPÖ-Politikers John Gudenus teile, der die EU als »Homosexuellenlobby« verunglimpft hatte. »Ich verstehe nicht, was daran ein Skandal sein soll. Wer findet, dass Sodomie gut ist, sollte dazu stehen und sagen: Ja, wir sind die EU, und wir sind Sodomiten, die irgendwelche Perversen zum Songcontest schicken!«[246]

Während Malofejews damalige Aktivitäten in der Ukraine und in Westeuropa unter der Flagge des Privatmanns abliefen, hat er inzwischen eine deutlich gehobenere, offizielle Plattform für sein Werk gefunden. Der Patriarch der russisch-orthodoxen Kirche Kirill berief ihn zum Vizepräsidenten des Weltkonzils des Russischen Volkes (Wsjemirnyj Russkij Narodnyj Sobor – WRNS), dem Kirill selbst vorsteht.

Die religiöse Organisation wurde 1993 gegründet, um nach dem Zerfall der Sowjetunion neue Möglichkeiten für die Orthodoxie zu erschließen. Es gehe darum, alle Russen wieder zu vereinigen, die durch die Ereignisse von 1991, wie es auf der Website des WRNS heißt, »zu einem geteilten Volk« geworden seien. Sie gelte es wieder zu einen, und zwar unabhängig von ihrem Aufenthaltsland und ihren politischen Ansichten. Dieser Aufgabe habe sich die russisch-orthodoxe Kirche angenommen.[247]

Die Ähnlichkeit mit Putins Konzept der »russischen Welt«, die überall auf der Welt zu finden sei, wo Russisch gesprochen wird, ist unübersehbar. Wobei im Idealfall die orthodoxe und die russischsprachige Welt eine gemeinsame Schnittmenge haben, die sich den 100 Prozent nähert.

Ihren eigenen Worten zufolge befindet sich das WRNS in einem Prozess der Umgestaltung in ein »mächtiges zivilgesellschaftliches Forum«, das einen Führungsanspruch in der russischen Zivilgesellschaft beansprucht. Das Weltkonzil und sein Zentrum für Menschenrechte sehen sich als Gegenentwurf zu den liberalen russischen Menschenrechtsorganisationen, die sich, wie die Orthodoxie behauptet, nicht um die Bedürfnisse der einfachen Russen kümmere. Deshalb sei es an der Kirche, die Anzahl der Leute zu erhöhen, die sich im Namen des WRNS dem Thema der Menschenrechte widmen. Das WRNS, so heißt es in der Selbstbeschreibung, sei aufgerufen, »an der Spitze der Koalition aller ethisch verantwortlichen und patriotisch orientierten Kräfte der Zivilgesellschaft zu stehen«.[248]

Damit keine Zweifel darüber aufkommen, wie das Weltkonzil des Russischen Volkes sich die ideelle Ausgestaltung dieser Aufgabe vorstellt, hat Konstantin Malofejew bereits wenige Tage nach seiner Ernennung für klare Fronten gesorgt. »Es gibt kein kommunistisches Russland, es gibt kein liberales Russland! Es gibt nur ein Großes Russland, das wir alle zusammen vertreten.« Das »echte« Russland lebe und werde sich »unbedingt aufraffen und wiedergeboren werden«, verkündete Malofejew auf einer Veranstaltung in St. Petersburg zum 101. Jahrestag der Ermordung der Zarenfamilie.[249]

In diesem großen Russland würde auch die Ukraine ihren Platz finden. Dagegen seien diejenigen Ukrainer, die auf der Unabhängigkeit ihres Landes bestehen, die tatsächlichen Separatisten. Er glaubt daran, dass es nur eine Frage der Zeit sei, bis die Ukraine und Russland wieder vereinigt sein werden. Bis es so weit ist, fließen seine Gelder in die abtrünnigen ukrainischen

Gebiete Donezk und Luhansk, leistet sein privater TV-Sender *Zargrad* seinen Beitrag zum Propagandakrieg gegen die Führung in Kiew. In der eigens für ihn geschaffenen Sendereihe *Ideokratija – die Macht der Idee* tritt er als weiser, maßvoller russisch-orthodoxer Patriot und Monarchist auf, der mit seinem Vollbart nicht zufällig an den Zaren Nikolai II. erinnert. Wie sein Präsident ist Malofejew der Meinung, dass Russen und Ukrainer einer einzigen Nation angehören, vergisst aber nicht, daran zu erinnern: Die Russen seien »eine imperiale Nation, die Nation der Mehrheit«. Eines Tages, »wenn das alles vorbei ist, werden wir in einem glücklichen großen Land leben«, verspricht der Milliardär.[250]

Den Weg dorthin will Malofejew mit seiner neu gegründeten monarchistischen Partei ebnen, die in Zeiten der Krise gebraucht werde im Lande, wie er meint. Tatsächlich neigen 28 Prozent der Russen dem Monarchismus zu, besagen Umfragen. Kreml-Sprecher Dmitrij Peskow, nach der Parteigründung Malofejews befragt, sprach von einer privaten Initiative, die nicht mit dem Kreml abgestimmt worden sei. Gefallen wird Malofejews Vorhaben höheren Orts trotzdem. Denn wie Peskow zuvor in einem Interview sagte: Die russische Elite träume von einem Zustand, wie er in Russland unter Nikolai II. am Ende des 19. Jahrhunderts geherrscht habe. Malofejew sieht den Kreml-Chef offenbar in der Rolle eines Monarchen, denn er glaubt, dass »Putin uns von Gott gesandt« sei.[251]

Jewgenij Prigoschin, »Putins Koch«

Ist es die Dreistigkeit eines ehemaligen Räubers und Betrügers oder die eines Mannes, der dem russischen Präsidenten nahesteht und deshalb glaubt, unverwundbar zu sein? Jedenfalls hat Jewgenij Prigoschin, auch als »Putins Koch« und Inhaber der St. Petersburger »Trollfabrik« bekannt, seine Anwälte in den USA angewiesen, gegen Sonderstaatsanwalt Robert Mueller vorzugehen und ihn zu veranlassen, seine Anschuldigungen gegen Prigoschins Firma »Konkord Management and Consulting« fallen zu lassen.[252]

Prigoschin und sein Unternehmen sowie zwölf weitere Personen und zwei andere Firmen, alle ebenfalls aus Russland, waren im Februar 2018 wegen des Versuchs angeklagt worden, die Präsidentenwahl 2016 zugunsten Donald Trumps zu beeinflussen. Aus der Klageschrift einer Grand Jury geht indes hervor, dass die Angeklagten mit ihren Aktionen schon 2014 begonnen hatten. Ziel sei es gewesen, im politischen System der USA »Zwietracht zu säen«. Ab Mitte 2016 hätten die Angeklagten im US-Präsidentschaftswahlkampf den späteren republikanischen Wahlsieger Donald Trump unterstützt und dessen demokratische Rivalin Hillary Clinton diskreditiert.[253]

In der Klageschrift, die auf den Erkenntnissen von US-Sonderermittler Robert Mueller basiert, werden die Angeklagten der Verschwörung, des Bankbetrugs, des Betruges im Internet und des Identitätsdiebstahls beschuldigt. »Einige der Beschuldigten seien für ihre Aktionen sogar in die USA gereist, um Informationen zu sammeln. Sie hätten dabei US-basierte Computerinfrastruktur genutzt, um ihre russischen Wurzeln zu verschleiern. Sie hätten ausgeklügelte Evakuierungspläne für den Fall gehabt, dass sie bei ihrer Enttarnung das Land verlassen müssen.« Akribisch haben Mueller und seine Ermittler Einzelheiten über den ausgeklügelten Cyber-Angriff zusammengetragen. Die Angeklagten hätten Hunderte Accounts erfunden, um mit gefälschter Identität als vermeintliche Anführer öffentlicher Meinung aufzutreten. »Viele Accounts hatten 2016 Hunderttausende Follower«, heißt es in der Klageschrift.[254]

Die schier ungebremsten Aktivitäten der russischen Trolle[255] brachten Facebook und Twitter in eine unangenehme Lage. Sie hatten es den Tätern allzu leicht gemacht, ihre sozialen Netzwerke zu missbrauchen, unter anderem auch für die Verbreitung politischer Anzeigen. In einer Stellungnahme an den US-Kongress teilte Facebook mit, zwischen Juni 2015 und August 2017 seien rund 80 000 Posts von der Trollfabrik in St. Petersburg platziert worden. Der Facebook-Analyse zufolge wurden diese Posts in der 236 Millionen starken nordamerikanischen Facebook-Gemeinde vielfach untereinander geteilt, sodass der Betreiber des sozialen Netzwerks davon ausging, dass die Trolle von St. Petersburg wenigstens 126 Millionen US-Amerikaner hatten erreichen können. Der Kurznachrichtendienst Twitter entdeckte 2752 dubiose Profile aus Russland, obwohl man zunächst von etwa 200 ausgegangen war. Diese Nutzerkonten konnten ebenfalls bis nach St. Petersburg zurückverfolgt werden, sie wurden gesperrt.[256]

Insgesamt lancierte die St. Petersburger Trollfabrik mindestens 20 gefälschte Facebook-Seiten, die zusammen 39 Millionen Likes, 31 Millionen Shares, 5,4 Millionen Reaktionen sowie 3,4 Millionen Kommentare erhielten, berichteten amerikanische Forscher in einer Studie für den US-Kongress.[257]

Bereits im September 2013 war ruchbar geworden, dass in der St. Petersburger Sawuschkin-Straße eine Internet Research Agency (Agentur für Internetforschungen) existierte, hinter der sich eine sogenannte Trollfabrik verbarg. In dem Bürogebäude in der Sawuschkin-Straße saßen zeitweise 400 bis 500 meist junge Leute, die auf Anweisung und gegen ein gutes Honorar täglich Hunderte von Kommentaren auf Webseiten platzierten und dabei meist gefälschte Profile benutzten. Sie mischten sich in Foren und Chatrooms ein, erzählten erfundene Geschichten, verbreiteten schlichtweg Lügen, berichteten die finnische Journalistin Jessikka Aro und die russische Journalistin Ljudmila Sawtschuk, die zwei Monate lang verdeckt in der Trollfabrik recherchierte. Eine Hacker-Gruppe konnte nachweisen, dass die Finanzierung der Trollfabrik über Unternehmen lief, die zum Imperium Prigoschins gehörten.[258]

Jewgenij Prigoschin, 1961 in Leningrad geboren, hat eine bemerkenswerte, für russische Verhältnisse jedoch nicht ungewöhnliche Karriere hingelegt. Als 20-Jähriger wurde er wegen Raub, Betrugs und Verführung Minderjähriger zur Prostitution zu zwölf Jahren Lagerhaft verurteilt. Neun Jahre davon saß er ab. Anschließend begann sein rasanter Aufstieg, der ihn zu einem »König« des Restaurantwesens in St. Petersburg, das hoch kriminelle Glücksspiel eingeschlossen, und zum Catering-Chef des Kremls machte. Auf seinem Nobel-Restaurantschiff New Island speiste nicht nur die Petersburger Politik- und Finanzelite. Hier empfing Präsident Putin seinen französischen Amtskollegen Jacques Chirac und den US-Präsidenten George W. Bush. 2003 feierte der Kreml-Chef am 7. Oktober seinen Geburtstag an Bord.

Neben dem mehr oder weniger öffentlichen Restaurant-Business, zu dem seit 2008 auch ein weit verzweigtes Schulspeisungsnetz gehört, verfolgte Prigoschin vielfältige Aktivitäten am Rande oder auch jenseits der Legalität. Deren Resultate fielen in der Regel mit den Interessen des Kremls zusammen. Das trifft zunächst auf die Cyber-Attacken der Prigoschin-Trolle zu. Die strafrechtliche Verfolgung in den USA macht keine Sorge. Es ist zwar höchst unwahrscheinlich, dass Prigoschins Anwälte mit ihrem Versuch, die Anklage niederschlagen zu lassen, durchkommen werden. Aber im Fall einer Verurteilung in Abwesenheit braucht Prigoschin eine Auslieferung in die USA nicht zu befürchten. Stattdessen kann er sich in seiner russischen Heimat als Opfer amerikanischer »Russophobie« darstellen. Seine umfangreichen Deals mit dem Kreml und mit dem russischen Verteidigungsministerium, von denen Putin angeblich nichts weiß, werden davon eher befördert.

Wahlfälscher in Madagaskar

Inzwischen hat der umtriebige Geschäftsmann seine Interessenfelder deutlich ausgeweitet. So ist Russlands raumgreifende Expansion in Syrien und in afrikanischen Ländern auch mit dem Namen Prigoschins verbunden. Das Vorgehen in Madagaskar kann als exemplarisch gelten.«Sie kamen mit Koffern voller Geld, sie entschieden, was getan werden musste«, berichteten Mitarbeiter des Wahlkampfstabes eines Präsidentschaftskandidaten in Madagaskar der *BBC*. Sie, das waren russische »Polittechnologen«, die in den Diensten von Jewgenij Prigoschin standen. Ein jugendlicher Demonstrant erzählte dem russischen Dienst der *BBC:* »Sie sagten mir, da sei eine interessante Demonstration. Wenn ich hinginge, würden sie mich bezahlen.« Im Hintergrund des *BBC*-Videos sieht man Demonstranten, Schilder in der Hand, die schweigend zur französischen Botschaft in Antananarivo zogen. Ein einzelner Demonstrant sprang ins Bild und versuchte, Stimmung zu machen: »Fort mit den Imperialisten«, schrie er in die Kamera.[259]

Der vermeintliche Demonstrant, der den Imperialismus verjagen wollte, erwies sich als Kemi Seba, der gar nicht aus Madagaskar stammte, sich selbst als »Pan-Afrikaner« bezeichnete und tags zuvor auf der Konferenz »Insel der Hoffnung« einen lautstarken Auftritt gehabt hatte. Dort spulte er ein ganzes »antiimperialistisches« Programm ab. »Frankreich, weg von unserem Territorium, du hast kein Recht, hier zu sein. Die Afrikaner vertrauen Russland mehr als den Amerikanern und Franzosen!«, schrie er von der Tribüne. »Wir brauchen keine Erlaubnis des Westens, um uns unser Land zurückzuholen, das nach dem Gesetz uns gehört. Freiheit für Afrika oder Tod! Wir werden siegen!« Wie die russische Recherchevereinigung *Projekt* herausfand, war die Konferenz von russischen »Polittechnologen« organisiert worden, die Jewgenij Prigoschin entsandt hatte.[260]

Insgesamt stehen 39 Länder auf einer Liste von Staaten, in denen Prigoschin, und damit auch der Kreml, besondere Interessen verfolgt. Dabei kann es neben der politischen Einflussnahme auch schon mal um Erdöl in Syrien oder seltene Erden und Diamanten in Afrika gehen. Wie aus Unterlagen hervorgeht, die *Projekt* einsehen konnte, sind in mindestens 20 Ländern Afrikas ständig Gruppen russischer »Polittechnologen« unterwegs. Der Schwerpunkt ihrer Aktivitäten liegt vorwiegend in den ehemaligen französischen Kolonien, berichtete *Projekt*. Der TV-Sender *Doschdj,* der inzwischen nur noch über das Internet zu empfangen ist, berichtete von mindestens 200 Russen, die ständig im Auftrag von Prigoschin durch Afrika reisen. Bevorzugte Reiseziele seien die Zentralafrikanische Republik, die Republik Kongo, der Sudan, Libyen, Madagaskar, Angola, Guinea, Guinea-Bissau, Mosambik und Simbabwe.[261]

Um die afrikanischen Unternehmungen besser koordinieren zu können, hat Prigoschin in St. Petersburg, wo auch seine Trollfabrik beheimatet ist, ein operatives Zentrum, das sogenannte Back-Office, eingerichtet. Wie *Projekt* berichtete, sind in dem Analysezentrum ständig zehn bis 15 Mitarbeiter beschäftigt. Mehrere Dutzend arbeiteten außerhalb oder von zu Hause. Ihre Zahl wechselt in Abhängigkeit von den Projekten, die gerade aktuell sind.[262]

Putin, der Präsident, der in seinem Land nichts dem Zufall überlässt, hat in mehreren Interviews mit westlichen Medien – russische befragen ihn in dieser delikaten Angelegenheit nicht – standhaft nähere Kenntnisse geleugnet. Ja, er kenne den Mann, der im Restaurantgewerbe unterwegs sei. Er mag auch andere Interessen verfolgen, aber das kümmere ihn, Putin, nicht, weil der Privatmann Prigoschin kein Staatsbediensteter sei.

Utkin und die Gruppe Wagner

Putin hat lange geleugnet zu wissen, was sein Chef-Caterer Jewgenij Prigoschin im Einzelnen so treibt. Lange hielt er die Öffentlichkeit nach bekanntem Muster hin, räumte dann immerhin ein, von der Existenz des privaten russischen Militärunternehmens Wagner zu wissen. Die angeblich staatsferne Organisation orientiert sich offensichtlich an vergleichbaren US-amerikanischen Unternehmen wie Blackwater.

Putin offenbarte irgendwann doch einige Detailkenntnis von dem russischen Pendant. Im Anschluss an die jährliche Fernsehsendung *Direkter Draht mit Waldimir Putin* wurde er im Juni 2019 befragt, ob man den in Syrien gefallenen Angehörigen von russischen Sicherheitsunternehmens nachträglich noch den Status »Teilnehmer an Militäreinsätzen« verleihen könne, was übrigens eine bessere materielle Absicherung von Angehörigen bedeuten würde. Er lehnte das ab, gab aber zu, dass in Syrien tatsächlich »private Sicherheitsunternehmen« – er benutzte den Plural – agierten. Sie hätten indes keinerlei Verbindungen zum russischen Staat, »sie sind keine Teilnehmer an Kampfhandlungen, leider oder zum Glück«. Seinen Kenntnissen zufolge würden die Angehörigen solcher Unternehmen »volkswirtschaftliche Aufgaben« lösen, die mit der Erdölgewinnung oder der Erschließung von Bodenschätzen verbunden seien. Der Kreml-Chef räumte ein, dass das Sicherheitspersonal sein Leben riskiere und den Kampf gegen den Terrorismus unterstütze, indem sie dem Islamischen Staat Lagerstätten »abjagen«. Aber das sei »nicht der russische Staat, nicht die russische Armee, deshalb werde ich hier nichts kommentieren«, unterstrich der Staatschef.[263]

Bereits ein paar Monate zuvor hatte er sich auf einer Pressekonferenz zur rechtlichen Grundlage geäußert, auf der das private Militärunternehmen Wagner agiert. Seine Mitarbeiter hätten sich im Rahmen des Gesetzes über private Sicherheitsdienste zu bewegen, forderte der Kreml-Chef. Solche Sicherheitsdienste zu verbieten sei »nicht sinnvoll«. Was ihre Anwesenheit »irgendwo dort, im Ausland« angehe, hätten sie, wenn sie die russischen Gesetze nicht verletzten, »das Recht, zu arbeiten und ihre Geschäftsinteressen an jedem Punkt der Welt durchzusetzen«.[264]

Das zu hören wird nicht nur den Wagner-Finanzier Prigoschin erfreut haben. Auch der Kommandeur der Truppe, Dmitrij Utkin, kann mit dieser Form von präsidialem Rückenwind ganz gut leben. Utkin, Jahrgang 1970, war bis 2013 Kommandeur der 700. Speznas-Abteilung der 2. unabhängigen Brigade für Spezialeinsätze der Hauptverwaltung Aufklärung des Generalstabs, die umgangssprachlich immer noch GRU genannt wird. Er schied – zumindest offiziell – im Rang eines Oberstleutnants aus dem aktiven Dienst aus und trat in das private russische Sicherheitsunternehmen Moran Security Group ein, das von zwei ehemaligen russischen Marineoffizieren geleitet wird, Igor Nikow und Sergej Emelin. Das Unternehmen bezeichnet sich auf seiner Website selbst als internationale Gruppe von Unternehmen, die weltweit höchste Sicherheit, Transport sowie medizinischen, Rettungs- und Beratungsservice für die Hochseeschifffahrt generell und speziell in Gegenden anbieten, die durch Piraten gefährdet sind.[265]

Liest man den weiteren Werdegang Utkins, kommt der dringende Verdacht auf, dass sein Eintritt in die Moran Security Group lediglich der Versuch war, seine späteren Aktivitäten zu verschleiern. Noch im Jahr seines Ausscheidens aus dem Staatsdienst gehörte Utkin zu den Organisatoren eines sogenannten »slawischen Korps«, das zum Schutz des Diktators Bashar al-Assad nach Syrien in Marsch gesetzt wurde. Im Sommer 2014 wurde er Kommandeur einer eigenständigen Einheit, die im Donbass in der Ostukraine agierte. Damals entstand die Bezeichnung TschWK Wagnera (Tschastnaja Wojennaja Kompanija Wagnera – Wagners privates Militärunternehmen), umgangssprachlich einfach Wagner genannt. Die Organisation übernahm »Säuberungen« im Hinterland der von Moskau bezahlten und organisierten »Separatisten«. Seit 2015 ist Utkin mit Wagner in Syrien im Kampfeinsatz. Im Dezember 2017 berichtete die *BBC* über die Beteiligung von Wagner im sudanesischen Bürgerkrieg auf Seiten des Regierungschefs Omar Bashir. Das rette den Diktator nicht, er wurde trotzdem gestürzt.[266]

Von Dmitrij Utkin existieren mindestens zwei Fotos, die im russischen sozialen Netzwerk VKontakte veröffentlicht wurden und ihn bei Veranstaltungen im Kreml zeigen. Auf dem einen sitzt er in Zivil in einem Festsaal. Ein anderes zeigt ihn in Uniform mit militärischen Orden, wie er zusammen mit Putin posiert. Putins Sprecher Dmitrij Peskow, befragt vom Internet-TV-Kanal *Doschdj,* vermutet, dass das Foto mit Utkin, dessen Stellvertreter Andrej Troschew und dem Präsidenten in einem Wandelgang des Kremls während eines feierlichen Empfangs anlässlich des Tages der »Helden des Vaterlandes« am 9. Dezember 2017 entstanden sein könnte. Ein Gespräch Putins mit Utkin habe nicht stattgefunden, behauptete Peskow.[267]

Spätestens seit Mitte 2018 rückte ein weiteres privates Militärunternehmen ins Tageslicht. Schtschit (Der Schild) wurde vermutlich in dem Jahr »unter dem Schirm« der 45. Spezial-Luftlandebrigade gegründet, die aus dem 45. Speznas-Regiment hervorgegangen und in Kubinka bei Moskau stationiert ist. Nach Meinung von Experten unterscheidet sich Schtschit grundsätzlich von der Wagner-Truppe. Während Wagner mit einer vermuteten Personalstärke von mindestens 3000, in manchen Schätzungen bis zu 6000 Mann, an direkten Kampfeinsätzen beteiligt ist, hat die neue Formation andere Aufgaben. Sie ist für Sicherung und Schutz von Objekten und Infrastruktur in Syrien zuständig, die dem russischen Konzern OAO Stroitransgaz gehören. 80 Prozent des Konzerns sind in der Hand von Gennadij Timtschenko, ein Milliardär, der seit ihrer gemeinsamen Zeit in St. Petersburg sehr enge Beziehungen zu Kreml-Chef Putin unterhält. Stroitransgaz ist seit 2007 in Syrien aktiv, fördert in der Nähe von Palmyra Phosphat, besitzt die einzige syrische Düngemittelfabrik und seit Sommer 2019 einen 500-Millionen-Dollar-Vertrag zur Rekonstruktion des Hafens von Tartus.[268]

DIE FESTUNG RUSSLAND

Ich bin absolut sicher, dass wir für eine bestimmte
Periode überhaupt keine Fremdsprachen lehren sollten,
damit die Menschen das Land nicht verlassen.
Die russische Sprache ist alles, was sie brauchen,
die russische Literatur ist alles, was sie brauchen.

*Pawel Poschigailo, Vorsitzender der Kulturkommission
der Gesellschaftskammer der Russischen Föderation*

Geschichtsfragen waren schon zu sowjetischer Zeit höchst brisant. Nie konnte sich der einfache Mitbürger sicher sein, wie bestimmte historische Ereignisse einzuordnen waren oder wer von den einstigen revolutionären Helden noch wohlgelitten war, weil das Politbüro möglicherweise gerade wieder eine Wendung um 180 Grad vollzogen hatte. Die Sowjetunion, so hieß es im Volksmund, ist das einzige Land, wo nicht nur die Zukunft, sondern auch die Vergangenheit im Dunkeln liegt.

Daran wurde ich in den vergangenen Jahren erinnert, während ich die Wendungen und Haken verfolgte, die Moskau bei der Beurteilung des Hitler-Stalin-Paktes (auch als Molotow-Ribbentrop-Pakt bekannt) mit den dazugehörenden Zusatzprotokollen absolvierte. Der Nichtangriffspakt mit den geheimen Zusatzprotokollen wurde am 23. August 1939 von Wjatscheslaw Molotow und Joachim von Ribbentrop – den Außenministern Deutschlands und der Sowjetunion – unterzeichnet. Zu sowjetischer Zeit und auch in den DDR-Geschichtsbüchern galt dieser Pakt als schlaues Stück Stalin'scher Diplomatie. Der Pakt habe der Sowjetunion noch etwas Zeit gegeben, sich auf den unvermeidlichen Krieg mit Hitler-Deutschland besser vorbereiten zu können, lautete die offizielle Lesart.

Tatsächlich jedoch eröffnete der Pakt Hitler den Weg zum Krieg gegen Polen, den er am 1. September 1939 vom Zaun brach und der im Zweiten Weltkrieg mündete. Der Diktator in Berlin wusste, dass es mit dem Pakt nicht zu einem Zwei-Fronten-Krieg kommen würde, den der Gefreite des Ersten Weltkrieges fürchtete wie der Teufel das Weihwasser. Stalin machte Hitlers Krieg im Osten erst möglich. Die Belohnung: Vereinbarungsgemäß durfte sich der Diktator in Moskau mit Hitlers Zustimmung – festgehalten in den Geheimprotokollen – ein großes Stück des europäischen Kuchens einverleiben.

Schon am 17. September 1939 fielen sowjetische Truppen in Polen ein und rückten bis Brest vor. Dort gab es am 22. September eine gemeinsame sowjetisch-nazideutsche Siegesparade, von der die meisten Menschen in der Sowjetunion und der DDR erst nach dem Ende des Kalten Krieges erfuhren. An jenem Tag stand der Kommandeur der sowjetischen Panzerbrigade, Semjon Kriwoschejn, neben dem General der deutschen Panzertruppen Heinz Guderian[269] auf dem Podium. Die Parade war Teil der Zeremonie, mit der die Hitlertruppen die Stadt an die Sowjets übergaben.

Während im Westen Großbritannien und Frankreich ab dem 1. September, Verträge mit Polen erfüllend, gegen Hitler-Deutschland kämpften, pflegte Stalin seine Verbundenheit mit Hitler. Ungehindert strömten kriegswichtige Güter wie Erdöl, Kohle und Getreide nach Deutschland. Sowjetische Truppen nahmen 1940 entsprechend den Geheimprotokollen unter anderem Bessarabien und das Baltikum ein. Anlässlich der Eroberung von Paris durch die deutschen Truppen (14. Juni 1940) schickte Stalin Hitler ein Glückwunschtelegramm, das er in der Parteizeitung *Prawda* veröffentlichen ließ.

Kurz vor dem Ende der Sowjetunion distanzierte sich der Volksdelegiertenkongress der UdSSR, das damals höchste Machtorgan, vom Nichtangriffspakt des Jahres 1939. Der Kongress verurteilte die gerade erst bekannt gewordenen Geheimprotokolle als »Akt der persönlichen Macht«, der keinesfalls »den Willen des sowjetischen Volkes« ausdrücke, das damit auch

»keine Verantwortung für diese Verschwörung trägt«, heißt es in der am 24. Dezember 1989 verabschiedeten Erklärung der obersten sowjetischen Volksvertretung. Die Protokolle wie auch die anderen sowjetisch-deutschen Vereinbarungen »verloren ihre Gültigkeit im Moment des Überfalls Deutschlands auf die UdSSR, das heißt am 22. Juni 1941«. Die Folgen dieser »Verschwörung« seien bis in die heutige Zeit zu spüren, so schrieb damals die russische Agentur *RIA Nowosti,* weil sie die Beziehungen zwischen Russland und den betroffenen Ländern vergifteten.[270]

Der frühe Putin berief sich 2005, von einer polnischen Journalistin nach diesem Thema befragt, auf den Beschluss des Volksdelegiertenkongresses, damit sei das Thema für ihn abschließend geklärt. 2009 verurteilte er den Pakt in einem Artikel für die polnische *Gazeta Wyborcza* nachdrücklich. »Heute verstehen wir, dass jede Form einer Verabredung mit dem Naziregime unter moralischen Gesichtspunkten unannehmbar war und keinerlei Perspektiven hatte«, schrieb der Kreml-Chef damals.[271]

Bei einer Gedenkveranstaltung in Gdansk (ehemals Danzig) im gleichen Jahr versuchte er, den Pakt wieder zu relativieren. Damals hätten alle Beteiligten viele Fehler begangen. Im Übrigen sei der Hitler-Stalin-Pakt nicht alleiniger Auslöser für den deutschen Überfall auf Polen gewesen. Trotzdem, so räumte er damals ein, seien sämtliche Verträge mit Nazi-Deutschland zwischen 1934 und 1939 »moralisch inakzeptabel« und »politisch sinnlos« gewesen.[272]

Diese Einsicht war, wie sich bald zeigen sollte, nicht viel wert. Nur fünf Jahre später verteidigte er den Pakt plötzlich wieder. Auf einer Pressekonferenz mit Bundeskanzlerin Angela Merkel erklärte Putin: »Als die Sowjetunion erkannte, dass sie alleingelassen worden war und Hitler-Deutschland eins zu eins gegenüberstand, unternahm sie Schritte, um eine direkte Konfrontation zu vermeiden, und der Molotow-Ribbentrop-Pakt wurde unterzeichnet.« Merkel, die neben ihm stand, sagte nur kühl: »Ich denke, es war falsch, es war illegal.«[273]

Inzwischen hat Moskau in dieser Sache eine weitere Volte geschlagen. Der Pakt gilt nun wieder als lobenswerte Tat Stalins. In einem zynischen Tweet des russischen Außenministeriums hieß es, dank des Paktes habe der Krieg an den für die UdSSR strategisch günstigeren Grenzen begonnen. Der Naziterror für die Bevölkerung dieser Gebiete habe sich um zwei Jahre verzögert. Hunderttausende Menschen seien gerettet worden.[274] Diese Erklärung wurde demonstrativ zum 80. Jahrestag der gemeinsamen Parade von Einheiten der Wehrmacht und der Roten Armee in Brest-Litowsk veröffentlicht.

Zum Jahresende gab der Kreml-Chef auf vier Großveranstaltungen den Geschichtslehrer der Nation. Unter anderem versuchte er während eines Auftritts im russischen Verteidigungsministerium und auf der Jahrespressekonferenz am 19. Dezember 2019, seine Version vom Beginn des Zweiten Weltkrieges als unumstößliche Wahrheit zu verkaufen: Die Sowjetunion habe keine Schuld am Kriegsbeginn, der Molotow-Ribbentrop-Pakt mit den geheimen Zusatzprotokollen sei eine diplomatische Meisterleistung Stalins gewesen, nützlich für den Schutz der Heimat. Polen geriet ihm nun zum Schuldigen am Kriegsbeginn. Polens Botschafter in Berlin der Jahre 1933 bis 1939, Józef Lipski, beschimpfte der russische Staatschef als »Dreckssack« und »antisemitisches Schwein«.[275]

Wenige Tage später versprach Putin bei einem Auftritt in St. Petersburg, man werde allen, die weiterhin »Lügen« verbreiteten, »das Maul stopfen«. Der 75. Jahrestag des Kriegsendes, der in Moskau am 8. Mai 2020 als Tag des Sieges begangen wird, warf unschöne Schatten. Für die Bundesregierung stellte Deutschlands Botschafter in Polen, Rolf Nikel, indes klar: »Der Ribbentrop-Molotow-Pakt diente der Vorbereitung des verbrecherischen Angriffskriegs Hitler-Deutschlands gegen Polen.« Die US-Botschafterin in Polen, Georgette Mosbacher, erteilte dem Kreml-Chef Nachhilfeunterricht in Geschichte: »Lieber Präsident Putin, Hitler und Stalin verabredeten sich, den Zweiten Weltkrieg zu beginnen. Das ist eine Tatsache. Polen war Opfer dieses entsetzlichen Konflikts.«[276]

Der Kreml und seine Propagandisten betrachten derlei Einlassungen als unerlaubte Einmischung in russische Angelegenheiten. Mehr noch: »Die Praxis, die Geschichte umzuschreiben, prinzipienlos und planmäßig alternative Versionen oder Ursachen der größten Tragödie des 20. Jahrhunderts einzupflanzen, hat kritische Ausmaße erreicht«, warnte Maria Sacharowa, die offizielle Sprecherin des russischen Außenministeriums, Ende Januar 2020 und versagte sich auch eine indirekte Anspielung auf den grassierenden Coronavirus nicht. »Wir haben es jetzt mit einem echten historischen Virus zu tun, der zu tatsächlichen letalen Folgen führen kann, vielleicht sogar im Weltmaßstab.« Sacharowa sieht bereits das gesamte Gefüge der Weltordnung zusammenbrechen, weil die internationale Öffentlichkeit sich weigert, Moskaus Betrachtung des Hitler-Stalin-Paktes zu folgen.[277]

Das hält Wjatscheslaw Nikonow, zumindest was die Europäische Union angeht, für eine Anmaßung. In einer Resolution habe das Europaparlament »uns beschuldigt«, dass die Sowjetunion die gleiche Verantwortung für den Weltkrieg trage wie das faschistische Deutschland. Das interpretiert der Vorsitzende des Duma-Ausschusses für Bildung als Angriff auf den »Großen Sieg«, womit er den unbestreitbar großen Anteil der Sowjetunion an der Zerschlagung von Hitler-Deutschland meint. Ein Angriff auf »eines der wesentlichen, wenn nicht sogar das wesentlichste Symbol unseres Nationalstolzes«. Derlei Symbole würden immer dann angegriffen, wenn die Grundlagen einer Nation, die Lebensfähigkeit eines Staates gesprengt werden sollen.[278]

Dazu erdreiste sich ausgerechnet die Europäische Union. »Aber nachdem Großbritannien diese verlassen hat, ist in der EU praktisch nicht ein Land geblieben, das nicht entweder Teilnehmer an der faschistischen Achse war, mit dem faschistischen Deutschland verbündet oder von ihm besetzt war. Die gesamte Europäische Union, das war in der Vergangenheit die Hitler-

Koalition oder jene, die sich vor ihr verbeugt haben. Dort gab es nicht ein Land, das Hitler widerstanden hat. Auch Frankreich war besiegt und seine Fabriken arbeiteten für Deutschland. Das sind die, die uns heute verurteilen.« Nikonow, der auch der von Putin eingerichteten Stiftung Russkij Mir (Russische Welt) mit rund 100 Vertretungen weltweit vorsteht, kommt zu dem Schluss: »Wir müssen uns bei niemandem entschuldigen.«[279]

Dieser Umschwung in Moskau hin zum »guten Stalin«, der in Russland schon seit geraumer Zeit vorangetrieben wird, kommt nicht von ungefähr, meint der russische Journalist Konstantin Eggert. »Der Zweite Weltkrieg mit seinen immensen Opfern auf sowjetischer Seite dient seit fünf Jahren dazu, der Putin'schen Isolationspolitik für die ›Festung Russland‹ die ultimative Propagandagrundlage zu liefern. Stalins Zynismus und Aggressionen werden als ›Pragmatismus‹ und als ›Verteidigung nationaler Interessen‹ verherrlicht.«[280]

Der Kreml und sein Feindbild: »Der Westen«

Der 9. Mai ist einer der ganz wichtigen Feiertage in Russland. Es ist der Tag des Sieges über Hitler-Deutschland. Die Veteranen, deren Zahl naturgemäß immer mehr abnimmt, treffen sich traditionell im Gorki-Park. In den Familien wird der 9. Mai vor allem als Tag der Erinnerung an die Opfer begangen. Der erste Toast gilt immer denen, die im Kampf gegen die Hitler-Wehrmacht gefallen sind. Wer als Deutscher an so einer Familiengedenkfeier teilnehmen darf, wird still und demütig.

Anders dagegen das offizielle Gedenken, das auf dem Roten Platz in Moskau zelebriert wird. Mit jedem Jahr, mit dem sich die Gegenwart vom Tag des sowjetischen Sieges über Hitler-Deutschland im Jahr 1945 entfernt, werden die staatlich verordneten Feierlichkeiten lauter und schriller. Inzwischen paradieren schon mal 13 000 Soldaten aller Teilstreitkräfte über den Platz zwischen Kreml, Lenin-Mausoleum, Basilius-Kathedrale und dem Hochglanz-Einkaufstempel GUM. Sie führen teilweise die neuesten Waffen mit sich, die die russische Armee gegenwärtig zu bieten hat, aber auch Traditionelles zu Lande und in der Luft. Erstmals waren im Mai 2018 die ferngesteuerten Minenräumfahrzeuge Uran 6 zu sehen, ebenso deren Kampfvariante Uran 9. Ihre Paradenpremiere erlebten die Drohnen Katran und Korsar sowie das Flugabwehrraketensystem Tor-M2. Das Abwehrsystem ist bereits seit 2016 im Einsatz. Fotos, die im Internet kursieren, legen nahe, dass Tor-M2 auch schon in Syrien auf der russischen Luftwaffenbasis Hmeimim angekommen zu sein scheint. Begeistert würdigten die russischen Kommentatoren das hochmoderne Panzerfahrzeug Terminator. Dieses habe die Testphase in Syrien bestanden und werde nun von den russischen Streitkräften geordert. Syrien ist, so der vermittelte Eindruck an diesem Tag, weniger ein Schlachtfeld denn ein nützliches Testgelände neuester russischer Waffensysteme.

In der Luft über dem Platz präsentierten die russischen Luftstreitkräfte den schwersten Transporthubschrauber der Welt. Es folgten die Kunstflugstaffel Berkuty (Die Bergadler), strategische Langstreckenbomber, die bereits in den 1960er Jahren entwickelt wurden, vier strategische Überschallbomber, vier leichte Jagdflugzeuge, vier Jagdbomber, Überschallabfangjäger und Multifunktionsjäger der neuesten Generation.[281]

Natürlich ist die Siegesparade auf dem Roten Platz in Moskau zuallererst eine Demonstration und ein Signal an den Westen: Wir, die russische Führung, sind bereit, die uns zustehende Führungsrolle in der Welt wieder einzunehmen. Wir haben die Fähigkeit und – siehe Syrien – auch den Willen dazu. Die vom damaligen deutschen Außenminister und heutigen Bundespräsidenten Frank-Walter Steinmeier 2016 anlässlich eines eher kleinen Militärmanövers in Polen benutzte vorwurfsvolle Wendung vom »Kriegsgeschrei und Säbelrasseln« der NATO erfährt bei den Paraden in Moskau eine deutlich nachhaltigere, völlig andere Interpretation.

Sergej Medwedjew, ein angesehener russischer Soziologe und Historiker, schaute genauer hin am 9. Mai und erkannte: Die Raketen sind »der wichtigste Teil unserer mentalen Karte« und »Träger des russischen Mythos« – von Ziolkowskij bis Gagarin. »Sie gehören zum russischen Traum, der die Unvollkommenheit des irdischen Lebens durch den übermütigen Flug, das breite Lächeln des ersten Kosmonauten Jurij Gagarin kompensiert.«[282]

Patriotische Inszenierung

Dem gläubigen Teil der russischen Bevölkerung, der sich dank einer zynischen, hochprofessionellen Propaganda vom übelwollenden Ausland – vom Westen, Osten, Norden und Süden – eingekreist fühlt, bleibt das sichere Gefühl, dass für seinen Schutz gesorgt ist. Vorausgesetzt, man hält zusammen und lässt sich nicht von ausländischen Ideen vergiften. Diese Gefahr freilich, so wird suggeriert, ist allgegenwärtig: Selbst das Erlernen von Fremdsprachen an russischen Schulen soll nach der Vorstellung der Duma-Abgeordneten Irina Jarowaja von der Kreml-Partei Jedinnaja Rossija (Einiges Russland) stark eingeschränkt werden. Das Erlernen fremder Sprachen »im gegenwärtigen Format«, so tönte sie im russischen Parlament, sei »eine Bedrohung für die nationalen Traditionen«.[283]

Bei der Bewahrung dieser Traditionen, wie Jarowaja und ihre zahlreichen national-patriotischen Gesinnungsgenossinnen und -genossen sie verstehen, setzt die russische Propagandamaschine auch am Tag des Sieges schon bei den Jüngsten an. Während die Bilder der Moskauer Großveranstaltung vom 9. Mai in alle Welt übertragen werden, bleiben die zahlreichen patriotischen Aufmärsche und Veranstaltungen in der russischen Provinz im Ausland weitgehend unbemerkt.

Kinder paradieren, vorzugsweise im Vorschulalter, kostümiert mit Uniformen aller Waffengattungen der Sowjetarmee, in Provinzstädten wie Iwanowo oder Rostow am Don. Stolpernd, den stampfenden Paradeschritt der russischen Streitkräfte nachahmend, ziehen sie unter Absingen sowjetischer Komsomol-Lieder durch die Straßen: »Wir bauen Flugzeuge, um die Mädchen kümmern wir uns später«, piepsen fünf- und sechsjährige Jungen und Mädchen begeistert. Und: »Wir warten noch ein wenig, dann treten wir in die russische Armee ein.«

Bis es so weit ist, empfiehlt das russische Bildungsministerium den Schulen, mit ihren Schülern das Auseinandernehmen und Zusammensetzen des Sturmgewehrs AK 47, bekannt als Kalaschnikow, zu üben. Das ist nicht neu, das gab es auch zu sowjetischer Zeit. Neu ist die Begründung für den Umgang mit der AK 47, die zu sowjetischer Zeit als »Beitrag zum Frieden« gelobt wurde. Heute sollen die Kinder stolz darauf sein, »dass mit dem Sturmgewehr Kalaschnikow mehr Menschen getötet wurden als durch Artilleriefeuer, Luftbombardierungen und Raketenbeschuss. Jedes Jahr sterben durch die AK-Geschosse eine Viertelmillion Menschen. Bisher hat kein Konstrukteur Vergleichbares geschafft ...«[284]

Bei YouTube machte eine Duma-Abgeordnete der Kreml-Partei Furore. Sie sang mit einem Kinderchor: »Wenn der oberste Kommandeur zum letzten Kampf ruft, Onkel Wowa, sind wir mit dir.« Wowa ist die Koseform von Wladimir. Die jungen Sänger beschwören die Grenzen der einstigen Sowjetunion als die Grenzen Russlands, erteilen den »Samurai« mit ihrem Anspruch auf die Kurilen eine Abfuhr und träumen davon, Alaska wieder heimzuholen nach Russland. Fast 1,5 Millionen Aufrufe bei YouTube zeugen davon, dass die aus Wolgograd stammende Abgeordnete mit ihrem Chor einen patriotischen Nerv getroffen hat.[285]

Auf dieser Welle schwimmt auch die Rockband »Ljube«, gern gehört von russischen Soldaten und ihrem Oberkommandierenden. Sie singt: »Stell dich nicht an, Amerika! Gib unser Land Alaska zurück!«[286]

Das *Sabaikalskoje TV* hatte anlässlich des Feiertags ein besonderes Highlight zu bieten. Es berichtete aus der Region Tschita – einst berüchtigt wegen der hohen Gulag-Dichte – von einer szenischen Darstellung des unmenschlichen Lebens in einem deutschen Konzentrationslager. Unter freiem Himmel reihte sich eine Grausamkeit an die andere: Es wurde geprügelt, der kleinste Widerstand mit Erschießen bestraft. Erst das Erscheinen der Sowjetsoldaten setzte dem grausigen Spiel ein Ende. Eine Einordnung der nachgestellten wilden Szenen in die Realitäten der Gegenwart fand nicht statt. Bei den Zuschauern blieb allein die Erkenntnis: Das droht uns, wenn wir nicht wachsam und wehrhaft sind. Denn die uns umgebende Welt will uns zerstören.[287]

Russland hat nur zwei Freunde: Die Armee und die Flotte

Warum das eine geradezu naturgegebene Tatsache ist, erklärte Russlands Präsident Wladimir Putin – ebenfalls im Kreise von Vertretern der jungen Generation – im Frühjahr 2018 noch einmal besonders eindringlich. Russland sei groß, »alle haben Angst vor unserer Größe«, vor dem Konkurrenten Russland. Und dieser Konkurrent werde eben bekämpft, und zwar »ständig« und mit dem Ziel seiner Vernichtung. Unter diesen bereits seit Iwan Grosny im 16. Jahrhundert obwaltenden Umständen könne sich Russland auf niemanden verlassen. Es habe letztlich nur zwei Freunde: die Armee und die Flotte, so Putin, einen Ausspruch von Zar Alexander III. aus dem 19. Jahrhundert zitierend.[288]

Diese beiden Freunde werden dringend gebraucht, da insbesondere aus der Ukraine Ungemach drohe. Gestützt auf eine Umfrage unter 1900 Internetnutzern, die nach nicht genannten Kriterien ausgewählt wurden, verbreitete die populäre Wochenzeitung *Argumenty Nedeli* im Mai 2018 eine Horrorstory: Die Ukraine werde demnächst zusammen mit der NATO über

Russland herfallen. Das jedenfalls glaubten zu dem Zeitpunkt 54 Prozent der Befragten.[289]

Das Blatt hält mit dieser Botschaft ein Thema im öffentlichen Bewusstsein, das von russischen Politikern seit geraumer Zeit in Nachrichtensendungen und Talkshows des russischen Staatsfernsehens gebetsmühlenartig wiederholt wird: Man will uns angreifen, die deutsche Bundeskanzlerin Merkel will in der Ukraine das erreichen, was Hitler mit seiner »Volk-ohne-Raum-Theorie« habe erreichen wollen. Die durch nichts belegte Behauptung, dass die Ukraine und das nordatlantische Bündnis angriffsbereit an der russischen Grenze stünden, gehört zum in Russland landläufigen Bild des Feindes, der im Westen steht.

Dmitrij Kisseljow pflegt dieses Bild in seiner Sonntags-Propaganda-Show *Westi Nedeli* (Nachrichten der Woche), die sehr hohe Einschaltquoten hat, gern und oft. Auch er liebt die Lüge über die deutsche Kanzlerin, die angeblich »Lebensraum im Osten« suche. Millionen russischer TV-Zuschauer nicken verständnisinnig, auch wenn sie derlei so zugespitzt auf offizieller politischer Ebene nicht hören werden. Diese Aufgabe fällt vielmehr Kisseljow und anderen Propagandisten zu, die die vom Kreml gewünschte Wagenburgmentalität immer wieder mit neuer Nahrung versorgen. Zuletzt, im Frühjahr 2019, bekamen die Propagandaarbeiter weitere Unterstützung: Der TV-Kanal *Pobjeda* (Der Sieg) ging auf Sendung. Er zeigt ausschließlich Filme über die heroischen Siege im Großen Vaterländischen Krieg, und zwar jeden Tag. Das Ergebnis: Putin, der sich in der Rolle Stalins sieht, »schuf in Russland eine Nation des Krieges, die die Luke verriegelt hat und die Welt durch den Sehschlitz eines Panzers betrachtet«.[290]

Kritik an Russland ist »russophob«

Mit diesem eingeschränkten Gesichtsfeld ausgestattet, gerät jede ausländische Kritik an der russischen Realität zu einem Angriff auf Staat und Vaterland. Diese Kritik ist aus russischer Sicht nicht mehr rational erklärbar, sie kann nur das Ergebnis der »Russophobie« sein. Im Selbstverständnis der russischen Eliten ist die Welt – vielleicht mit Ausnahme von Nordkorea, Syrien, Venezuela und Nicaragua – von Russophobie befallen. Dieser Begriff hat in den vergangenen Jahren verstärkt Einzug gehalten in die russische Politik, er ersetzt die Auseinandersetzung mit konkreten Divergenzen.

Kritische Bemerkungen aus dem Ausland, die Moskau nicht passen, wurden und werden zunehmend unter diesem Stichwort abgelegt. Russisches Doping bei den Olympischen Winterspielen 2014 in Sotschi? Die, die das behaupten, leiden an Russophobie. Krim-Annexion und Krieg in der Ostukraine? Der Abschuss des malaysischen Verkehrsflugzeuges über der Ostukraine mit einem russischen Buk-Raketensystem? Die Vergiftung des einstigen KGB-Agenten Sergej Skripal in England? Alle Vorwürfe an die Adresse Moskaus werden leichter Hand als russophob abgetan. Begleitet von einem Wust an »Informationen« und »Argumenten« – im Fall von Skripal sind es über 20 verschiedene Tatversionen –, mit denen die Unschuld Moskaus belegt werden soll.

Golineh Atai, die ehemalige *ARD*-Korrespondentin in Moskau, erkennt eine typisch russische Methode, Themen im eigenen Sinne zu drehen und Wahrheiten umzudeuten: »›Russland dementiert‹ ist ein fester Begriff geworden. Dem Dementi folgen Dutzende, oft einander widersprechende ›Wahrheiten‹, Legenden, Spins und Framings, die im Staatsfernsehen präsentiert und parallel, schnell und effektiv in die sozialen Netzwerke eingespeist werden.«[291]

Große Teile der russischen Bevölkerung goutieren das inzwischen. Der Glaube an die zerstörerischen Absichten einer aggressiven Russophobie reift zu einer neuen Staatsideologie. Oleg Nemenskij, ein leitender Mitarbeiter des Instituts für strategische Studien, kam zu der Erkenntnis, dass Russophobie eine Ideologie sei, die in vielem dem Antisemitismus ähnele, aber ausschließlich Bezug auf Russland nehme. In ihrem Kern sei Russophobie »eine eindeutig westliche Ideologie. In anderen Zivilisationen tragen negative Beziehungen zu Russland entweder einen nicht ideologischen Charakter, oder sie sind das Produkt des direkten Informationseinflusses des Westens«, postulierte Nemenskij.

Herausgebildet habe sich diese Ideologie bereits im 16. und 17. Jahrhundert, wobei Polen eine besondere Rolle gespielt habe. Als westlicher Nachbar, der zahlreiche Kriege mit Russland geführt habe, seien gerade die polnischen Feindvorstellungen nach Westeuropa gelangt, wo sie das Bild Russlands geformt hätten. Das sei auf fruchtbaren Boden gefallen, denn Nemenskij zufolge war Russland der westlichen Russophobie aus »objektiv-historischen Gründen« ausgeliefert, die viel weiter zurückreichen: Mit der Übernahme des Christentums von Byzanz habe Russland nicht nur seine Religion von Ostrom geerbt, sondern auch die Feindschaft Westroms (des Katholizismus) gegenüber »dem Osten«, also Russland.

Inzwischen strebten die USA als Anführer der westlichen Welt auch danach, »Führer in der Feindschaft uns gegenüber zu sein. Das ist völlig normal für die westliche Zivilisation, so wird sie immer sein.« Sie würden immer Wege zur »Zerstörung« Russlands suchen.[292]

Derlei Gedankengänge, geboren in einem russischen Think-Tank, könnte man als Geraune in russischen pseudowissenschaftlichen Einrichtungen abtun, wären sie nicht bereits von höchster Instanz sanktioniert worden. Präsident Putin überraschte die Teilnehmer am St. Petersburger Wirtschaftsforum mit der Mitteilung, dass die wichtigste Veränderung des Jahres 2017 in der von Amerika verbreiteten Russophobie bestehe. Diese werde als »mentale Waffe« gegen Russland eingesetzt. »Früher waren an allem die Juden schuld [...] Jetzt sind die Russen an allem schuld.«[293]

Moskau versucht, indem es den Antisemitismus durch Russophobie ersetzt, in eine Opferrolle zu schlüpfen. Diese neue Ideologie greift zumindest in den russischen Provinzen, wo der ausländische Gast schon mal gefragt wird: »Warum wollt ihr uns überfallen?« Verwunderlich ist das nicht, kennt man das russische Staatsfernsehen, das in den Weiten des Landes mit seinen elf Zeitzonen das einzige überregionale und überall zugängliche Informationsmittel ist. Europa – gern auch »Gayropa« genannt – steht dort für den Verfall aller Werte der Zivilisation. Nur noch Russland ist als letzte Bastion verblieben, die die Zivilisation vor dem Chaos bewahren kann. Leute wie der faschistoide Philosoph Alexander Dugin sehen das orthodoxe Russland schon wieder auf einer historischen Mission zur Befreiung der Welt vom Bösen: »Die Rettung Europas liegt in der Orthodoxie.«[294]

Dieses Konstrukt findet innerhalb der russischen Eliten, auch der militärischen, sehr großen Anklang, scheint es doch hilfreich dabei zu sein, ein schweres, seit langem schwärendes Trauma zu überwinden. Dessen Kern ist der tiefsitzende Groll über den – angeblich von der Hand des Westens verursachten – Zerfall der Sowjetunion. Den bedauert auch Putin inzwischen nicht nur, sondern er würde ihn rückgängig machen, wenn er denn könnte, wie er auf einem Medienforum in Kaliningrad ausdrücklich bekannte.[295]

Die Auflösung des Sowjetimperiums, so hatte er sich vorher ausgerechnet in der *Bild*-Zeitung beklagt, hätten die NATO und die USA ausgenutzt, »sie wollten den vollen Sieg über die Sowjetunion. Sie wollten allein auf dem Thron in Europa sitzen – aber da sitzen sie nun, und wir reden über die ganzen Krisen, die wir sonst nicht hätten.«[296]

Mit anderen Worten: Lasst uns mit auf den Thron in Europa, gebt uns unsere Einflusssphären zurück, und die Probleme verschwinden. Das ist die ureigene Agenda der Moskauer Führung, auf die der Westen nur in dem Maße Einfluss nehmen kann, in dem er auf diese Wünsche eingeht. Was er tunlichst vermeiden sollte. Im Interesse der Europäer, im Interesse aber auch der Russen, die sich zu Hause für ein menschenwürdiges, demokratisch verfasstes Leben einsetzen, frei von autoritärer Machtausübung.

Re-Stalinisierung – ein Zeichen nach innen und nach außen

In die Büroräume der traditionsreichen Menschenrechtsorganisation Memorial, gelegen in der Straße Karetnyj Rjad, gelangt man über einen Seitenflügel. Eine freundliche junge Frau am Empfang weist den Weg zum Büro von Irina Scherbakowa[297], einer der Mitbegründerinnen der Organisation, die sich der Aufarbeitung der stalinistischen Vergangenheit der Sowjetunion verschrieben hat. Fast 30 Jahre nach deren Ende ist dem heutigen politischen Establishment in Russland die Erinnerung daran wieder ein Störfaktor ersten Ranges. Man betraue zwar die Opfer der Stalin'schen Repressionen, selbst Präsident Putin lege schon mal einen Kranz am Solowki-Stein in Moskau nieder, sagt die Historikerin und Germanistin Scherbakowa. Die Täter aber, die beispielsweise konkrete Dissidenten verfolgt haben, hätten nie auch nur den geringsten Schaden davongetragen. Im Gegenteil, viele hätten auch nach dem Ende der Sowjetherrschaft Karriere gemacht. »Der Mann, der Arsenij Roginskij[298] ins Gefängnis gebracht hat, der viele andere Dissidenten verfolgt hat, Filip Bobkow, machte eine sehr schöne Karriere im neuen Russland.« Bobkow, erster Stellvertreter des Vorsitzenden des KGB (1985 – 1991), verstarb im Frühsommer 2019. Seine einstigen Genossen lobten seine Tätigkeit in höchsten Tönen. »In der ehemaligen DDR gab es Lustrationen, bei uns nicht. Man wollte Ruhe im Lande«, bedauerte Irina Scherbakowa.

Seit einiger Zeit muss Memorial sich, wie rund ein Dutzend anderer NGOs, offiziell als »ausländischer Agent« bezeichnen. Denn die Organisation arbeitet bei Einzelprojekten grenzübergreifend mit Partnerorganisationen zusammen. Die finanzieren einen Teil der Projekte, womit nach neuerer Gesetzgebung der Russischen Föderation der Tatbestand der ausländischen Beeinflussung gegeben ist. Die abschreckende Signalwirkung innerhalb Russlands ist kolossal, denn welcher Heimatforscher, welcher Historiker hat schon die Zivilcourage, sich im Dunstkreis eines »ausländischen Agenten« zu bewegen?

Auch das ist eine Folge eines auf dem Vormarsch befindlichen Neo-Stalinismus. »Nach den jüngsten Umfragen über Stalin waren wir entsetzt«, bekannte Scherbakowa. Sie bezog sich damit auf eine kurz zuvor veröffentlichte Umfrage des Lewada-Zentrums: Die positive Bewertung Stalins in der russischen Gesellschaft erreichte im März 2019 den höchsten Wert, seit das Institut 1998 begonnen hatte, diese Frage regelmäßig zu untersuchen. Jeder zweite Teilnehmer einer entsprechenden Umfrage empfand »Bewunderung«, »Achtung« oder »Sympathie« für den Diktator, dem Millionen Einwohner der Sowjetunion, darunter viele Russen, zum Opfer gefallen waren. Das wird heute weitgehend verdrängt. Stattdessen würdigen seine Befürworter, dass Stalin ein landwirtschaftlich geprägtes Land in eine Industriemacht verwandelt, den Krieg gewonnen und den nuklearen Schild geschaffen hat, der Russland auch heute noch schützt.

Der Diktator genießt nach 20 Jahren Putin-Herrschaft ein höheres Ansehen als Breschnew, Gorbatschow und Jelzin, selbst Kreml-Chef Putin hat er überflügelt. Gleichzeitig wuchs die Zahl derer sprunghaft, die die massenhaften Opfer angesichts der »Erfolge« Stalins für gerechtfertigt halten. 2008 waren 27 Prozent der Befragten dieser Meinung. Zehn Jahre später, 2018, waren es schon 36 Prozent. Innerhalb eines weiteren Jahres schnellte diese Zahl auf 47 Prozent nach oben. Praktisch die Hälfte aller Einwohner der Russischen Föderation ist heute der Ansicht, dass die Größe Russlands jedes Opfer rechtfertige.[299]

Das habe verschiedene Gründe, analysiert die Historikerin Scherbakowa. In erster Linie konnte das passieren, weil es in Russland – von den Bemühungen von Memorial abgesehen – nie eine Aufarbeitung dieses Teils der Geschichte gegeben habe, vor allem keine juristische. »Wo steht es denn eigentlich geschrieben, dass Stalin ein Verbrecher war, dass das System verbrecherisch war?« Sie weiß, dass das eine rhetorische Frage ist, es steht natürlich nirgendwo. »Es gibt das Rehabilitierungsgesetz für die Opfer, aber kein Gesetz für Täter. Deshalb kann Stalin wieder salonfähig werden.«

Auch Stalin-Denkmäler kamen wieder in Mode. Allein 2019 wurden mindestens fünf in verschiedenen Orten in Russland neu errichtet. Die permanente Reinwaschung des Diktators spülte Leute wie Jelena Jampolskaja, eine ehemalige Chefredakteurin der Zeitung *Sowjet-Kultur,* an die Oberfläche. Sie schwärmte von Stalin als »von Gott gesandt, um Russland zu bewahren« und wurde trotzdem – oder deswegen – im heutigen Russland Vorsitzende des Duma-Komitees für Kultur.[300]

Irina Scherbakowa beobachtet diese Entwicklung seit über 20 Jahren mit wachsender Besorgnis. »Nach der Krise von 1998 war der Boden reif für eine Figur wie Putin.« Der habe zunächst auf der Suche nach Symbolen, die für eine harte Hand und für Ordnung standen, auf Peter den Großen und Stolypin, den Reformer aus der Zeit von Nikolai II., gesetzt. »Peter der Große beispielsweise, der das Fenster nach Westen aufgestoßen hat, war – wenn auch mit brutalen asiatischen Methoden – ein Westler«, der Russland in diese Richtung gedrängt habe. »Aber sehr schnell hat man im Kreml eingesehen, dass das überhaupt nicht zu den eigenen Absichten passte.« Die Figur Stalins habe sich förmlich aufgedrängt. »Denn wer verkörpert das russische Symbol für eine starke Macht, eine Macht, die sich alles erlauben kann? Wer ist die Symbolfigur, vor der der gesamte Westen Angst hat? Stalin!«

Stalin, so die Historikerin, sei für den Westen nie eine lächerliche Figur oder ein gemütlicher »Onkel Joe« gewesen. »Selbst in westlichen Karikaturen, die Stalin zum Gegenstand hatten, kam etwas von dieser Angst rüber.« Jetzt wurde er erneut zum Symbol des starken russischen Staates und seiner Isolierung gegenüber dem Westen.

Das Russland von heute, das nach dem Großmachtstatus greift, leide bei aller Großmannssucht gleichzeitig auch an Minderwertigkeitskomplexen. Ihre Landsleute wüssten, dass es in Russland keine Demokratie gebe, obwohl das Gegenteil behauptet werde. »Wir sind wirtschaftlich unterentwickelt, wir fahren westliche Autos, nutzen ihre Computer und wissen, dass wir den Westen nicht überholen werden.« Diese und andere »Unzulänglichkeiten« würden kompensiert durch patriotische Gesten, die das Selbstwertgefühl steigern sollen. »Deshalb dieses permanente Gerede vom Erheben von den Knien, vom Sprechen auf Augenhöhe – das kann ich schon nicht mehr hören!« Aber, sagt sie und wirft mir einen kritischen Blick zu, »das kommt ja auch vor allem aus Deutschland. Es gibt Parallelen, wie der kleine Mann darauf reagiert, wenn man ihm seine Unzulänglichkeiten vorhält.«

In Deutschland wolle niemand diese Zusammenhänge wahrnehmen, »stattdessen wird von der russischen Seele gefaselt. Natürlich gibt es die auch, sonst könnte ich nicht in diesem Land leben.« Aber die Aussichten seien nicht erheiternd angesichts der verbreiteten Trotzreaktion, von der sehr viele ihrer Landsleute erfasst wurden: Wenn wir das alles, was ihr habt, nicht haben können – dann solltet ihr wenigstens Angst vor uns haben. »Dieses Gefühl der Angst verbreitete Stalin, und diese Angst will auch die jetzige Macht erzeugen. Das gerät oft zur Parodie, ist oft lächerlich. Es ist aber auch sehr, sehr bedrohlich, und es wird bedrohlicher. Da habe ich keine positiven Prognosen anzubieten.« Sagt Irina Scherbakowa.

Nur wenige Wochen später sollte eine beispiellose Welle der Unterdrückung über die wichtigste Menschenrechtsorganisation Russlands rollen. Wegen angeblicher Verletzungen des Gesetzes über »ausländische Agenten« verhängten die Gerichte auf Antrag der Überwachungsbehörde Roskomnadsor allein im September rund ein Dutzend Urteile, in denen Memorial zu hohen Strafzahlungen verpflichtet wurde. Mit zunächst insgesamt 2,3 Millionen Rubel war das Ende der Fahnenstange noch lange nicht erreicht. Denn die Organisation hatte zwar ihre Websites mit dem Hinweis »ausländischer Agent« markiert, aber mit jedem Teilen oder Zitieren ging dieser Hinweis natürlich verloren. Für Memorial war es physisch unmöglich, das alles unter Kontrolle zu behalten. »Aufmerksame Bürger« und FSB-Abteilungen indes hatten die Ressourcen und machten Meldung. Das Ziel ist eindeutig: Memorial soll zerschlagen werden. Eine ebenso beispiellose Spendenaktion konnte das bisher verhindern.[301]

Wie der Feind geschmiedet wird

Einen kleinen Vorgeschmack auf das, was da künftig noch kommen kann, erhielten die Moskauer, ausländische Journalisten und Diplomaten im Sommer 2019. Die Wahlen zum eher unwichtigen Moskauer Stadtparlament am 8. September standen bevor, und viele Einwohner waren einfach verärgert. Mit allerlei Tricks hatten die zuständigen örtlichen Wahlkommissionen – begleitet vom Wohlwollen der von Ella Pamfilowa geleiteten Zentralen Wahlkommission und der Gerichte – jeden Kandidaten an der Wahlteilnahme gehindert, der auch nur den Anflug einer oppositioneller Gesinnung erkennen ließ.

Tausende Moskauer gingen daraufhin im Verlaufe von mehreren Wochen auf die Straße. Ihre Demonstrationen wurden von der Staatsmacht als ungesetzlich klassifiziert, weil die Stadtverwaltung sich bis auf wenige Ausnahmen geweigert hatte, sie zu registrieren. Eine Erlaubnis zu derlei Veranstaltungen ist laut der russischen Verfassung eigentlich nicht erforderlich, es reicht die Anmeldung der Veranstaltung. Doch in der Realität sieht das dann anders aus. In der Regel nehmen die Behörden solche Anmeldungen teils unter absurden Vorwänden nicht an, was von den Sicherheitskräften dann als Verbot interpretiert wird.

So auch im bewegten Sommer 2019, in dem die Polizei und die Angehörigen der Nationalgarde Jagd auf die Demonstranten machten, sie brutal prügelten und viele ohne Anlass festnahmen. Offiziellen Angaben zufolge wurden 1700 Teilnehmer der Protestveranstaltungen verhaftet, gegen etliche von ihnen wurden noch vor der Wahl Prozesse angestrengt. Der Vorwurf: Sie hätten »Massenunruhen« organisiert. Das stimmte eindeutig nicht, es fanden friedliche Demonstrationen statt, die teilweise lediglich »Spaziergänge« durch die Stadt waren. Gewalttätig waren allein die »Hüter der öffentlichen Ordnung«.

Obwohl die Auswirkungen des Protestes überschaubar waren, ebenso, gemessen an der Einwohnerzahl der Megapolis Moskau, die Zahl der Teilnehmer, beschlossen die Staatsorgane dennoch, aus den Ereignissen des Sommers eine Staatsaffäre zu schmieden. Die Protestteilnehmer wurden kriminalisiert, zu »Organisatoren von Massenunruhen« gemacht und als Handlanger ausländischer Geheimdienste diffamiert. Auch hätten sich ausländische Medien und Diplomaten in unzulässiger Weise in die inneren Angelegenheiten Russlands eingemischt.

Umgehend riefen das Unterhaus des russischen Parlaments, die Staatsduma, und das Oberhaus, der Föderationsrat, Kommissionen »zum Kampf gegen Einmischungen in die inneren Angelegenheiten Russlands« ins Leben. Schon Anfang September kamen sie zu dem Schluss: »Die Einmischung ist in vollem Gange.« Die Hauptbeschuldigten zu dem Zeitpunkt waren der US-Botschafter und die *Deutsche Welle,* die in ihrer Berichterstattung angeblich zu ungesetzlichen Demonstrationen aufgerufen haben sollte. Was nicht stimmte. Der US-Botschaft wurde vorgeworfen, sie habe mit ihren Mitteilungen über die Veranstaltungsorte der Meetings auf ihrer Webseite die Moskauer zur Teilnahme aufgerufen. Die Antwort der US-Vertretung: Man habe die eigenen Landsleute, die in Moskau leben, vor dem Besuch dieser gefährlichen Orte warnen wollen.[302]

Der Vorsitzende der Kommission des Föderationsrates, Andrej Klimow, machte deutlich, dass der Gegenstand der Untersuchungen nicht auf die Wahlen des Moskauer Stadtparlaments beschränkt bleibe, sondern dass man sich mit der »Diskreditierung der föderalen russischen Machtorgane« generell beschäftigen werde. »Die ausländischen Opponenten versuchten in der Zeit Juli/August, die Wahlen zur Mosgorduma maximal als Vorwand zur Organisation und Durchführung einer ganzen Reihe von Protestveranstaltungen, darunter ungesetzlichen, mit dem Ziel der Diskreditierung der Führung der RF, darunter vor dem ausländischen Auditorium, zu benutzen, ebenso für Versuche der Destabilisierung der politischen Situation in der russischen Hauptstadt«, führte Klimow in der verschwurbelten Sprache der russischen Staatsbediensteten aus.[303]

Wassilij Piskarjow, Vorsitzender der am 19. August gegründeten Duma-Kommission, kündigte an, seine Kommission werde auch die Materialien auswerten, die die russischen Medien bei ihren eigenen Recherchen gesammelt haben. »Wir möchten sie haben, und wir werden sie bekommen!« Piskarjow teilte mit, dass die Ergebnisse der Ermittlungen an ausländische Parlamente übermittelt würden. Auch die Parlamentarische Versammlung des Europarats (PACE), die OSZE, die UNO und die Interparlamentarische Union würden informiert. Er kündigte damit praktisch eine groß angelegte, weltweite Propagandaaktion an.[304] Und damit die auch noch Nahrung nach der Wahl zum Moskauer Stadtparlament findet, hat sein Kollege Klimow aus dem Föderationsrat bereits die Menschenrechte in Russland als Thema ausgemacht, auf das das »perfide Ausland« umschalten werde.

Russland, dessen Sicherheitskräfte friedliche Demonstranten verprügeln und grundlos ins Gefängnis stecken, geriert sich als Opfer ausländischer Kräfte. Gleichzeitig wird die eigene Bevölkerung angesichts der 2024 stattfindenden Präsidentschaftswahl schon jetzt unter Druck gesetzt und bedroht, um sie langfristig zum Wohlverhalten gegenüber der Staatsmacht zu zwingen. Ans Ausland ergeht die in aggressiven Tönen gehaltene Botschaft: Haltet euch aus unseren Angelegenheiten heraus, wie auch immer wir die handhaben mögen. Dabei findet Einmischung nach Interpretation der russischen Abgeordneten schon dann statt, wenn ausländische Medien über unangenehme Dinge in Russland auch nur berichten.

Putins falsche Väterlichkeit

Wladimir Putin, der zu der Zeit gerade im Fernen Osten an der Ausgestaltung von Groß-Eurasien werkelte, sandte aus Wladiwostok väterlich-mahnende Worte. Protestaktionen der Jugend, so der Kreml-Chef, führten manchmal auch zu etwas Positivem. Derartige Aktionen wie in Moskau würden die Staatsmacht »aufrütteln«, aber sie müssten immer im Rahmen der Gesetze verlaufen. »Wenn die Menschen ihre Meinung äußern, unter anderem im Verlaufe von Protestaktionen, meine ich, dass sie ein Recht dazu haben«, ließ er sich aus 9000 Kilometern Entfernung vernehmen. Jugendlicher Protest könne die Führung in »die richtige Richtung ausrichten«, damit sie die anstehenden Probleme effektiver löse. Allerdings müssten sich die Protestierenden von den Interessen des Landes und seiner Menschen leiten lassen, und nicht von ihren eigennützigen Gruppeninteressen.[305]

Der erfahrene russische Richter versteht derlei Botschaften. Mit der Bemerkung von den »eigennützigen Gruppeninteressen« hat das Staatsoberhaupt ihm das entscheidende Stichwort geliefert: Es wurde weiter verurteilt. Konstantin Kotow, ein 34-jähriger Software-Ingenieur, erhielt wegen seiner Teilnahme an friedlichen Demonstrationen vier Jahre Haft.

Der russische Staat erweckte zusehends den Anschein, als müsse er sich mit allen Mitteln auch gegen Angriffe im Inland, gegen drohende Revolutionen zur Wehr setzen, die es in der Realität nicht gab. Doch das Putin-System ist von Paranoia ergriffen, die Furcht vor zivilgesellschaftlichem Widerstand greift um sich. Schon jetzt, lange vor den nächsten Präsidentschaftswahlen im Jahr 2024, wird das Terrain bereinigt, auf dem der Machterhalt des Systems gelingen soll. Deshalb werden die Gesetze »immer strenger, der Sicherheitsapparat wird immer größer, sein Vorgehen immer härter. Und die Opfer der staatlichen Gewalt sind zusehends jünger. Zuweilen entsteht der Eindruck, es genüge, jung zu sein, um dem Staat als Feind zu gelten. Junge Russen ihrerseits interessieren sich immer mehr für politische und gesellschaftliche Themen. Dem Sicherheitsapparat reicht es dabei völlig aus, wenn sie im Internet etwas schreiben oder sich in der Schule politisch äußern. Und wenn sie dann auch noch auf die Straße gehen, machen sie sich zum Freiwild.«[306]

Nachdem das verfassungsmäßige Recht auf Versammlungs- und Pressefreiheit praktisch ausgehebelt, das höchst wichtige Fernsehen staatlichem Kuratel unterstellt wurde, ist die freie Meinungsäußerung nur noch im Internet möglich. Für weit entfernte, abseits liegende Regionen ist es oft sogar die einzige Möglichkeit, Informationen über die Vorgänge in der Welt zu erhalten beziehungsweise Informationen über die sozialen Netzwerke auszutauschen. Dem, so meint der Kreml, muss ein Riegel vorgeschoben werden. Seit dem 1. November 2019 ist ein Gesetz in Kraft, das es erlaubt, das russische Internet gegebenenfalls vom World Wide Web zu trennen. Zum Schutz der einheimischen russischen Internetwelt vor ausländischen Angriffen, heißt es.

Ein »antifaschistischer Schutzwall« im Internet

Die ersten Versuche, das Internet im Sinne des Kremls zu »regulieren«, gehen auf das Jahr 2012 zurück, als Putin seine dritte Amtszeit begann. Die »schwarzen Listen« verbotener Websites existieren bis heute. Dort sind populäre politische Seiten wie *Grani.ru*, *Kasparov.ru* und *Jeshednewni Shurnal* aufgelistet.[307]

Ab 2014, im Zusammenhang mit der Krim-Okkupation und dem Krieg in der Ostukraine, wurde das Problem aus Sicht des Kremls drängender. Für das einfachere Sperren von Internetseiten wurde die Gesetzgebung angepasst. Ins Zentrum der Strafverfolgung rückten neben den Aktivisten auch einfache Nutzer. Der erheblich weitergefasste Begriff des Extremismus machte nun Verurteilungen wegen Volksverhetzung oder Propagierung des Separatismus sehr einfach. Wie Damir Gajnutdinow herausfand, wurden allein seit 2015 mehr als 140 Internet-User in Strafkolonien geschickt, »meist wegen Likes oder dem Reposten von Materialien in den sozialen Netzen«.[308]

Die nächste Ebene der Abschottung vom Ausland wurde mit dem Gesetz zur »Gewährleistung des sicheren und stabilen Funktionierens« des Internets auf dem Territorium der Russischen Föderation erreicht. Die Duma-Abgeordneten, die das Gesetz im April 2019 mit großer Mehrheit durchwinkten, sprachen von einem wichtigen Schritt auf dem Weg zu einem »souveränen russischen Internet«. Mit Wirkung vom 1. November 2019 hat die russische Führung nun ein Instrument zur Hand, mit dem sie je nach Bedarf das russische Internet (Ru-Net) vom World Wide Web isolieren kann. Im zweiten Teil des Gesetzes, der ab 1. Januar 2021 in Kraft tritt, werden einzelne Aspekte wie die Verschlüsselung von Informationen oder die Einrichtung eines nationalen russischen Domain-Systems verfügt.[309]

Die entscheidende Rolle bei der Bewachung der »Souveränität« des russischen Internets fällt der staatlichen Aufsichtsbehörde Roskomnadsor zu. Sie hat das Recht, das russische

Internet im Falle eines »Angriffs« von der Außenwelt zu trennen, sie überwacht und kontrolliert den Traffic im Land und sorgt dann dafür, dass die Informationsströme praktisch in Russland bleiben. Die Behörde ist gegenüber den Providern, die sie mit entsprechenden Systemen zum Filtern und Blockieren von Informationen ausrüstet, weisungsberechtigt.[310]

Viele Russen, vor allem die junge Generation, sieht in dieser Entwicklung den Versuch der Machthaber, eine Mauer zu errichten, die den Austausch von Meinungen und Informationen verhindern soll. Im Idealfall soll aus Sicht des Kremls ein Ru-Net entstehen, das sich wie ein in sich geschlossenes Intranet weitgehend nur noch mit sich selbst beschäftigt, unter der strengen, gütigen Aufsicht des russischen Staates.

DER BLUFF ODER »POKASUCHA« – SO TUN, ALS OB

Ist Russland ein natürlicher Bestandteil Europas?
Unbedingt. Wird es dem heutigen Europa ähnlich
werden? Ja, in ein paar hundert Jahren …

Wladislaw Inosemzew,
Wirtschaftswissenschaftler und Politologe

Ist Russland eigentlich tatsächlich wieder eine Großmacht? Diese Frage wollte ich von meinen russischen Gesprächspartnern beantwortet bekommen, die ich im Sommer 2019 in Moskau traf. Daheim in Deutschland gibt es daran ja kaum noch einen Zweifel. Aber wie denken die Russen selbst darüber?

Folgt man den Umfragen, dann sind die »normalen« Bürger der Meinung, Russland solle weiter seine Großmachtrolle bewahren. Im Jahr 2017 waren 82 Prozent der Befragten dieser Ansicht. Ein Jahr später waren es bereits 88 Prozent.[311] Von Wirtschaftswissenschaftlern, Militärexperten und Politologen hörte ich, selbst aus kremlnahen Kreisen, dagegen eher ein zögerliches »Jein«. Russland sei keineswegs eine Großmacht, es wolle höchstens eine werden. Der Militärexperte Alexander Golz bejahte die Frage zwar, aber nur für den Bereich der Atomwaffen. Aber Russland, warf ich ein, spiele doch heute eine neue Rolle in der Welt? Golz antwortete lakonisch: »Es bemüht sich, sie zu spielen. Es tut so, als ob.«

Und das mit einigem Erfolg. Tatsächlich ist es dem Kreml-Chef gelungen, die Welt dazu zu bringen, ihm seine Großmacht in dem Rollenspiel abzukaufen, obwohl die harten Wirtschaftsdaten, die allgemein zugänglich sind, eine andere Sprache sprechen. Die Zahlen belegen tatsächlich nur den Status, von dem der damalige US-Präsident Barack Obama 2014 in Den Haag sprach: Russland ist eine Regionalmacht. Für diese Aussage wurde Obama weltweit kritisiert, er hätte Putin nicht reizen dürfen, das sei undiplomatisch gewesen. Damit wird freilich unterstellt, dass Moskau weniger aggressiv gehandelt hätte, wenn sich Obama zurückgehalten hätte. Was für ein Irrtum! Das Vorgehen des Kremls, ob in Georgien, der Ukraine oder in Syrien, war immer und in erster Linie das Resultat russischer Ambitionen, gefördert durch westliche Schwäche und Unentschlossenheit, die Putin zu nutzen wusste.

Ein Zeichen für die Stärke des russischen Staates war und ist das nicht, denn die Fakten bleiben, wie sie sind: Das Bruttoinlandsprodukt (BIP) der USA ist mit 21,3 Trillionen US-Dollar 13-mal größer als das russische. Die Amerikaner führten damit die vom IWF für 2019 erstellte Weltrangliste an, auf der Russland mit 1,61 Trillionen US-Dollar lediglich den zwölften Platz einnimmt. Hinter Kanada (1,7) und Südkorea (1,65).[312]

Mit seinen 1,6 Trillionen hat die Russische Föderation einen Anteil von zwei Prozent am Welt-BIP. Das ist weniger als im Jahr 1913, als der glücklos agierende Zar Nikolai II. noch regierte. Russland hatte damals einen Anteil an der Weltindustrieproduktion von 5,03 Prozent.[313] Bei der Statistik über das BIP pro Kopf der Bevölkerung wird das Kräfteverhältnis noch klarer. Hier führt Luxemburg mit 110 864,07 US-Dollar je Einwohner. Die USA liegen mit 61 053,67 US-Dollar auf Platz sechs, Deutschland mit 44 408,42 auf Platz 19. Russland (9264,27 US-Dollar) folgt weit abgeschlagen auf dem 73. Platz, hinter Surinam und vor Gabun.[314] Damit konnten sich die Vereinigten Staaten – die Frage nach der Sinnhaftigkeit einmal beiseitegelassen – 2018 einen Rüstungsetat von 649 Milliarden US-Dollar leisten. Die russische Wirtschaft stand im gleichen Jahr mit Militärausgaben von 61,4 Milliarden US-Dollar an der Grenze ihrer Leistungsfähigkeit.[315]

Diese Zahlen, die auch ein trübes Licht auf die Ergebnisse der 20-jährigen Putin-Herrschaft werfen, dürften natürlich auch dem Kreml-Chef bekannt sein. Seine Forderung an Washington, man möge Russland auf Augenhöhe begegnen, bekommt da schon etwas Surreales. Wenngleich sie moralisch gerechtfertigt ist. So wie der dringende Wunsch der Balten, Polen oder Montenegriner, von Moskau anständig behandelt zu werden.

Putin spielt nur noch auf einer Saite

Doch ungeachtet aller Realitäten gelingt es dem Mann im Kreml, die Welt zu beeindrucken. Wie kommt das? Eine interessante Erklärung für dieses Phänomen bot Andrej Kortunow an. Kortunow ist Generaldirektor des Russischen Rates für internationale Angelegenheiten, eine angeblich »nichtstaatliche Organisation«, die unter anderem vom russischen Außenministerium zur Beförderung der außenpolitischen Ziele der Russischen Föderation ins Leben gerufen wurde.[316]

Er bemühte dazu eine Anekdote, die sich um den Ausnahmegeiger Nicolo Paganini rankt. Während eines Konzertes, so wird erzählt, seien dem Geiger nacheinander drei seiner vier Saiten gerissen, die seine Widersacher zuvor beschädigt hatten. Doch Paganini habe das Konzert ungerührt und vom Publikum unbemerkt auf einer Saite zu Ende gespielt. »Die russische Außenpolitik erinnert irgendwie an diese Legende«, meinte Kortunow in einer Analyse. Viele Saiten dieser Politik seien aus den unterschiedlichsten Gründen lange vor dem Jahr 2019 gerissen, aber die Darbietung auf nur einer Saite sei bei einigen Gelegenheiten »brillant« gewesen. Ja, räumte er ein, in diesem Jahr (2019) sei der Anteil Russlands an der Weltwirtschaft noch geringer geworden, der technologische Rückstand zu den führenden Ländern der Welt sei weiter gewachsen, der Sanktionsdruck nicht geringer geworden. »Mit anderen Worten, die materielle Grundlage, das Fundament der russischen Außenpolitik hat sich auf jeden Fall nicht gefestigt.«[317]

Dennoch habe die außenpolitische Aktivität Moskaus nicht nachgelassen, »die russische Darbietung zieht immer noch die ungebrochene Aufmerksamkeit auf sich – sowohl der Anhänger als auch der Gegner«, meinte Kortunow, der damit die Fähigkeit Moskaus würdigte, sein Konzert statt auf vier nur auf einer Saite erfolgreich aufzuführen, ohne dass weite Teile des Publikums das mitbekommen. Wenn Erfolg gemessen werde an der Fähigkeit, »im Zentrum der weltweiten Aufmerksamkeit zu stehen, dann war die Außenpolitik Russlands 2019 zweifellos erfolgreich«. Kortunow warnte allerdings auch, dass »Darbietungen auf nur einer Geigensaite unausweichlich an ihre Grenzen stoßen werden«.[318]

Betrachtet man die Wirtschaftsdaten, so hat Moskau diese Grenze längst erreicht. Der russische Präsident arbeitet indes hart daran, die ökonomische Rückständigkeit seines Landes zumindest virtuell zu überwinden. Anlässlich seiner vierten Amtseinführung am 7. Mai 2018 ließ er einen Erlass verbreiten, demzufolge Russland bis 2024, dem Jahr seines Ausscheidens aus dem Amt, unter die ersten fünf Industriestaaten der Welt zu führen sei, gemessen am Umfang des Bruttoinlandsproduktes. Das, urteilte Putins ehemaliger Wirtschaftsberater Andrej Illarionow umgehend, sei ein Zeichen von »Inkompetenz und Propaganda«.[319] Er erinnerte daran, dass der russische Präsident ähnliche Ankündigungen zuvor bereits sechsmal verbreitet habe. Die Zielvorgabe sei ein »leichter Betrug«, meinte er.[320]

Bis heute hat es Russland »in erster Linie geschafft, den Anschein kolossaler Rüstungsanstrengungen zu vermitteln«, urteilte der Wirtschaftswissenschaftler und Politologe Wladislaw Inosemzew. »Tatsache ist jedoch, wenn wir auf die Zahl der gebauten U-Boote, Militärflugzeuge und alles andere schauen, dann bleibt Russland um das Dutzendfache hinter der Sowjetunion zurück.« Dazu meint Alexander Golz: Russland, mit seiner »bescheidenen« Wirtschaftskraft, »hat die Fähigkeit verloren, Waffen in Massenproduktion herzustellen«. Dabei verfüge Moskau natürlich über Atomwaffen, mit denen es die ganze Welt vernichten könnte. Beide vertreten die Ansicht, dass die

Berechenbarkeit der heutigen russischen Führung deutlich niedriger ist als die der einstigen sowjetischen Führung. Heute, so Inosemzew, »bestimmen Leute die russische Außenpolitik, die überhaupt nichts verstehen. Sie sind wesentlich mehr dem Risiko zugeneigt und verantwortungsloser, als es das Führungspersonal der Sowjetunion je war.«[321]

Das hat, verbunden mit einem deutlich aggressiveren Auftreten, im Westen zu Verunsicherung und Furcht geführt. Moskau wurde plötzlich wieder als bedrohliche Großmacht wahrgenommen. Für Inosemzew ist sie indes nicht real, es ist der »Anschein von Weltführerschaft«, was Putin »zur Aufwertung seines Selbstwertgefühls« brauche. Das wirkungsvollste Instrument zur Aufrechterhaltung dieses Anscheins sei der Westen selbst. »Die westliche liberale Öffentlichkeit und der westliche Journalismus tragen wesentlich mehr zur Erhöhung der Bedeutung des Herrn Putin bei als der gesamte russische Militär-Industrie-Komplex«, ist Inosemzew überzeugt.

Das »Genie Putins« – er benutzte dieses Wort mit einem ironischen Unterton – bestehe darin, »dass er von Anfang an dafür gesorgt hat, dass in Russland niemand übrig geblieben ist, über den man reden könnte – außer über Putin. Dafür hat er im Verlauf der 2000er Jahre gewaltige Summen aufgewendet und gewaltige Anstrengungen unternommen.« Heute gebe es praktisch niemanden mehr, weder in Russland noch im Ausland, »der den Wunsch verspürt, ihn einen Pygmäen zu nennen, der sagen würde, dass er niemanden interessiert, dass die russische Wirtschaft praktisch null ist, dass der Mann im Kreml nur in Einzelfällen Einfluss auf die Dinge in der Welt hat, dass es sinnlos ist, über ihn zu schreiben, weil es nur Papierverschwendung wäre«. Wenn Zeitungen und Journale wie *The Economist, Financial Times* oder das *Wall Street Journal* »aufhören würden, über diesen Menschen zu schreiben, wäre das der schwerste Schlag gegen Putin-Russland«.

Aber genau das werde natürlich nicht stattfinden. Vielmehr

neigten westliche Politiker dazu, »die Bedeutung Putins aufzublähen, aufzublasen. Das führt dazu, dass die Bedeutung Russlands und Putins selbst unwahrscheinlich hypertrophiert wird. Was ihm natürlich schmeichelt.«

Nadelstiche suggerieren Omnipotenz

Neben der realen Militäroperation in Syrien und dem realen Krieg in der Ostukraine setzte der Kreml-Chef besonders im Verlaufe des Jahres 2019 weltweit auch auf Nadelstiche, die den Eindruck allgegenwärtiger Militärpräsenz erwecken sollten. Er ließ ein paar Flugzeuge mit militärischem Wartungspersonal nach Venezuela fliegen, die Fregatte »Admiral Gorschkow« besuchte Kuba, zwei strategische Langstreckenbomber vom Typ Tu-160, begleitet von zwei Il-62- und An-124-Transportmaschinen, landeten in Südafrika. Als Clou ließ er S-400-Flugabwehrsysteme erstmals ins Ausland schaffen. Sie nahmen im Herbst an einem Militärmanöver in Serbien teil.

Der Kreml-Chef liebt derlei Aktionen, die er »unproportionale Antworten« auf die angebliche amerikanische Bedrohung nennt. Die Kosten dafür halten sich in Grenzen, die Wirkung ist kolossal. Russland wird wahrgenommen als ein Land, das fähig und bereit ist, an jedem beliebigen Punkt der Welt zuzuschlagen. Das freilich kann Moskau gar nicht, möglicherweise will es das auch nicht, es setzt vielmehr auf den Eindruck, den diese Aktionen in der internationalen Öffentlichkeit hinterlassen. »Viel von Putins internationalem Abenteurertum ist ein Bluff, es ist ein wenig so wie mit einem Tier, dass sich aufbläht oder sein Fell aufplustert, wenn es einem Angreifer begegnet, um so groß und formidabel wie möglich auszusehen«, wie Mark Galeotti befindet.[322]

Auch russische Wissenschaftler machen sich keine Illusionen über die Möglichkeiten des aktuellen Russlands und seine Perspektiven. Sie sehen sehr wohl die Diskrepanz zwischen

Anspruch und Wirklichkeit. Noch kann Russland sich, so meinten meine Moskauer Gesprächspartner, die Militärausgaben im gegenwärtigen Umfang leisten. Wobei sie das Menetekel der Sowjetunion, die an ihren überzogenen Rüstungskosten scheiterte, durchaus erkennen. Ein recht desillusionierter Grigorij Jawlinskij von der oppositionellen liberalen Jabloko-Partei meinte bei unserem Treffen: »Wenn das Volk bereit ist, in Armut zu leben, dann sind die Ressourcen unbegrenzt. Wenn bei uns 40 Prozent der Bevölkerung keine Heißwasserversorgung haben, wenn 40 Prozent nicht ans Gasnetz angeschlossen sind, während wir Gas nach Deutschland verkaufen, wenn im ländlichen Raum nur ein Viertel der Bevölkerung ans Kanalisationsnetz angeschlossen ist, und das Volk ist damit einverstanden, dann sind die Ressourcen unbegrenzt.«

Unbegrenzte Ressourcen? Diese Ansicht teilt der Ökonom Insosemzew nicht so ganz. Zwar seien die Rüstungsausgaben zurzeit nicht das Problem, problematisch sei allerdings die Tatsache, dass die Wirtschaft an sich nicht funktioniere. »Der russische Staat gibt der Privatinitiative keine Chance zum Wachstum. Die Bürokratie bestiehlt die Wirtschaft ebenso, wie sie für die absolut ineffektive Ausgabe von Mitteln sorgt. Die daraus resultierenden Verluste übersteigen die Ausgaben für die Rüstung um mehr als das Doppelte.«

Muss der Westen ein solches Russland fürchten? Sergej Medwedjew, Professor an der Moskauer Hochschule für Ökonomie, glaubt das nicht. Seiner Meinung nach »ist das russische Imperium in seine sekundäre, imitierende Periode seiner Geschichte eingetreten. Der neue russische Feldzug für die Souveränität mag bisweilen todbringend sein, aber insgesamt sind es schon Phantomschmerzen, die Kriege eines ermüdeten Imperiums, das seine Epoche überlebt hat, das seine Ressourcen erschöpft hat und Nachhutgefechte führt auf seinem sich unerbittlich verringernden Territorium.«[323]

Feinheiten des hybriden Krieges

Der Mann im Kreml ist sich der Tatsache wohl bewusst, dass der Westen, insgesamt und vereinigt, wesentlich mächtiger als Russland ist, mit einem 20-fachen BIP, einer sechsfachen Bevölkerungszahl und mehr als dreimal so vielen Truppen. Und weil er auch weiß, dass seine eigenen Machtdemonstrationen auf ökonomisch sehr schwachen Beinen stehen und vielfach einfach ein Bluff sind, widmet er dem hybriden Krieg verstärkte Aufmerksamkeit. Diese Form der Auseinandersetzung ist »eine Politik der Schwäche«. Ihr Ziel besteht darin, »ein Gefühl von Unberechenbarkeit, Chaos und Angst, eine instabile Umgebung zu kreieren, in der es viel einfacher ist zu bluffen, wenn du schwache Karten in der Hand hältst«.[324]

Moskau will den Westen spalten, seine Mitglieder gegeneinander ausspielen, sie demotivieren und seine demokratischen, liberalen Werte zur Irrlehre degradieren. Dabei muss freilich gesagt werden, dass dem Kreml innere Entwicklungen in westlichen Ländern und Bündnissen in die Hände spielen. Bei der Wahl seiner Partner in diesem Spiel ist der Kreml nicht wählerisch: Die Front National mit Marine Le Pen in Frankreich, die Lega Nord mit Matteo Salvini in Italien, die rechtspopulistische FPÖ in Österreich, die AfD in Deutschland, der Anti-Liberale Viktor Orbán in Ungarn – alle sind willkommen, wenn sie sich gegen demokratische Werte, gegen die Europäische Union und das nordatlantische Bündnis wenden. Die britischen Konservativen und Brexit-Aktivisten um Premier Boris Johnson gerieten in den dringenden Verdacht, Geld aus russischen Quellen genommen zu haben, wie es zuvor schon Le Pen und Salvini getan hatten. Der selbstherrliche Ungar Orbán, der das Konzept des »illiberalen Staates« innerhalb der EU verkündete, darf sich geschmeichelt fühlen, dass er sich als Vertreter eines doch recht kleinen europäischen Landes seit 2013 bereits neunmal mit dem Kreml-Chef treffen durfte. Seit 2015 reiste Putin selbst viermal nach Budapest, um Orbán in seiner Rolle als »Spaltpilz« in der Europäischen Union zu bestärken.

Eine wesentliche Komponente in Moskaus hybrider Kriegführung sind die Medien. Dort wirkt ein bereits in der Sowjetunion entwickeltes und inzwischen verfeinertes Konzept, das die Existenz des Journalismus grundsätzlich leugnet. Es gebe lediglich Fronten im Informationskrieg, in dem die Medienmitarbeiter ihren Platz auf der »richtigen« Seite einnehmen müssten, postuliert dieses Konstrukt, das bis heute zum Lehrstoff der russischen Journalistik-Fakultäten gehört. Zur Ehrenrettung vieler russischer Journalisten sei gesagt, dass nicht alle diese Sichtweise teilen und stattdessen versuchen, einen eigenständigen Blick auf die Realität zu entwickeln. Wer sich in Russland dazu entschließt, muss auf Karrierepläne und Verdienstmöglichkeiten verzichten und, wenn es hart auf hart kommt, um sein Leben fürchten.

Für den russischen Verteidigungsminister Sergej Schoigu steht außer Frage: Die Medien sind eine Waffe. »Der Tag ist gekommen, an dem wir alle zugeben müssen, dass ein Wort, eine Kamera, ein Foto, das Internet und Information generell zu einer anderen Art von Waffen geworden ist, zu noch einer Komponente der Streitkräfte«, sagte er anlässlich eines von seinem Ministerium ausgerichteten Medienfestivals. »Diese Waffe kann in guter oder schlechter Weise genutzt werden«, belehrte der Armeegeneral die angetretenen Journalisten und Blogger. Rund ein Dutzend Medienvertreter wurden bei der Gelegenheit dafür ausgezeichnet, dass sie die »Waffe« in der guten Manier geführt und ihren Beitrag zur »Verbesserung des Images der russischen Streitkräfte« geleistet hatten.[325]

Innerhalb dieser Denkschule ist es völlig logisch und patriotisch, wenn russische Medien wie Institutionen der Landesverteidigung angesehen werden. So findet man auf einer Liste der russischen Regierung (Verfügung Nr. 2931-p, von Premier Dmitrij Medwedjew unterzeichnet) unter den dort genannten

Staatsunternehmen, die von entscheidender Bedeutung für »die Verteidigungsfähigkeit und die Sicherheit des Staates« sind, auch die Agentur *TASS,* die Auslandspropaganda-Agentur *Rossija Sewodnja* (einschließlich *RT* und *Sputnik*) und die Fernseh- und Rundfunkdachorganisation *WGTRK.* Wer also *RT deutsch,* das zu *Rossija Sewodnja* gehört, als »alternative« Informationsquelle nutzt, kann gewiss sein, Informationen und Meinungen im Interesse der Verteidigungsfähigkeit des russischen Staates geliefert zu bekommen.[326]

Cyberkrieg im Internet

Von den staatlich organisierten und geführten Medien zum verdeckten Cyberkrieg im Internet ist es da nur ein kleiner Schritt. Dem Geheimdienst- und Internetexperten Andrej Soldatow zufolge bediente sich der Kreml der sogenannten Trolle seit den Nullerjahren. Schon in der Ukraine-Krise 2014/15 richteten Kreml-Trolle, die auf Facebook, VKontakte, YouTube und Twitter agierten, erheblichen Schaden an. Im Westen sei man sich der Bedrohung durch die Kreml-Trolle erst 2016 bewusst geworden, schrieb Soldatow.[327]

Längst kommen in den sozialen Netzwerken auch sogenannte Bots zum Einsatz. Das sind automatisierte Programme, die in der Lage sind, Inhalte automatisch zu veröffentlichen, Likes zu setzen, zu retweeten. Sie können als Chatbots programmiert werden, sodass sie »mit den Nutzern interaktiv kommunizieren können. Die Technik ist inzwischen so ausgereift, dass man nur schwer zwischen einem echten Chat-Partner und einem Bot unterscheiden kann.«[328]

Die Einmischung russischer Hacker in den US-Wahlkampf 2016 hatte das amerikanische Establishment und die gesamte amerikanische Öffentlichkeit aufgerüttelt. Sie erlebten einen dreisten Angriff auf die Institution der amerikanischen Wahlen, und zwar in einer Form, wie es die USA bis dahin noch nicht erlebt hatten. In einem Bericht über die russischen Aktivitäten im Wahljahr 2016 und davor kamen die US-Geheimdienste zu Schlussfolgerungen, die »ernüchternd« waren, wie es die Politologin Angela Stent ausdrückte. Die Dienste seien zu der Erkenntnis gelangt, »dass der russische Präsident Wladimir Putin eine auf die Präsidentschaftswahl 2016 in den USA abzielende Beeinflussungskampagne angeordnet hat. Damit wollte Russland das Vertrauen der Öffentlichkeit in den demokratischen Prozess der USA untergraben, Außenministerin Clinton verunglimpfen und ihrer Wählbarkeit sowie ihrer möglichen Präsidentschaft schaden«, zitierte sie aus dem Bericht. Diese im Nachhinein bekannt gewordenen Tatsachen hätten dazu geführt, dass »Russland zu einem toxischen Problem in den Vereinigten Staaten geworden ist«, stellte Stent fest.[329]

Putin habe zwar erreicht, dass Russland wieder Aufmerksamkeit genieße in den USA und sich täglich in den Schlagzeilen US-amerikanischer Medien wiederfinde, urteilte Stent. Aber das habe dem Kreml auch Kosten verursacht. »Die Aufdeckung der russischen Bemühungen, die Brüche innerhalb der amerikanischen Gesellschaft aktiv auszubeuten, hat dazu geführt, dass das längerfristige Ziel des Kremls, die USA zu einer Aufhebung der Sanktionen zu bewegen und zu einer weniger konfrontativen Beziehung zurückzukehren, vorerst vereitelt worden ist.«[330]

Stent verkennt möglicherweise, dass diese Kosten der Konfrontation, so sehr der Kreml die Aufhebung von Wirtschaftssanktionen auch begrüßen würde, für Putin innenpolitisch erwünschte Effekte haben. Helfen sie doch, das Bild vom »aggressiven Amerika« zu schärfen und das Festungsdenken im eigenen Land zu fördern, womit die Existenzgrundlage für die Kreml-Clique zementiert wird.

Zuckerberg: Trolle haben US-Wahl 2020 im Visier

Im Jahr vor der US-Präsidentschaftswahl 2020 sind die Trolle wieder da. Und nicht nur das. Das Problem habe sich seit 2016 »massiv verschärft«, teilte Facebook-Gründer Mark Zuckerberg mit. So habe sein Unternehmen drei Kampagnen aus dem Iran und eine aus Russland aufgedeckt und gestoppt. Die Organisatoren hatten Fake-Profile bei Facebook und Instagram erstellt, mit deren Hilfe Meinungen über umstrittene politische Themen und die bevorstehenden Präsidentschaftswahlen verbreitet wurden.[331]

Inzwischen hat Facebook neben der Troll-Fabrik in St. Petersburg einen weiteren russischen Akteur im Cyberkrieg ausgemacht: die staatliche Nachrichtenagentur *Sputnik*. Mitarbeiter der Agentur standen hinter angeblich unabhängigen Informationsportalen in Osteuropa. Facebook schloss »Hunderte von Seiten«, deren Inhalte für Rumänien, Litauen, Lettland, Estland, Georgien und Moldau bestimmt waren. Die Seiten benutzten falsche Identitäten, um authentisch zu wirken. Eine Gruppe von Websites wurde beispielsweise von einer Facebook-Userin kontrolliert, die angeblich in Tbilissi lebt. Facebook fand heraus, dass die Fotos, die im User-Profil gepostet waren, von dem Account eines schwedischen Models stammten. Die geposteten Inhalte waren in der Regel gegen die NATO gerichtet und unterstützten Protestbewegungen in den Ländern, gepostet unter Fake-Adressen von Mitarbeitern eines russischen Staatsmediums. Weitere 107 Seiten, Gruppen und Accounts schaltete Facebook ab, weil sie vorgaben, aus der Ukraine zu stammen. Tatsächlich gehörten sie zu einem Netzwerk aus Russland.[332]

In einer umfassenden Studie über Cyber-Kampagnen weltweit haben Wissenschaftler der Universität Princeton die wichtigsten Akteure im Internet ausgemacht. Sie fanden heraus, dass zwischen 2013 und 2018 (die Aktivitäten gehen indes weiter) insgesamt 53 weitreichende Einflusskampagnen stattgefunden haben, die auf mindestens 24 Länder gerichtet waren. Hauptakteur, kaum überraschend, war Russland. Von dort aus wurden 38 umfassende Kampagnen gegen 19 Länder gestartet, in denen über soziale Medien Desinformationen verbreitet und Versuche unternommen wurden, Wahlen zu beeinflussen sowie die Stabilität der Demokratie in Frage zu stellen. Sehr aktiv seien auch der Iran und Saudi-Arabien, heißt es in dem Bericht. Hauptziele waren die USA, mit größerem Abstand folgten Großbritannien und Deutschland, die von sogenannten ausländischen Beeinflussungsbemühungen (FIS – foreign influence effords)[333] betroffen waren. In Deutschland waren unter anderem der Bundestag (2015), der Instagram-Account der Bundeskanzlerin Angela Merkel (2016) und mehrere Bundesministerien (2018) Ziel von Cyber-Attacken. Die Urheber werden in Russland vermutet.[334]

Der Bericht kommt zu dem Schluss, dass es einen »Sieg« im eigentlichen Sinne über derartige Cyber-Attacken kaum geben wird. Er empfiehlt »integrierte Aktionen« der Regierungen, des privaten Sektors und ziviler sozialer Gruppen, die es den Angreifern immer schwerer machen und deren Kosten in die Höhe treiben.[335]

Spezialeinheit 29155

Diese ausführliche Analyse in der *New York Times (NYT)* war sogar der russischen Nachrichtenagentur *Interfax* eine längere Nachricht wert: »*NYT* berichtete über eine Sondereinheit der GRU zur ›Destabilisierung Europas‹«, titelte die üblicherweise kremlnahe Agentur. Sie hielt es für besonders erwähnenswert, dass sich die *New York Times* auf die Aussagen von Mitarbeitern von gleich vier westlichen Geheimdiensten berufen konnte. Ihnen zufolge ist die russische Sonderabteilung 29155 Teil der permanenten »Kampagne zur Destabilisierung Europas« und spezialisiert auf »Subversion, Sabotage und Morde«, zitierte *Interfax*. Die ganze Geschichte sei absurd und ohne gesunden

Menschenverstand, kommentierte der Duma-Abgeordnete Andrej Lugowoi den Artikel. Er gilt in Russland als Fachmann für derlei Fragen. In Großbritannien wird er als Hauptbeteiligter an der Ermordung des russischen Dissidenten und Ex-Geheimdienstoffiziers Alexander Litwinenko im Jahr 2006 gesucht.[336]

Wie die *New York Times* berichtete, existiert diese Spezialeinheit innerhalb des Spionagedienstes des russischen Generalstabs seit rund zehn Jahren. Allerdings geriet 29155 erst 2016 auf die Schirme der Geheimdienste im Westen. Damals gab es einen Umsturzversuch in Montenegro, der zunächst als Einzelereignis klassifiziert wurde. Das kleine Land an der Adria, in dem zahlreiche Russen Eigentumswohnungen und Villen besitzen und beträchtlichen Einfluss auf das Wirtschaftsleben haben, schien dem russischen Generalstab ein geeignetes Ziel, um wieder einen Fuß auf den Balkan zu setzen. Der Coup schlug fehl, zwei russische Spione wurden enttarnt, die den damaligen Premierminister des Landes ermorden sollten.[337]

Erst da wurde den Geheimdiensten im Westen klar, womit sie es zu tun hatten. Sie erkannten Zusammenhänge mit der Destabilisierungskampagne in Moldau, der Vergiftung eines bulgarischen Waffenhändlers, dem Giftmordversuch am ehemaligen russischen Geheimdienstoffizier Sergej Skripal und seiner Tochter in Großbritannien. »Westliche Sicherheitsbeamte schlussfolgerten nun, dass diese Operationen, und möglicherweise viele andere, Teil einer koordinierten und fortgesetzten Kampagne zur Destabilisierung Europas sind, die ausgeführt wird von einer Eliteeinheit innerhalb des russischen Geheimdienstsystems, geschult in Subversion, Sabotage und Mord.«[338]

Die Aktivitäten dieser oder ähnlicher Spezialeinheiten werden in den betroffenen Ländern natürlich als illegal betrachtet. Aus russischer Sicht sind sie legal. Seit 2006 gibt es ein Gesetz, das es dem russischen Präsidenten erlaubt, die Streitkräfte und »Spezialeinheiten zum Kampf gegen den Terrorismus« im Ausland einzusetzen. Die Entscheidung dazu trifft der Präsident selbst, heißt es in Artikel 5-3 des Gesetzes. Wenn also britische Gerichte die Mörder Litwinenkos und die Täter im Fall Skripal und seiner Tochter in Russland verorteten, dann folgt daraus – so sieht es die russische Gesetzgebung vor –, dass der Präsident den Befehl dazu gegeben haben muss.[339]

Der Zweck der Einheit 29155 unterstreiche das Ausmaß, in dem der russische Präsident Wladimir Putin den Westen aktiv »sowohl mit seiner sogenannten hybriden Kriegsführung – einer Mischung aus Propaganda, Hacker-Angriffen und Desinformation – als auch offener militärischer Konfrontation« bekämpfe, schreibt der *NYT*-Autor. Während die russischen Geheimdienstler, die im Zusammenhang mit der Beeinflussung der amerikanischen Wahlen enttarnt und angeklagt wurden, weit entfernt vom Tatort agieren, seien die Angehörigen von »Unit 29155« quer durch Europa zu ihren Tatorten unterwegs. Viele von ihnen hätten Kampferfahrungen in Afghanistan, Tschetschenien und der Ukraine gesammelt, erfuhr der Autor aus Geheimdienstkreisen.[340]

In Spanien ermittelt inzwischen der Nationale Gerichtshof gegen die GRU. Angehörige der Einheit 29155 sollen sich dort nach Erkenntnissen der Behörden munter in Konflikte innerhalb der spanischen Republik eingemischt haben. Wie die *Süddeutsche Zeitung* unter Berufung auf das spanische Blatt *El Pais* berichtete, habe der spanische Geheimdienst russische GRU-Leute bei Reisen nach Barcelona beschattet, wo sie radikale Gruppen der katalanischen Unabhängigkeitsbewegung unterstützen wollten. Ihr Ziel sei es gewesen, »die innenpolitischen Spannungen in Spanien zu verschärfen, um so das Land zu destabilisieren«.[341]

Die spanischen Ermittler konnten *El Pais* zufolge GRU-Verbindungen sowohl zu Aktivisten der linksnationalistischen Gruppierung CDR als auch zum früheren katalanischen Regionalpräsidenten Carles Puigdemont nachweisen. Schon nach dem katalonischen Unabhängigkeitsreferendum vom 1. Oktober 2017 hatte die damalige konservative spanische Regierung auf die russische Einmischung in Katalonien verwiesen, was durch den Bundesnachrichtendienst bestätigt wurde. Nach Erkenntnissen der spanischen Behörden leisteten russische Hackergruppen 2017 auch den IT-Experten der katalanischen Regionalregierung Hilfestellung, nachdem Madrid mehr als 130 Webseiten von Institutionen und Vereinen der Separatisten hatte schließen lassen. Das spanische Außenministerium informierte damals, dass in sozialen Netzwerken Tausende Nutzerkonten mit falschen Identitäten angelegt worden seien, über die für eine Radikalisierung der Position Barcelonas geworben wurde. Etwa die Hälfte lasse sich nach Russland zurückverfolgen, weitere 30 Prozent nach Venezuela. Das dortige Regime von Präsident Nicolás Maduro wird von Moskau unterstützt, Madrid kritisiert es scharf.[342]

Selbst Serbien, das sich als »Freund Russlands« sieht, musste erkennen, dass auch das nicht vor den Krakenarmen der GRU schützt. Im Herbst 2019 wurde in Belgrad ruchbar, dass ein russischer Spion, in den Mantel eines Vizemilitärattachés gehüllt, Bestechungsgelder an serbische Kontaktpersonen, darunter einen pensionierten Oberstleutnant der serbischen Armee, gezahlt hat. Belegt sind zehn Treffen des Spions Georgij Kleban mit drei serbischen Kontaktpersonen, bei denen es drei Geldübergaben gegeben habe. Der serbische Präsident Aleksandar Vučić war erschüttert. Auf einer Pressekonferenz in Belgrad beklagte er sich. »Serbien ist das einzige Land, das keine Sanktionen gegen Russland verhängt hat, nie gegen Russland gestimmt hat, nie etwas getan hat, um die Freundschaft mit Russland zu trüben.«[343]

Auch Berlin gerät ins Visier

In Berlin reifte ein Mord im Kleinen Tiergarten im Verlaufe der Ermittlungen im Herbst zu einem ausgewachsenen internationalen Skandal heran. Russische »staatliche Stellen« hatten offenkundig einen Anschlag auf einen in Deutschland lebenden, aus Georgien stammenden tschetschenischen Flüchtling organisiert. Der Generalbundesanwalt sah hinreichende Verdachtsgründe für Staatsterrorismus und zog die Ermittlungen an sich. Daraufhin verwies die Bundesregierung zwei Mitarbeiter der russischen Botschaft, GRU-Agenten unter diplomatischer Flagge, des Landes. Dass das erst Monate nach der Tat geschah, hängt wohl damit zusammen, dass die Bundesregierung Rücksicht auf die ohnehin belasteten deutsch-russischen Beziehungen nehmen wollte. Doch irgendwann hatte sich die Faktenlage derartig verdichtet, dass Berlin handeln musste, wollte es nicht gänzlich sein Gesicht verlieren. Marieluise Beck, die langjährige Grünen-Bundestagsabgeordnete und leitende Mitarbeiterin des Zentrums Liberale Moderne, zeigte sich irritiert, »wie lange der Generalbundesanwalt sich geweigert hat, den Fall an sich zu ziehen«, sagte sie dem *RedaktionsNetzwerk Deutschland (RND)*. »Dass der russische Auslandsgeheimdienst den Mörder mit Papieren ausgestattet hatte, war fast lückenlos belegt.« Doch: »Wer Scheu zeigt vor unangenehmen Wahrheiten, schwächt seine Stellung gegenüber dem Kreml.«[344]

Der ermordete Zelimkhan Khangoshvili alias Tornike Kavarashvili stammte aus dem Pakissi-Tal in Georgien, in dem die mit den Tschetschenen verwandte ethische Gruppe der Kisten zu Hause ist. Er hatte im zweiten Tschetschenien-Krieg unter den Feldkommandeuren Schamil Bassajew und Abu Walid gekämpft. Der russische Geheimdienst verfolgte ihn seit Jahren, 2015 wurde er in Tbilissi bei einem Anschlag schwer verletzt. Er floh über die Türkei zunächst nach Odessa in der Ukraine, wo der georgische Ex-Präsident Michail Saakaschwili zeitweilig Gouverneur war. Als es dort zu unsicher wurde, floh er weiter nach Deutschland. Hier fand er Unterstützung unter anderem von Ekkehard Maaß, dem Vorsitzenden der Deutsch-Kaukasischen Gesellschaft, der sich seit Jahren für Flüchtlinge aus dem Kaukasus einsetzt.

Maaß war es auch, der die deutschen Behörden von der Gefahr informierte, in der Khangoshvili schwebte. In einem Brief an das Bundesamt für Migration und Flüchtlinge vom 13. Januar 2017 teilte er der Behörde mit, dass der Tschetschene bedroht werde und täglich Drohbriefe erhalte. »Ich halte die Bedrohung Zelimkhan Khangoshvilis für so relevant, dass ich dringend darum bitte, ihn besonders zu schützen und ihn nicht dorthin zu schicken, wo er für den langen Arm Putins erreichbar ist«, schrieb Maaß. Die Behörden waren also informiert, ließen aber den Dingen ihren Lauf. Möglicherweise auch unter dem Eindruck der russischen Staatspropaganda, die alle Tschetschenen, die gegen Moskau kämpften, schlicht zu »Islamisten und Terroristen« erklärt.

Der Killer, der mit dem Fahrrad kam und den Tschetschenen im Berliner Tiergarten von hinten erschoss, wurde unmittelbar nach dem Mord gestellt. Er trug einen Pass auf den Namen Wadim Sokolow bei sich. Die russische Seite, die empört jeden Zusammenhang mit russischen Stellen zurückwies und die Zusammenarbeit verweigerte, leistete dennoch einen Beitrag zu den Ermittlungen. Sie bestätigte auf Anfrage die Echtheit des Passes von Sokolow. Das war nachweislich falsch.

Sein richtiger Name ist, wie weitere Ermittlungen ergaben, Wadim Krassikow, der früher bei der Sondereinsatzgruppe Wympel gedient hatte, die zum russischen Inlandsgeheimdienst FSB gehört. Er wird mit mindestens einem weiteren Auftragsmord, verübt in Russland, in Verbindung gebracht.[345]

Weitere Indizien deuten auf einen geheimdienstlichen Hintergrund: Der Reisepass auf den Namen Sokolow war nicht in der russischen Passdatenbank gespeichert, seine beim Visumsantrag für die EU angegebene Adresse stimmte nicht, bei seinem angeblichen Arbeitgeber kannte ihn niemand, seine Sozialversicherungsnummer erhielt der 49-Jährige erst 2019. Der Killer Sokolow-Krassikow war erst am Tag vor der Tat mit einem Schengen-Visum über Paris und Warschau nach Berlin gereist.

Der Ortsunkundige hatte keine Zeit, die Lebensgewohnheiten seines Opfers und die Örtlichkeiten auszukundschaften. Das legte den Verdacht nahe, dass er in Berlin Unterstützer hatte, die ihn mit den erforderlichen Informationen versorgten. Sie blieben bis auf Weiteres unbekannt. Durchaus denkbar ist, dass Anhänger des tschetschenischen Herrschers Ramsan Kadyrow darin verwickelt sind, die in Europa weit verzweigte, stabile Netzwerke unterhalten. Die »Kadyrowzy« sind berüchtigt für ihre zahlreichen Morde von Gegnern ihres Anführers in verschiedenen europäischen Ländern.

Kreml-Chef Putin, von Bundeskanzlerin Merkel am Rande des Normandie-Treffens in Paris auf den skandalösen Fall angesprochen, dementierte in typischer Putin-Manier die Beteiligung russischer Dienste. Die russischen Diplomaten, die aus Deutschland ausgewiesen worden seien, hätten nichts mit dem mutmaßlichen Auftragsmord im Sommer zu tun. »In Berlin wurde ein Krieger getötet, der in Russland gesucht wurde, ein blutrünstiger und brutaler Mensch«, der in zahlreiche Terroranschläge in Russland, unter anderem auf die Moskauer Metro im Jahr 2010, verwickelt gewesen sei. Einzelheiten nannte er nicht.[346] Damit lieferte er kaltschnäuzig das Motiv für eine Beteiligung russischer staatlicher Stellen an dem Mord, was aus Moskauer Sicht durch das Gesetz von 2006 abgedeckt wäre. Der Kreml-Chef garnierte seinen Auftritt noch mit einer dreisten Lüge: Russland habe einen Auslieferungsantrag, Khangoshvili betreffend, gestellt. Den aber hat in Deutschland niemand gesehen.

Die russische Spezialeinheit 29155, die in derlei Fällen in jüngster Zeit immer öfter genannt wird, ist eigentlich so geheim, dass sie lange Zeit nicht einmal innerhalb der GRU bekannt war. Andererseits geriet sie in jüngster Zeit durch spektakuläre Aktionen wie den Giftmordversuch an Skripal oder den Lauschangriff auf den Sitz der UN-Organisation für das Verbot chemischer Waffen (OCPW) in Den Haag ins Licht der Öffentlichkeit. Waren es Dilettanten, die da am Werk waren und zu deutliche Spuren hinterließen? Oder agieren die GRU-Leute neuerdings direkter und skrupelloser?

Eerik-Niiles Kross, der ehemalige estnische Geheimdienstchef, glaubt das nicht. »Diese Art von Geheimdienstoperationen sind Teil der psychologischen Kriegsführung geworden«, sagte er der *New York Times.* »Es ist nicht so, dass sie so viel aggressiver geworden sind. Sie wollen aber so wahrgenommen werden. Es ist Teil des Spiels.« Und in diesem Spiel lässt man den Gegner indirekt wissen, dass man hinter dieser oder jener Operation steckt oder stecken könnte. Das schafft Verunsicherung auf der Gegenseite und befördert einen Nimbus von Größe und Allmacht.

Was passiert nach Putin?

Wenn dieses Buch auf dem deutschen Buchmarkt erscheint, dann läuft bereits ein virtuelles Zählwerk: Dem russischen Präsidenten bleiben noch vier Jahre bis zum Ende seiner letzten Amtszeit. Das ist einerseits noch eine lange Zeit, andererseits rückt langsam ein Ereignis heran, das viele Russen kaum für möglich halten: Putin müsste, laut Verfassung, den Kreml auf immer verlassen. Ist das überhaupt möglich, fragen sich seine Landsleute, die dann ein Vierteljahrhundert von ein und derselben Person im Kreml beherrscht worden sind. Da macht sich, aus unterschiedlichen Gründen, schon jetzt Unruhe breit im Lande.

Eigentlich soll alles bleiben, wie es ist. Die Mehrheit der Russen würde einen »ewigen Putin« im Kreml durchaus begrüßen. Nachdem ihnen seit zwei Jahrzehnten eingeimpft wurde, dass nichts schlimmer sei, als das Boot zum Schwanken zu bringen, dass Stabilität und Sicherheit – garantiert durch Putins Anwesenheit im Kreml – ein hohes Gut seien, ein sicherer Schutz vor den Unwägbarkeiten des Lebens, verwundert das nicht.

Allerdings schwindet die Zahl derer, die so denken. Einer Umfrage des Lewada-Zentrums vom Juli 2019 zufolge wollten noch 54 Prozent der Befragten, dass Putin auch nach dem Ablauf seiner Amtszeit 2024 im Amt bleibt. Das ist gegenüber dem Rekordergebnis von 67 Prozent vom August 2017 ein regelrechter Absturz. Lew Gudkow, der Direktor des Zentrums, erklärte diese Entwicklung mit dem schwindenden Zutrauen seiner Landsleute in die Fähigkeiten des Präsidenten, das Land aus seinen wirtschaftlichen Problemen herausführen zu können. Insbesondere die Gruppe der 25- bis 30-Jährigen sei gegenüber dem Staatschef kritisch eingestellt. Die verbliebene Autorität des Kreml-Chefs gründe sich auf seine Alternativlosigkeit als Präsident, meinte Gudkow.[347]

Der Sommer 2019 hat gezeigt, dass es in der russischen Gesellschaft im Untergrund durchaus gärt, auch wenn diese Kräfte bislang nur schwach zu sein scheinen. Dennoch haben die Demonstrationen die herrschenden Eliten nervös gemacht. Sie wurden daran erinnert, wie in der Ukraine plötzlich ein Mann wie der Komiker Wolodymyr Selenskyj an die Spitze des Staates katapultiert wurde. Zuvor hatten sie erlebt, dass in Armenien, dem treuen Bundesgenossen, ein Nikol Paschinjan auftauchte und mit seiner Volksbewegung den herrschenden Präsidenten Sersch Sargsjan in den Ruhestand schickte. Könnte den russischen Präsidenten ein ähnliches Schicksal ereilen?

Der russische Historiker, Politologe und ehemalige Direktor des renommierten Moskauer INION (Institut für Geistes- und Sozialwissenschaften) Jurij Piwowarow, der aus Furcht vor den Nachstellungen des Kremls sein Land verlassen hat und jetzt in Deutschland lebt, sagt ja. Nach den Ereignissen im Sommer 2019 ist er hoffnungsvoll, dass eine wie auch immer geartete Erhebung seiner Landsleute Putin noch vor Ablauf seiner Amtszeit aus dem Kreml spülen wird.

Wladislaw Inosemzew glaubt das nicht: »Putin wird seine Amtszeit ruhig absitzen, davon bin ich überzeugt. Ein Kampf gegen Windmühlen ist sinnlos.« Allerdings werde das System Putin seinen »Erfinder« nicht überleben. »Das System ist personalisiert, es ist autoritär. Ich habe es mehrfach, in vielen Texten, mit dem Faschismus der 1920er Jahre verglichen. Allerdings nicht mit der deutschen Variante, sondern mit der Variante des korporativen Staates eines Mussolinis. Wenn wir von solchen Regimes reden, den personalisierten, gegründet auf der Idee von der Einheit der Nation, auf Demagogie – diese Regimes überleben ihre Begründer nicht. Als Putin 2012 in sein Amt zurückkehrte, wurde das System für immer unreproduzierbar. Seine Fortsetzung nach dem physischen Ende Putins ist unmöglich«, befindet Inosemzew.[348]

Diese Aussicht hat für viele, die es sich im Dunstkreis des Kremls bequem gemacht haben, etwas Erschreckendes. Überlegungen, wie man dem entgehen kann, indem beispielsweise Putins Amtszeit verlängert wird, machen deshalb schon lange vor der Zeit die Runde. Schließlich sei die Verfassung »keine Ikone«, heißt es in Moskau, und die Duma wäre kein Hindernis. Mit der Zweidrittelmehrheit der Kreml-Partei Einiges Russland kann jede Verfassungsänderung durchgewunken werden – bis hin zur Verlängerung der Amtszeit auf Lebenszeit. Notfalls ließe sich das mit einer besonderen Bedrohungslage begründen, in der der Kreml mit den Ängsten und Komplexen seiner Landsleute spielt. »Die große Mehrheit akzeptiert bedingungslos jeden von der politischen Führung behaupteten Ausnahmezustand, mit dem sich rechtfertigen lässt, Rechtsnormen außer Kraft zu setzen und Willkür walten zu lassen«, ist sich Lewada-Direktor Gudkow sicher.

Möglich wäre auch, die seit Langem angestrebte Union Russland-Weißrussland endlich umzusetzen. Dann könnte Putin als Präsident dieses neuen Staates praktisch wieder bei null anfangen. Als Ableitung von diesem Szenarium wurde auch die Idee lanciert, gegebenenfalls die Marionettenrepubliken von Donezk und Luhansk in der Ukraine als unabhängig anzuerkennen und mit ihrer »Wiedervereinigung« mit Russland den neuen Staat zu schaffen.

Für ein ganz anderes Szenario hat der Kreml-Chef schon vor Jahren die Voraussetzung geschaffen. Unmittelbar nach Beginn seiner dritten Amtszeit 2012 ließ er sich einen »Notlandeplatz« in Form einer Organisation vorbereiten, deren Anführer er wurde: die Allrussische Nationale Front »Sa Rossiju« (Für Russland, ONF), in der Parteien, gesellschaftliche Organisationen, Gewerkschaften und Unternehmerverbände zusammengefasst sind. Anklänge an seine DDR-Erfahrungen, wo aus künstlich geschaffenen Parteien und anderen Organisationen bis hin zum Kulturbund ebenfalls eine Nationale Front gebildet worden war, die von Honeckers SED-Politbüro und damit von ihm selbst beherrscht wurde, sind unübersehbar. Auf dem Gründungskongress der ONF im Juni 2013 wurde Wladimir Putin per Akklamation zum »Leader« gewählt. Putin kann sich der ONF als »nationaler Anführer« jederzeit bedienen, wenn es ihm sinnvoll erscheint.[349]

Natürlich bliebe noch immer die geradlinige Variante: Putin benennt vor Ablauf seiner Zeit im Kreml einen Nachfolger, der die verschiedenen »Kreml-Türme«, wie die konkurrierenden Interessengruppen genannt werden, im Griff hat und das System stabil hält. Und der, nicht minder wichtig für den amtierenden Staatschef, die Sicherheit Putins in der Zeit danach garantiert. So wie Putin es seinerzeit mit der Jelzin-Familie getan hat.

Auf einen etwas liberaleren, dem Westen gegenüber sachlicher und weniger aggressiv agierenden Politiker braucht man nach dem Stand der Dinge nicht zu hoffen. Die Zeichen in Russland stehen auf Stärke, Konfrontation und Weltmachtgehabe. Und dafür scheint sich ein Mann besonders anzubieten: Sergej Schoigu, ehemals Minister für Katastrophenschutz, seit 2012 Verteidigungsminister. Den »Silowiki«, den Vertretern des Militärs und der Geheimdienste, dürfte eine solche Kandidatur, wenn Putin sie denn erwägen sollte, entgegenkommen. Schoigu ist, wie sie, ein Befürworter einer Großmacht Russland, die logischerweise eine sehr starke Armee braucht. Er ist, wie sie, fest davon überzeugt, dass der Westen sich eine für Russland lebensbedrohliche Aufgabe gestellt hat – »die Aufgabe der Zerstörung und Versklavung unseres Landes. Wie es faktisch gemacht wurde mit den ›Kleineuropäern‹ und den ehemaligen sowjetischen Republiken« nach dem Ende der Sowjetunion.[350]

In die bis dato vergleichsweise ruhige Erörterung des Nachfolgerthemas – es ist ja noch viel Zeit – ließ der Kreml-Chef zu Beginn des Jahres 2020 eine Bombe platzen. Mit der Geschwindigkeit der Krim-Okkupation wirbelte er innerhalb weniger Tage das politische System Russlands durcheinander. Am 15. Januar verkündete er in seiner Rede zur Lage der Nation dem erstaunten Land, es sei notwendig, die Verfassung zu ändern. Unter anderem, so regte er an, solle das Parlament mehr Einfluss erhalten. Der bislang als gesellschaftliches Beratungsorgan agierende Staatsrat solle Verfassungsorgan werden, das nationale Recht über das internationale gestellt werden.

Er hatte seine Rede kaum beendet, da trat die Regierung unter Premier Dmitrij Medwedjew zurück. Nur wenige Tage später stellte der von Putin ernannte neue Ministerpräsident Michail Mischustin, davor oberster Steuereintreiber des Landes, bereits sein neues Kabinett vor. Neben vielen neuen Ministern blieben alte wie Außenminister Sergej Lawrow, Verteidigungsminister Sergej Schoigu und Innenminister Wladimir Kolokolzew im Amt. Medwedjew blieb Chef der Kreml-Partei Einiges Russland und wurde stellvertretender Chef des Sicherheitsrats. Schon drei Tage nach Putins Rede trat eine sehr flink zusammengestellte 75-köpfige Verfassungskommission zusammen, die die vom Kreml gewünschten Veränderungen einarbeiten soll. Nach altem sowjetischen Brauch sind alle populären Berufsgruppen und bekannte Persönlichkeiten vertreten: Künstler, Spitzensportler, die Ex-Kosmonautin Walentina Tereschkowa, der nationalistische Schriftsteller Sachar Prilepin. Juristen sind dagegen deutlich unterrepräsentiert. Das spielt indes keine große Rolle, denn die Kommission dient lediglich als Feigenblatt für die letztlich von Putin orchestrierte Aktion.

Russische Beobachter wie Wiktor Chamrajew kamen nach dem Auftritt des Kreml-Chefs im Januar zu dem Schluss, dass für Putin drei »Landeplätze« vorbereitet werden. Je nach Lage der Dinge könnte der Mann im Kreml einen auswählen, der ihm auch nach 2024 die Macht in Russland sichern würde. Zunächst könnte er mit einer neuen Verfassung auch eine neue Zeitrechnung beginnen, also noch einmal zwei Amtszeiten absolvieren. Als mögliche Varianten werden auch die Funktion des Parlamentssprechers, aufgewertet durch entsprechende Veränderungen in der neuen Verfassung, und der Vorsitz im zum Verfassungsorgan erklärten Staatsrat gehandelt. Zunächst klang es, als wollte der Kreml-Chef die Verfassungsänderungen per Referendum absegnen lassen. Doch sein Pressesprecher Dmitrij Peskow machte umgehend klar, dass es kein Referendum geben werde. Putin wolle sich lediglich »mit den Bürgern beraten«.[351]

Wie umgehen mit Moskau?

In Deutschland macht man sich Sorgen um die Beziehungen zu Russland, die so schlecht sind wie nie seit dem Ende des Kalten Krieges. Selbstkritisch stellt man sich hierzulande die Frage, was die deutsche Politik unternehmen kann, um das Verhältnis zu Moskau zu entspannen und die Beziehungen in ein ruhigeres Fahrwasser zu steuern? Dieses selbstkritische Hinterfragen, die Suche auch nach eigenen Fehlern, die man nur erkennen und überwinden müsste, um uns das eurasische Riesenreich im Osten wieder geneigt zu machen, ist aller Ehren wert, aber ebenso naiv wie realitätsfern.

Die Vorstellung mancher deutscher Politiker, Russland durch Gespräche und Kompromissbereitschaft zu einem Staat zu machen, der seinem imperialen Großmachtstreben und seiner Aggressivität entsagt, führt in die Irre. Denn die Prämisse, die dahinter steht, dass nämlich Moskau durch die ablehnende, »aggressive« Haltung des Westens so geworden ist, wie es sich heute präsentiert, stimmt nicht. Schon Anfang der 1990er Jahre habe ich mit Militärs und Diplomaten gesprochen, die frustriert waren ob der Niederlage im Kalten Krieg, aber mit ein wenig Wodka Optimismus entfalteten: Peredyschka (Atempause) war das Zauberwort. »Wir sind zwar gerade etwas schwach auf der Brust, aber nach einer Erholungsphase sind wir wieder da!« Und damit war nicht die Kultur- oder Wissenschaftsnation gemeint, es ging schon 1992/93 darum, militärische und geopolitische Machtpositionen wiederzuerlangen. Innerhalb von NATO oder EU, das war klar, ging das natürlich nicht.

Der Kreml, der Russland heute als Großmacht neu positionieren will, beruft sich zur Begründung seiner »wohlerworbenen Rechte« inzwischen nicht mehr nur auf den Sieg im Zweiten Weltkrieg, sondern zunehmend auch auf die »tausendjährige orthodoxe Geschichte« Russlands. Er stellt damit seine Ansprüche als unverrückbares, geradezu gottgegebenes Faktum dar. Und diese, so die Vorstellungen im Kreml, hat der Westen schlicht zu akzeptieren.

Was bleibt den Deutschen, den Europäern in dieser Situation zu tun? Auch wenn das heute angesichts der Probleme in der Europäischen Union schwierig erscheint – auf die Herausforderungen, die von Russland ausgehen, braucht es eine europäische Antwort. Deutsche Alleingänge wie einst in Rapallo oder im schrecklichen August 1939 mit dem Hitler-Stalin-Pakt verbieten sich bei Strafe schwerster Schäden für das europäische Haus und damit auch für Deutschland selbst. Gemeinsamkeit, Entschlossenheit und Illusionslosigkeit sind die Schlüsselworte für die Europäer, wenn es um das Verhältnis zu Moskau geht. Aber es braucht auch ein Quantum Gelassenheit und gute Nerven, wenn der Kreml-Chef mal wieder mit militärischer Stärke prahlt. Immerhin verfügt Moskau schon heute über ein deutliches Übergewicht bei taktischen Atomwaffen und Mittelstreckenraketen.

Eine direkte militärische Konfrontation in Europa ist allerdings höchst unwahrscheinlich. Das kann sich das ökonomisch schwachbrüstige Moskau nicht leisten. Es braucht den Westen als Devisenbringer, dem man Gas und Öl verkaufen und bei dem man seinerseits Hochtechnologie und teure Autos einkaufen kann. Die russischen Eliten wissen zudem sehr genau, dass im Konfliktfall ihre gut gepolsterten Bankkonten im Westen, die teuren Internate für die russische »goldene Jugend« ebenso gefährdet wären wie die beliebten Urlaubs- und Einkaufszentren in Westeuropa sowie die eigenen Immobilien in der Schweiz und in Deutschland, an der Côte d'Azur oder in London. Der Westen sollte sich vom grollenden Theaterdonner aus Moskau nicht allzu sehr beeindrucken lassen, ihn aber gleichzeitig ein Stück weit ernst nehmen. Putin hat bewiesen, dass er Momente der Schwäche ohne zu zögern nutzt, um die europäische Landkarte im Sinne Moskaus zu »korrigieren«.

Für diesen Balance-Akt ist indes eine Appeasement-Politik, wie sie in Teilen der deutschen politischen Klasse, im Herbst 2019 dann auch vom französischen Präsidenten Macron, empfohlen wurde, ein völlig ungeeignetes Instrument. Davon ist auch der kenntnisreiche, scharfsinnige russische Oppositionspolitiker Grigorij Jawlinskij von der Jabloko-Partei überzeugt. »Sie fragen mich, wie man eine gemeinsame Sprache mit Putin finden kann? Ich sage Ihnen: Putin versteht nur die Sprache der Macht, der Stärke.«[352]

Europa müsse seine Wirtschaft entwickeln, empfahl Jawlinskij, das Problem der Migration lösen, das Lebensniveau steigern, die Fragen der europäischen Einheit, der Sicherheit und Verteidigung in den Griff bekommen. »Bringt eure Dinge zu Hause in Ordnung. Wenn ihr mit einer Stimme sprecht, wenn ihr stark seid, dann werdet ihr auch gute Beziehungen zu Moskau haben. Putin hat keine anderen Kriterien, keine anderen

Prinzipien als die der Stärke. Wenn ihr dagegen schwach werdet, wird er angreifen. Er wird euch zwingen, seine Einflusszonen zu akzeptieren, die begrenzte Souveränität der Ukraine anzuerkennen, und er wird Keile zwischen die europäischen Staaten treiben.« Putin wolle auf keinen Fall, dass die Europäische Union solide auf eigenen Beinen stehe. »Er unternimmt alles, damit das nicht stattfindet. Aber das zu verhindern, hängt von euch selbst ab.« Ein prosperierendes, demokratisches, selbstbewusstes und geeintes Europa ist die beste Lebensversicherung, lautet die Botschaft Jawlinskijs. Wir sollten auf den Russen hören!

Es ist im Übrigen auch das beste Angebot, das man Moskau machen kann, um die Beziehungen neu zu gestalten. Das oft geforderte »Aufrechterhalten des Gesprächsfadens« funktioniert nur dann, wenn die Europäer ihrerseits selbstbewusst und konsequent auf Augenhöhe mit Moskau sprechen. Europäische Werte und Prinzipien, die zu praktizieren ja schon »zu Hause« manchmal schwerfällt, sollten nicht verhandelbar sein. Moskau ist eingeladen mitzumachen beim europäischen Projekt, das nicht nur Rechte, sondern auch Verpflichtungen mit sich bringt. Seine kruden Ordnungsvorstellungen aus dem 19. Jahrhundert wird Putin freilich draußen lassen müssen. Diesen Standpunkt sollten die Europäer unmissverständlich deutlich machen, auch auf die Gefahr hin, dass es zur Neuauflage des Mythos von der Zurückweisung kommt.

Das sind zugegebenermaßen Vorstellungen, die angesichts der aktuellen Verwerfungen innerhalb Europas und des nordatlantischen Bündnisses sehr viel hoffnungsvollen Optimismus benötigen.

ANHANG

Anmerkungen

1 Angela Stent: Putins Russland. Hamburg 2019, S. 13. Stent ist Direktorin des Center for Eurasian, Russian an East European Studies und Professor of Government and Foreign Service an der Georgetown University in Washington.

2 Sertan Sanderson, DW.com, 3.8.2019, Rammstein-Konzert. Liebesgrüße aus Russland: Reaktionen auf Rammstein-Auftritt in Moskau. https://www.dw.com/de/liebesgrüße-aus-russland-reaktionen-auf-rammstein-auftritt-in-moskau/a-49878250.

3 Das Wort vom Crony Capitalism geht wohl auf den russischen Mathematiker und scharfen Systemkritiker Pjotr Piontkowski zurück, der es schon Anfang der 2000er Jahre in Gesprächen mit mir benutzte.

4 Karen Dawisha: Putin's Kleptocracy. Who Owns Russia? New York 2014.

5 Wedomosti, 15.8.2019; https://www.vedomosti.ru/politics/news/2019/08/15/808844-sovetnik-trampa-obvinil.

6 Nikolai Sergejew, Kommersant, 19.7.2019, Generalow Rosgwardii menjajut na Tschekistow. Kadry Wiktora Solotowa peredali wychodzu iz FSB. (Generale der Rosgwardija werden gegen Tschekisten ausgetauscht. Die Kader von Wiktor Solotow wurden an Abkömmlinge des FSB übergeben); https://www.kommersant.ru/doc/4038280.

7 Pogib uvolennyj nejelnu nasad finansist sluschby podsemnych bunkerow presidenta Rossii (Der vor einer Woche entlassene Finanzchef des Dienstes für die unterirdischen Bunker des Präsidenten gestorben). ZNAK, 6.6.2019; https://www.znak.com/2019-06-06/pogib_uvolennyy_nedelyu_nazad_finansist_sluzhby_podzemnyh_bunkerov_prezidenta_rossii.

8 Wadim Bakatin, geb. 1937 in Kisseljowsk im Gebiet Kemerowo, war der letzte Chef des KGB, den er selbst zerlegte. 1991 übergab er dem US-Botschafter in Moskau russische Abhöreinrichtungen, die im Neubau der US-Botschaft versteckt waren, als Geste des guten Willens und der Kooperation. Dafür wurde er heftig

angefeindet. 1997 wechselte er als beratender Direktor zur Bank
Baring Vostok.

9   Gazprom-PJSC-Porträt, Finanzen100; https://www.finanzen100.
    de/aktien/gazprom-sp-adrs-wkn-903276_H605809429_90466/.

10 Christian Steiner: Gazprom-Chef Alexej Miller ist Putins Brief-
    tasche, Neue Zürcher Zeitung, 17.2.2019; https://www.nzz.ch/
    wirtschaft/gazprom-chef-alexei-miller-ist-putins-brieftasche-
    ld.1460208.

11 Roland Götz: Uljukajews Fall und Jewtuschenkows Niederlage.
    Rosnefts Expansion durch Annexion. Russland-Analysen 348,
    2.2.2018; http://www.laender-analysen.de/russland/.

12 Ausländische Projekte; https://www.rosneft.ru/docs/report/2017/
    ru/results/international-projects.html.

13 Zur Sberbank vgl. https://ru.wikipedia.org/wiki/Сбербанк России.

14 Zu German Oskarowitsch Gref vgl. https://kompromat.wiki/
    Герман Греф.

15 RBC500; https://quote.rbc.ru/company/109.

16 Tschemesow ozenil swoju wlijatjeljnostj w Rossii (Tschemesow
    bewertete seinen Einfluss in Russland). RBC, 30.6.2019; https://
    www.rbc.ru/rbcfreenews/5d18b36d9a79477759e20509.

17 Das russische Wort Datscha, eingedeutscht Datsche, bezeich-
    net einen Wochenendsitz, den sich die Bevölkerung der großen
    russischen Städte gern zulegt. Dessen Größe variiert – je nach
    den finanziellen Möglichkeiten – zwischen einfachen Holzhäu-
    sern und fürstlichen Anwesen aus Beton und Glas. Sie existierten
    schon zur Zarenzeit, loyale Adlige bekamen Sommerresidenzen
    vom Herrscher geschenkt, was den Begriff erklärt (datj – schen-
    ken). Zu sowjetischer Zeit wurden verdiente Parteiarbeiter,
    Staatsbedienstete, Schriftsteller, Wissenschaftler und Sportler
    damit ausgezeichnet. Im postkommunistischen Russland
    explodierte das Datschen-Wesen förmlich. In der Umgebung der
    großen Städte entstanden Hunderte Siedlungen, in der Moskauer
    Region inzwischen teilweise 100 Kilometer und mehr von der
    Metropole entfernt. Allerdings gibt es sie in der Regel nicht mehr
    geschenkt, sie kosten viel Geld.

18 Vgl. Der Fall Putin. Freies Petersburg 19.6.2015; audio.rferl.
    org/RU/2015/06/19/20150619-150500-RU081-program.
    mp3?download=1; und Karen Dawisha, S. 94/95.

19 Vollständige Liste der Gründer der Kooperative »Osero«;
    http://www.anticompromat.org/putin/ozero.html.
20 Kak bogateli tschleny »putinskowo« kooperatiwa »Osero« (Wie
    die Mitglieder der »putinschen« Kooperative »Osero« reich wur-
    den). Livejournal, 11.11.2011; http://ru-compromat.livejournal.
    com/440123.html.
21 Semja »sjatja Putina« popala w reiting Forbes bogatejschich
    semjej Rossii (Die Familie des »Schwiegersohns Putins« tauchte
    im Rating der reichsten Familien Russlands auf). Forbes.ru,
    25.8.2016: http://www.forbes.ru/news/327013-semya-zyatya-pu-
    tina-vpervye-popala-v-reiting-forbes-bogateishikh-semei-rossii.
22 Vgl. ebenda und http://www.rbc.ru/business/27/04/2016/5720a
    7589a7947378745370d.
23 Ebenda.
24 Ebenda.
25 Dawisha: Kleptocracy, S. 68.
26 The Worlds Billionaires. Gennady Timchenko. Forbes, 14.11.2019;
    http://www.forbes.com/profile/gennady-timchenko.
27 Anders Aslund: Russia's Crony Capitalism. The Path from Market
    Economy to Kleptocracy. New Haven & London 2019, S. 6.
28 Vgl. Manfred Quiring: Putins russische Welt. Wie der Kreml
    Europa spaltet. Berlin 2017, S. 43–48.
29 Ilja Asar: »Das ist ein Teufelskreis beidseitiger Paranoia«. Inter-
    view mit Mark Galeotti. Nowaja Gaseta, 27.5.2019; https://www.
    dekoder.org/de/article/galeotti-vory-putin-westen.
30 Aus dem Föderationsgesetz vom 20.6.2012: Eine nichtkommer-
    zielle Organisation, die die Funktion eines ausländischen Agen-
    ten erfüllt, ist eine nichtkommerzielle russische Organisation,
    die finanzielle Mittel oder anderes Eigentum von ausländischen
    Staaten, ihren Staatsorganen, internationalen und ausländi-
    schen Organisationen, ausländischen Bürgern, Personen ohne
    Staatsangehörigkeit oder von ihnen beauftragten Personen oder
    von russischen juristischen Personen, die finanzielle Mittel und
    anderes Eigentum aus den genannten Quellen (ausgeschlossen
    sind offene Aktiengesellschaften mit staatlicher Beteiligung und
    ihre Tochter-Gesellschaften) und die, unter anderem im Interesse
    ausländischer Quellen, an politischen Tätigkeiten teilnimmt,
    die auf dem Territorium der Russischen Föderation realisiert

werden. Siehe https://minjust.ru/ru/node/124298. Auf der Website des Lewada-Zentrums; https://www.levada.ru/: Die ANO (Autonome nichtkommerzielle Organisation) Lewada-Zentrum wurde gezwungenermaßen durch das Justizministerium in das Register der nichtkommerziellen Organisationen eingetragen, die die Funktion eines ausländischen Agenten erfüllen.

31 Lew Gudkow, Direktor des Moskauer Lewada-Zentrums. Mein Interview mit ihm fand im Juni 2019 in Moskau statt.

32 Das dritte Rom: Der Begriff geht auf den orthodoxen Mönch Filofej zurück, der im 16. Jahrhundert lebte. Er sah in der Eroberung Konstantinopels 1453 durch die Osmanen das Ende des byzantinischen Reichs, des »zweiten Roms«. Die russische Orthodoxie habe dessen Erbe angetreten, sei zum »dritten Rom« geworden, »ein viertes Rom wird es nicht geben«. Quelle: Dekoder.org: Gnosen. Moskau – das dritte Rom; https://www.dekoder. org/de/gnose/moskau-das-dritte-rom.

33 Alexander Abalow, Wladislaw Inosemzew und Ekaterina Kusnezowa: Das letzte Imperium, in: Internationale Politik, Jan./Feb. 2019, S. 118–126.

34 Jurij Krupnow: Potschemu Rossija – welikaja Strana? (Warum ist Russland eine Großmacht?). Argumenty i Fakty, 11.7.2016; http://www.aif.ru/politics/opinion/pochemu_ rossiya_-_velikaya_strana.

35 Dmitrij Trenin: Russia's Changing Identity: In Search of a Role in the 21st Century. Carnegie Center Moscow, 18.7.2019; https:// carnegie.ru/commentary/79521?mkt_tok=eyJpIjoiTm1Zd01ETmh NbVJsTlRneCIsInQiOiJDM3V4VndYWld5ekZiOWpMVHEwZkF0R 2pzRU92NnYwTTZpTE94Z3JPdDRaWDJKQWtocmJ4YVVFFR1Faa Wk5MGNhYmFUMUFVTFFT1RUxqeHp3SXFpYWhNcXZZ6d2ttY3cz cHZTSjc4WGdKRnUyMjBBWWVVI4TVB6bVpxZVpuM0hEdWVVnaiJ9. Das Carnegie Centre Moscow gehört zur Carnegie Endowment for International Peace mit Sitz in Washington. Vgl. James Kirchick: How a U.S. Think Tank Fell for Putin. The Daily Beast, 14.4.2017; https://www.thedailybeast.com/how-a-us-think-tank-fell-for-putin.

36 Der Begriff Kiewer Rus, später nur noch Rus, geht nicht auf Russland oder Russen zurück, sondern vermutlich auf das Wikingerwort Rüd, finnisch Ruotsi, die Ruderer. So wurden die Wikinger

genannt, die übers Meer gerudert kamen. Ihr Anführer war Rjurik, seine Nachfahren herrschten bis 1598 über Russland.

37 Iwan III. heiratete 1472 Sofia, die Nichte des letzten Kaisers von Byzanz, Konstantin XI. Unter dem Vorwand, dass der Patriarch von Konstantinopel, der zu dem Zeitpunkt in osmanischer Gewalt war, die Krönungszeremonie nicht vollziehen könne, krönte Iwan III. sich selbst und nahm 1478 als erster russischer Großfürst den Titel Zar an.

38 Trenin: Russia's Changing Identity.

39 Ebenda.

40 Ebenda.

41 Ebenda.

42 Keir Giles: Moscow Rules. What drives Russia to confront the West. London 2019, S. 27.

43 Christian Neef: Interview mit Sergej Karaganow: Putin-Berater droht mit Vernichtung von Nato-Waffen. Spiegel, 28/2016, 11.7.2016; https://www.spiegel.de/forum/blog/interview-mit-sergej-karaganow-putin-berater-droht-mit-vernichtung-von-nato-waffen-thread-485192-1.html.

44 Sergej Karaganow: Glawnyj russkij towar – besopasnostj (Die wichtigste russische Handelsware ist Sicherheit); http://vpk-news.ru/articles/30074.

45 Trenin: Russia's Changing Identity.

46 Mark Galeotti: We need to talk about Putin. How the West gets him wrong. (Wir müssen über Putin sprechen. Putin, wie der Westen ihn missversteht). London 2019, S. 53.

47 Putin: W mire malo stran, obladajuschtschich suverenitetom, i Rossija swoim doroschit. RIA Nowosti, 2.6.2017; https://ria.ru/20170602/1495693004.html.

48 Alexander Schatilow: Suverenitet – nje polititscheskaja roskosch, a uslowie wyschiwanija (Souveränität – kein politischer Luxus, sondern die Bedingung zum Überleben). Rossijskaja Gaseta, 2.102019; https://rg.ru/2007/10/02/suverennaya-demokratia.html.

49 Alina Polyakova, Forschungsdirektor für Europa und Eurasien, Atlantic Council. Redebeitrag auf einem Symposium des Council on Foreign Relations, New York, 13.4.2017; https://www.cfr.org/event/russian-foreign-policy.

50 Poslanije Presidenta Federalnomu Sobraniju (Botschaft des Präsidenten an die Föderationsversammlung). 1.3.2019; http://kremlin.ru/events/president/news/56957.

51 Georgij Muradow: Dwoinoi wysow Rossii (Die doppelte Herausforderung Russlands). Iswestija, 14.7.2016; http://izvestia.ru/news/622064#ixzz4EYJuelal.

52 Karla Junicic: Russian threats are real and should be taken seriously (Die russischen Bedrohungen sind real und sollten ernst genommen werden). EURACTIV.hr, 20.6.2019; https://www.euractiv.com/section/central-europe/news/lithuanian-fm-russian-threats-are-real-and-should-be-taken-seriously.

53 Andrej Illarionow: »Putin viel smarter als Obama und Trump zusammen«: Die Welt, 3.10.2019; https://www.welt.de/politik/ausland/article201356694/Andrej-Illarionow-Putin-viel-smarter-als-Obama-und-Trump-zusammen.html.

54 Vgl. Quiring: Putins russische Welt. S. 119–125.

55 Hannes Adomeit: Domestic Determinants of Russia's anti-Western Campaign (Innere Determinanten von Russlands Anti-Westen-Kampagne). Institute for Statecraft, London, 24.5.2019; https://medium.com/@instituteforstatecraft.

56 Preobraschenije ili kafkanskaja metamorphosa (Umgestaltung oder kafkaeste Metamorphose). Njesawissimaja Gaseta, 20.8.1992; https://yeltsin.ru/day-by-day/1992/08/20/50960/'. Siehe auch Interview in der Iswestija vom 10.10.1991.

57 Jelzins Brief vom 20.12.1991. Pravda, 23.12.1991.

58 Andrey Kozyrev in Radio Mayak, 23.12.1991. Foreign Broadcast Information Service, Daily Report, Soviet Union, FBIS-SOV-91–247, 24.12.1991, S. 41.

59 Diplomatitscheskij westnik, Nr. 4/5, 29.2.–15.3.1992, S. 49.

60 Adomeit: Domestic Determinants.

61 Serge Schmemann: Yeltsin Cancels Visit to Japan as Dispute Over Islands Simmers (Jelzin streicht Japan-Besuch, weil der Disput über die Inseln hochkocht). The New York Times, 10.9.1992.

62 Wie es zu dieser großen Zahl von Opfern gekommen sein soll, ist mir persönlich bis heute ein Rätsel. Als ich am Abend des 3. Oktober mit meinem Kollegen Christian Neef vom *Spiegel* auf der Suche nach Gesprächspartnern durch das Weiße Haus

tappte, war das Gebäude menschenleer, von vereinzelt an Kerzen
beleuchteten Tischen sitzenden Wachhabenden abgesehen.

63 Pinochet als Vorbild. St. Petersburger Politiker will Diktatur.
Neues Deutschland, 31.12.1993; https://www.neues-deutschland.
de/artikel/461493.pinochet-als-vorbild.html?sstr=putin.

64 For the Record: Associated Press Summary of Statements of
Vladimir Volfovich Zhirinovsky. Washington Post, 15.12.1993;
https://www.washingtonpost.com/archive/opinions/1993/12/15/
for-the-record/2681748e-f8cd-4573-843f-19fc8a2fa8e6/?utm_
term=.f5ef579beaa9.

65 Adomeit: Domestic Determinants.

66 Ebenda.

67 Common Strategy of the European Union of 4 June 1999 on
Russia (Gemeinsame Strategie der Europäischen Union vom
4. Juni 1999 gegenüber Russland). Official Journal of the European Communities, Doc. 1999/414/CFSP; https://op.europa.eu/
en/publication-detail/-/publication/38943c06-7e5d-4ca3-acc3-
c5154bd9c04e.

68 Adomeit: Domestic Determinants.

69 Strategija raswitija otnoschenij Rossijskoi Federazii s Ewropejs-
kim Sojusom na srednosrotschnuju perspektiwu (2000–2010
gody) (Die Strategie der Entwicklung der Beziehungen der Russischen Föderation mit der Europäischen Union für die mittel-
fristige Perspektive (2000–2010). Ieras.ru [no date]; http://www.
ieras.ru/journal/journal1.2000/9.htm.

70 EU Expanding its »Sphere of Influence«, Russia Says (Die EU
dehnt ihre ›Einflusssphäre‹ aus, sagt Russland). Eurobserver.com,
21.3.2009, http://euobserver.com/9/27827.

71 Adomeit: Domestic Determinants.

72 Die deutsche Politikwissenschaftlerin Margarete Mommsen
nennt das russische Herrschaftssystem treffend »das Putin-
Syndikat« und unterstreicht die starke Rolle, die die Geheimdienste darin spielen: Margarete Mommsen: Das Putin-Syndikat:
Russland im Griff der Geheimdienstler. München 2017.

73 Adomeit: Domestic Determinants.

74 Ebenda.

75 Dmitrij Grishkin: Russian Anti-Monopoly Service: State Doubles
Presence Over Past Decade (Der russische Anti-Monopol-Dienst:

Der Staat verdoppelte seine Präsenz in der vergangenen Dekade).
Moscow Times, 29.9.2016; https://www.themoscowtimes.com/
2016/09/29/russian-state-doubles-economy-presence-over-past-
decade-a55529.

76 Adomeit: Domestic Determinants.

77 Wystuplenije na rasschirennom sosedanii Gosudarstwennogo
sowjeta »O strategii raswitija Rossii do 2020 goda« (Rede auf der
erweiterten Sitzung des Staatsrates »Über die Strategie der Entwicklung Russlands bis zum Jahr 2020«). Kremlin.ru, 8.2.2008,
http://kremlin.ru/events/president/transcripts/24825.

78 President Rossii Dmitrij Medwedjew wystupil s Poslanijem
Federalnomu Sobranuju (Präsident Dmitrij Medwedjew trat auf
mit der Botschaft an die Föderationsversammlung). Kremlin.ru,
12.11.2009; http://kremlin.ru/events/president/news/5978.

79 Vgl. Quiring: Putins russische Welt.

80 Thomas Blanton, Svetlana Savranskaya: NATO Expansion:
What Gorbachev Heard, Briefing Book #613 (2017);
https://nsarchive.gwu.edu/briefing-book/russia-programs/
2017-12-12/nato-expansion-what-gorbachev-heard-western-
leaders-early.

81 Der 1942 in Memel (heute Klaipėda in Litauen) geborene Hannes
Adomeit ist als Politikwissenschaftler Senior Fellow des Instituts
für Internationale Sicherheitspolitik der Universität Kiel (ISPK)
und des Institute for Statecraft (IfS) in London. Er studierte an
der Freien Universität in Berlin und der Columbia University in
New York. Er lehrte und forschte unter anderem am International
Institute for Strategic Studies in London, der Rand Corporation
in Santa Monica, Kalifornien, dem Harvard Russian Research
Center und der Stiftung Wissenschaft und Politik (SWP) in Berlin.
Bis 2013 war Adomeit Professor am Europa-College in Warschau.
Unter seinen zahlreichen Publikationen ist sein Buch »Imperial
Overstretch: Germany in Soviet Policy from Stalin to Gorbachev«
(Baden-Baden 2016) hervorzuheben.

82 Hannes Adomeit: NATO-Osterweiterung: Gab es westliche
Garantien? Arbeitspapier Sicherheitspolitik, Nr. 3/2018. Bundes-
akademie für Sicherheitspolitik.

83 Ebenda.

84 Ebenda.

85 Michail Gorbatschow: Wie es war. Die deutsche Wiedervereini-
    gung. Berlin 1999, S. 101–105.
86 Blanton/Savranskaya: Nato-Expansion.
87 So könnte man angesichts des Namens »National Security Ar-
    chive« meinen, auf der Seite des Staatsarchivs der USA, der U.S.
    National Archives and Records Administration, gelandet zu sein.
    Die Adresse der Webseite, auf die das Briefing Book #613 gestellt
    wurde, lautet http://nsarchive.gwu.edu, die des Staatsarchivs
    https://www.archives.gov/. Die Organisation National Security
    Archive wurde Anfang der 1980er Jahre aus dem linken Spektrum
    der US-Gesellschaft gegründet. Man geht wohl nicht fehl in der
    Annahme, dass ihr Name ganz bewusst den Eindruck erwecken
    soll, dass es sich um eine Regierungsorganisation handelt,
    vergleichbar oder identisch mit dem Staatsarchiv der USA. Das
    bis heute weiterbestehende Anliegen der Organisation ist, eine
    Freigabe von als geheim eingestuften Dokumenten zu erreichen
    und der Öffentlichkeit zur Verfügung zu stellen.
88 Adomeit: NATO-Osterweiterung.
89 Ebenda.
90 Ebenda.
91 Vertrag über die abschließende Regelung in Bezug auf Deutsch-
    land, Artikel 5, http://www.documentarchiv.de/brd/2p4.html.
92 Persönliche Mitteilung, 8.1.2018.
93 Hans-Dietrich Genscher: Zur deutschen Einheit im europäischen
    Rahmen, in: Tutzinger Blätter 2, S. 3–13.
94 Adomeit: NATO-Osterweiterung.
95 Adomeit: NATO-Osterweiterung, Anmerkung: Den Autoren
    scheint entgangen zu sein, dass es eine Äußerung Genschers
    gegenüber Schewardnadse gegeben haben soll, die ihre These
    stützen könnte. Einem Aktenvermerk des Auswärtigen Amtes
    zufolge soll Genscher am 10. Februar 1990 seinem sowjetischen
    Amtskollegen Schewardnadse versichert haben: »Uns sei be-
    wusst, dass die Zugehörigkeit eines vereinten Deutschlands zur
    NATO komplizierte Fragen aufwerfe. Für uns stehe aber fest:
    Die NATO werde sich nicht nach Osten ausdehnen.« Da es in
    dem Gespräch vor allem um die DDR ging, soll Genscher aus-
    drücklich hinzugefügt haben: »Was im Übrigen die Nichtaus-
    dehnung der NATO anbetreffe, so gelte dieses ganz generell.«

In seinen Memoiren spricht Genscher allerdings nicht von irgendwelchen »Garantien«, die der Sowjetunion in diesem Zusammenhang gegeben wurden, sondern von einem »Abtasten« im Vorfeld von eigentlichen Verhandlungen.

96 Adomeit: NATO-Osterweiterung.

97 Ebenda.

98 Arnold Chatschaturow: Polowina mosta na Wostok (Die Hälfte der Brücke nach Osten). Nowaja Gaseta, 6.9.2019; https://www.novayagazeta.ru/articles/2019/09/05/81850-polovina-mosta-na-vostok.

99 Christian Neef: Interview mit Sergej Karaganow (siehe FN 43).

100 Sergej Karaganow: K welikomu okeanu – 5: Ot poworota na wostok k bolschoi ewrasii (Zum Großen Ozean – 5: Von der Wende nach Osten zu Groß-Eurasien). Valdaiclub.com, September 2017; http://ru.valdaiclub.com/files/17048/.

101 Sergej Karaganow: Rossija – woswraschtschenije domoi (Russland – die Heimkehr). Vorwort zu einem Sammelband des Instituts für Geografie der russischen Akademie der Wissenschaften mit dem Titel »Russland und das sich formierende Groß-Eurasien«. Russia in Global Affairs, 29.6.2019; https://globalaffairs.ru/pubcol/Rossiya-v-Bolshoi-Evrazii-20116.

102 Ebenda.

103 Vgl. Quiring: Putins russische Welt, S. 155.

104 Ebenda.

105 Ebenda.

106 Alexander Dugin: Ewrasija w setewoi woinje: ewraskije seti na kanunje 2015 goda (Eurasien im Internet-Krieg: Eurasische Netze am Vorabend des Jahres 2015). Geopolitika.ru, 9.12.2014; https://www.geopolitica.ru/article/evraziya-v-setevoy-voyne-evraziyskie-seti-nakanune-2015-goda.

107 Vladimir Kuzichkin: Inside the KGB. Myth & Reality. London 1990, S. 181.

108 Arkadij Schewtschenko: Mein Bruch mit Moskau. Bergisch Gladbach 1985, S. 258. Dieses Trauma spiegeln auch politische Anekdoten aus jener Zeit wider: Dem Chruschtschow-Nachfolger Breschnew wird berichtet, dass auf dem Roten Platz zehn Menschen sitzen und essen. »Na und? Lass sie doch essen, ist doch menschlich«, brummte der Parteichef. Doch sein

Sekretär kommt immer wieder herein und berichtet, dass die Zahl der Essenden ständig steige, jetzt seien es schon 20 000. »Und was ist daran so Besonderes?«, fragt der Kreml-Chef. »Genosse Breschnew, sie essen mit Stäbchen!«

109 Ebenda, S. 258 – 260.
110 Ebenda.
111 Vgl. https://de.wikipedia.org/wiki/Zwischenfall_am_Ussuri.
112 Stephen Blank: Joint Bomber Patrol Over the Pacific: The Russo-Chinese Military Alliance in Action (Gemeinsame Bomber Patrouille über dem Pazifik: Die russisch-chinesische Militärallianz in Aktion). Eurasia Daily Monitor, Volume 16, Issue 109, 30. 7. 2019; https://jamestown.org/program/joint-bomber-patrol-over-the-pacific-the-russo-chinese-military-alliance-in-action/.
113 Vgl. https://ru.wikipedia.org/wiki/Ty-95.
114 W Minoborony rasskasali o sadatschach utschenij »Zentr-2019« (Im Verteidigungsministerium berichteten sie über die Aufgaben des Manövers »Zentr-2019«). RIA Nowosti, 15. 9. 2019; https://ria.ru/20190915/1558701933.html?in=t.
115 Vassilij Kashin: Russia and China: Union or Strategic Uncertainty? (Russland und China: Union oder strategische Ungewissheit?) Russian International Affairs Council (RIAC), 29. 8. 2019; https://russiancouncil.ru/en/analytics-and-comments/analytics/russia-and-china-union-or-strategic-uncertainty/.
116 Ebenda.
117 Ebenda.
118 Wladimir Putin: Rossija i menjajuschtschijsja mir (Russland und die sich verändernde Welt). Moskowskije Nowosti, 27. 2. 2012; http://www.mn.ru/politics/78738.
119 Vgl. Gesine Dornblüth: Russlands Wende nach China. Anspruch versus Wirklichkeit. Deutschlandfunk, 27. 8. 2016; http://www.deutschlandfunk.de/russlands-wende-nach-china-anspruch-versus-wirklichkeit.724.de.html?dram%3Aarticle_id=364242.
120 Ebenda.
121 Marina Kozubinskaja: Rossija budjet prodawatj gas Kitaju s minimalnoi rentabelnostju (Russland wird China Gas mit minimaler Rentabilität verkaufen); RBC, 21. 5. 2014; https://www.rbc.ru/economics/21/05/2014/57041d219a794761c0ce9fb9.

122 Gesine Dornblüth: Russlands Wende nach China (siehe Anmerkung 119).

123 Mein Skype-Gespräch im Juni 2019 mit Wladislaw Inosemzew, der sich gerade in London aufhielt.

124 Das Konzept Neue Seidenstraße: Mit dieser Initiative – auch »One Belt, one Road« oder »Belt and Road Initiative« genannt – möchte China mit massiven Investitionen in Asien, Afrika und Europa neue Handelsrouten, Märkte und Energiequellen erschließen. China will damit zum einen der eigenen Wirtschaft Wachstumsimpulse geben. Zum anderen demonstriert es damit den Willen, seine globale Gestaltungs- und Führungsmacht auszubauen und sich an die Spitze einer globalen wirtschaftlichen Integration zu setzen. Das Riesenprojekt stößt auf Zustimmung und Skepsis zugleich: Instabile Staaten freuen sich über die Finanzspritze, während europäische Staaten fehlende Transparenz und Übersicht beklagen. Jedoch könnten EU-Staaten in Zukunft von Seidenstraßen-Projekten auch profitieren, etwa durch eine Zusammenarbeit mit chinesischen Partnern auf Drittmärkten. Quelle: Mercator Institute for China Studies (merics); https://www.merics.org/de/themen/neue-seidenstrasse.

125 Poslanije Presidenta Federalnomu Sobraniju (Botschaft des Präsidenten an die Föderationsversammlung) Kremlin.ru, 1.3.2019; http://www.kremlin.ru/events/president/news/56957.

126 Projekt: »Odin pojas – odin putj«: wosmoschnosti i wysowy dlja Rossii (Das Projekt: »Ein Gürtel – eine Route«: Möglichkeiten und Herausforderungen für Russland). Rossijskaja Gaseta, 14.2.2019; https://rg.ru/2019/02/14/proekt-odin-poias-odin-put-vozmozhnosti-i-vyzovy-dlia-rossii.html.

127 Ebenda.

128 MAD – Mutually Assured Destruction, wobei »mad« gleichzeitig auch verrückt oder wahnsinnig bedeutet.

129 Pawel Nastin: Schoigu naswal sroki peredatschi flotu podwodnych raketonoszew »Knjas Wladimir« i »Kasan« (Schoigu nannte die Fristen für die Übergabe der Unterwasser-Raketenkreuzer »Fürst Wladimir« und »Kasan«); https://tvzvezda.ru/news/opk/content/20193121347-PcYC1.html.

130 Roman Sacharow: WMF Rossii do 2014 goda polutschit 11 nowych atomnych podwodnych lodok (Die Seekriegsflotte

Russlands erhält bis 2014 elf Atom-U-Boote). Tvsvesda.ru, 10.9.2019; ttps://tvzvezda.ru/news/forces/content/201991040-oJLu1.html.

131 ZeitOnline, 23.12.2017: Nato ist besorgt über russische U-Boote; https://www.zeit.de/gesellschaft/zeitgeschehen/2017-12/atlantik-nato-besorgt-russische-u-boote-datenkabel.

132 Organisation des Vertrags über kollektive Sicherheit, ein von Russland geführtes internationales Militärbündnis. Mitglieder sind neben Russland Kasachstan, Armenien, Weißrussland, Tadschikistan und Kirgistan.

133 Pawel Felgengauer: Raketno-jaderny poker: Proiseijdjot li sdelka meschdu Rossijej i SschA po dogoworu SNV-3? (Der Atomraketen-Poker. Wird es ein Geschäft zwischen Russland und den USA beim Start-3-Vertrag geben?). Nowaja Gaseta, 10.6.2019; https://www.novayagazeta.ru/articles/2019/06/10/80840-raketno-yadernyy-poker.

134 Ebenda.

135 Ebenda

136 Ebenda.

137 Putin Says Russia Prepared To Drop Arms Control Treaty If U.S. Not Interested In Renewal (Putin sagt, dass Russland bereit ist, den Waffenkontrollvertrag fallen zu lassen, wenn die USA kein Interesse an seiner Erneuerung haben). RFE/RL, 6.6.2019; https://www.rferl.org/a/putin-says-russia-prepared-to-drop-arms-control-treaty-if-u-s-not-interested-in-renewal/29984790.html.

138 Alexander Golz: Potschemu Putin wsjo tschaschtsche napominajet o jadernoi moschtschi Rossii (Warum Putin immer öfter an die nukleare Macht Russlands erinnert). Svop.ru, 30.10.2018; http://svop.ru/main/27777/.

139 Propagandafilm »Die Weltordnung 2018«; https://russian.rt.com/russia/article/489649-putin-siriya-terrorizm-yadernoe-oruzhie.

140 Poslanije Presidenta Federalnomu Sobraniju (Botschaft des Präsidenten an die Föderationsversammlung). Kremlin.ru, 1.3.2019; http://www.kremlin.ru/events/president/news/56957. Video über die Superwaffen; https://www.youtube.com/watch?v=1ClS4zaQC0A.

141 Poslanije Presidenta Federalnomu Sobraniju (Botschaft des Präsidenten an die Föderationsversammlung).

142 Sergej Medwejew: Potjomskije Rakety (Potjomkin-Raketen). Radio Swoboda, 1.4.2018; https://www.svoboda.org/a/29133237. html.

143 Njewidimoje kopje »Peresweta«. Tschto budut sbiwatj nowym bojewym laserom (Der unsichbare Speer »Pereswet«. Was wird der neue Kampf-Laser abschießen). RIA Nowosti, 7.12.2018; https://ria.ru/20181207/1547537557.html.

144 Nowy russkij podwodnyj komplex »Poseidon« – effektivnoje sredstwo strategitscheskowo sderschiwanija protiwnika (Der neue russische Unterwasser-Komplex »Poseidon« – ein effektives Mittel zur Abschreckung des Gegners). Avia.pro, 21.2.2019; http://avia.pro/blog/atomnaya-podlodka-poseydon.

145 Medwejew: Potjomskije Rakety.

146 Ebenda.

147 Ebenda.

148 INF: Intermediate Range Nuclear Forces, zu Deutsch: nukleare Mittelstreckensysteme. Der Vertrag verbot den USA und Russland bodengestützte ballistische Raketen und Marschflugkörper mit Reichweiten zwischen 500 und 5500 Kilometern, egal ob mit konventionellen oder nuklearen Gefechtsköpfen bestückt. Es ging um Waffen wie die sowjetische SS-20-Raketen und die amerikanische Pershing II, die binnen Minuten jedes Ziel in Europa hätten erreichen können. Fast 3000 solche Raketen wurden zerstört.

149 Vgl. Bundeszentrale für politische Bildung, 21.11.2018: Vor 35 Jahren: Bundestag bestätigt Entscheidung zum Nato-Doppelbeschluss; http://www.bpb.de/politik/hintergrund-aktuell/280816/nato-doppelbeschluss.

150 Joachim Krause, Direktor des Instituts für Sicherheitspolitik an der Universität Kiel: Der INF-Vertrag hat sich überlebt. Neue Zürcher Zeitung, 1.8.2019; https://www.nzz.ch/international/der-inf-vertrag-hat-sich-ueberlebt-ld.1499133.

151 Andrej Lipskij: »Alexej Arbatow: Bes strogowo kontrolja nad wooruschenijem ljuboi krisis podwodit k grani woiny«. Nowaja Gaseta, 8.6.2019; https://www.novayagazeta.ru/articles/2018/06/08/76754-aleksey-arbatov-bez-strogogo-

kontrolya-nad-vooruzheniyami-lyuboy-krizis-podvodit-k-grani-voyny.

152 Pawel Felgengauer: Prekraschtschenie raketnowo dogowora: wosmoschnosti dlja Ukrainy, bessubostj Putina i ujaswimostj SschA (Die Beendigung des Raketenvertrags: die Möglichkeiten der Ukraine, die Zahnlosigkeit Putins und die Verletzlichkeit der USA). Apostrof, 2.8.2019; https://apostrophe.ua/article/world/ex-ussr/2019-08-02/prekraschenie-raketnogo-dogovora-vozmojnosti-dlya-ukrainyi-bezzubost-putina-i-uyazvimost-ssha/27108.

153 Felgengauer. Die Beendigung des Raketenvertrags.

154 Mathias Kolb, Paul-Anton Krüger: Der Grundpfeiler stürzt. Süddeutsche Zeitung, 3./4.8.2019.

155 Nato-Generalsekretär Stoltenberg – »Russen sind schuld am Auslaufen des INF-Vertrags«. ZDF, 2.8.2019; https://www.zdf.de/nachrichten/heute/nato-generalsekretear-stoltenberg-zum-auslaufen-des-inf-vertrags-100.html.

156 Rossija priostanowila utschastije w Dogoworje o likwidazii raket srednjej i menschej dalnosti (Russland beendete die Teilnahme am Vertrag über die Abschaffung der Raketen mittlerer und kürzerer Reichweite). Perwy Kanal, 3.7.2019; https://www.1tv.ru/news/2019-07-03/367992-rossiya_priostanovila_uchastie_v_dogovore_o_likvidatsii_raket_sredney_i_menshey_dalnosti.

157 Ebenda.

158 Stefan Kornelius: Raketen-Schach. Mithilfe moderner Waffen baut die Volksrepublik ihren Einfluss im Pazifik aus, Washington will energisch dagegenhalten. Süddeutsche Zeitung, 10./11.8.2019; https://www.sueddeutsche.de/politik/streitkraefte-raketen-schach-1.4558570.

159 Krause: Der INF-Vertrag hat sich überlebt.

160 Ebenda.

161 Oliver Thränert: Der INF-Vertrag läuft aus, dennoch sollte sich der Westen vor einer Aufrüstungsspirale hüten – es gibt heute flexiblere Formen nuklearer Selbstverteidigung. Neue Zürcher Zeitung, 23.7.2019; https://www.nzz.ch/meinung/der-inf-vertrag-ist-geschichte-gefragt-ist-flexible-abschreckung-ld.1496051.

162 Ebenda.

163 Oliver Meier: Gefahr eines neuen Wettrüstens steht im Raum. ZDF, 2.8.2019; https://www.zdf.de/nachrichten/heute/experte-oliver-meier-gefahr-eines-neuen-wettruestens-steht-im-raum-100.html.

164 Jurij Swerjew: Rossijskije wojennyje basy i objekty sa rubeschom: Kasachstan, Tadschikistan, Kirgistan (Die russischen Militärstützpunkte und Objekte im Ausland: Kasachstan, Tadschikistan, Kirgistan). Eurasia.Ekspert, 18.4.2017; https://eurasia.expert/rossiyskie-voennye-bazy-i-obekty-za-rubezhom-asia/.

165 Margarete Klein: Russlands Militärpolitik im postsowjetischen Raum. Ziele, Instrumente und Perspektiven. Deutsches Institut für Internationale Politik und Sicherheit. SWP-Studie 19; September 2018; https://www.swp-berlin.org/fileadmin/contents/products/studien/2018S19_kle.pdf.

166 Georgi Gabunia vom TV-Sender Telawi-2 hatte in einer Sendung im Juli 2019 mit einer Grußbotschaft an »unseren großen Freund, den russischen Präsidenten, Wladimir Putin« begonnen. Dann folgte ein Wortschwall, gespickt mit rüdesten Schimpfworten. Putin sei ein Haufen Scheiße und ein stinkender Besatzer. Er solle sich ficken – gemeinsam mit seinen Sklaven. Putins Eltern sollten in der Hölle schmoren, er werde auf ihr Grab pinkeln, sagte Gabunia.

167 Wolodin potrebowal ot presidenta Grusii iswinitsja sa chamstwo (Wolodin forderte von der Präsidentin Georgiens eine Entschuldigung für Niedertracht). RIA Nowosti, 23.7.2019; https://ria.ru/20190723/1556818243.html.

168 EU-Bericht: Georgien begann Kaukasuskrieg. EurActive, 30.9.2009; http://www.euractive.de/europa-2020-und-reformen/artikel/eu-bericht-georgien-begann-kaukasus-krieg-002166.

169 Dabei handelte es sich um 1900 strategische Nuklearsprengköpfe und zwischen 2650 und 4200 taktische Kernwaffen (Artilleriegranaten, Bomben, Kurzstreckenraketen). Das größte Bedrohungspotenzial besaßen die 176 in der Ukraine in Silos verbunkerten strategischen Interkontinentalraketen (ICBM) und die 44 strategischen Bomber, fähig, Atombomben über Tausende Kilometer zu transportieren und nukleare Flügelraketen abzufeuern.

170 Vgl. http://www.nti.org/analysis/articles/ukraine-nuclear-
disarmament.

171 Langfassung des Interviews mit Wladimir Putin:
»Natürlich haben wir im Rahmen des Völkerrechts gehandelt«,
Tagesschau vom 2.9.2008; https://www.tagesschau.de/
ausland/putininterview100.html.

172 Rudolf Hermann: Janukowitsch erläutert sein »Njet« zur EU.
Neue Zürcher Zeitung, 28.11.2013; https://www.nzz.ch/
janukowitsch-erlaeutert-sein-njet-zur-eu-1.18193560.

173 Moritz Kirchner: Der Ukraine-Konflikt und die Paradoxien der
Linken. Blätter für deutsche und internationale Politik, 5/2014,
S. 78/79; https://www.blaetter.de/archiv/jahrgaenge/2014/mai/
der-ukraine-konflikt-und-die-paradoxien-der-linken.

174 Vgl. Andrej Lipskij: »Predstawljajets prawilnym iniziierowatj
prisojedinenije wostotschnych oblastjej Ukrainy k Rossiju«
(»Es erscheint richtig, einen Prozess des Anschlusses östlicher Verwaltungsbezirke der Ukraine an Russland zu initi-
ieren«). Nowaja Gaseta, 25.2.2015; https://novayagazeta.ru/
articles/2015/02/24/63168-171-predstavlyaetsya-pravilnym-
initsiirovat-prisoedinenie-vostochnyh-oblastey-ukrainy-k-
rossii-187.

175 Alexander Tichonow: Brigada glubinnoi raswedki (Brigade
der Tiefenaufklärung). Krasnaja Swesda, 22.10.2015; http://
archive.redstar.ru/index.php/newspaper/item/26253-brigada-
glubinnoj-razvedki?mc_cid=161dcb280a&mc_eid=def6f284fe.

176 In der zweiten Hälfte der 1990er und in den 2000er Jahren war
Aksjonow in der Verwaltung für den Kampf gegen das organi-
sierte Verbrechen als Mitglied der Gangstergruppierung Salem
bekannt. Unter dem Spitznamen »Goblin« (Kobold) war er den
Erkenntnissen der Kriminalmiliz zufolge für die »schmutzigen«
Fälle zuständig. http://www.mzk1.ru/2016/11/mezhdu-
strok-biografii-politika-sergeya-aksenova-prosmatrivayutsya-
vodyanye-znaki-kriminala/.

177 Alya Shandra, Robert Sheely: The Surkow-Leaks. The inner
Workings of Russia's Hybrid War in Ukraine. Royal United
Services Institute, Juli 2019; https://rusi.org/publication/
occasional-papers/surkov-leaks-inner-workings-russias-
hybrid-war-ukraine.

178 Oleksii Bratushchak: »Ich sdjes njet«. Wojennyje poteri Rossii ha Donbassee. Tschast 1 (Oleksii Bratushchak: »Sie sind nicht hier«. Militärische Verluste Russlands im Donbass. Teil 1). Pravda.com.ua, 27.4.2017; https://www.pravda.com.ua/rus/articles/2017/04/27/7142461/.

179 Claudia von Salzen: Kiew und Moskau billigen »Steinmeier-Formel«. Was die Einigung zwischen der Ukraine und Russland bedeutet. Der Tagesspiegel, 4.10.2019; https://www.tages-spiegel.de/politik/kiew-und-moskau-billigen-steinmeier-formel-was-die-einigung-zwischen-der-ukraine-und-russland-bedeutet/25081558.html.

180 Vgl. Oleksij Haran: Die Steinmeier-Formel: Worauf sich die Ukraine einlässt. Ukraine verstehen, 1.10.2019; https://ukraine verstehen.de/haran-steinmeier-formel/?fbclid=IwAR0HZxCg1 HxHvJ_fKc5t-rRzV6ccXOHAlWBt6VwMydSTrfcUisNscd8ki2I.

181 Vgl. Ukrainegipfel in Paris. Teilnehmer vereinbaren Waffen-stillstand in Ostukraine. Spiegel Online, 10.12.2019; https://www.spiegel.de/politik/ausland/ukrainegipfel-was-wladimir-putin-und-wolodymyr-selenskyj-vereinbart-haben-a-1300486.html.

182 Das komplette Putin-Interview mit der Financial Times in deutscher Übersetzung. Russland-News, 30.6.2019; http://www.russland.news/das-komplette-putin-interview-mit-der-financial-times-in-deutscher-uebersetzung/.

183 Kassem Sulejmani: Kem byl general, ubediwschij Putina prijti w Siriju (Kassem Sulejmani: Wer war der General, der Putin überzeugte, in Syrien einzurücken). BBC, 3.1.2020; https://www.bbc.com/russian/news-50981883.

184 Ebenda.

185 Schoigu w perwom sa sjem let interwju rasskasal, schto operazija w Sirii dala Rossiju (In seinem seit sieben Jahren ersten Interview berichtete Schoigu, was die Operation in Syrien Russland brachte). Riafan.ru, 22.9.2019; https://riafan.ru/1214051-shoigu-v-pervom-za-sem-let-intervyu-rasskazal-chto-operaciya-v-sirii-dala-rossii.

186 Trenin: Russia's Changing Identity. Im Januar 2020 streitet man sich wieder wegen türkischer Angriffe auf Truppen Assads, den Moskauer Bundesgenossen.

187 Kristin Helberg: Der Syrienkrieg. Lösung eines Weltkonflikts. Freiburg im Breisgau 2018, S. 159.

188 Ebenda, S. 160.

189 Syrian Network For Human Rights (SNHR), Statistik 2019; http://sn4hr.org/.

190 Pavel Felgengauer: Russia's Perceived Major Victory in Syria Hits a Snag (Russlands gefühlter großer Sieg in Syrien hat einen Haken). Eurasian Daily Monitor, 31.10.2019; https://bap.navigator.web.de/mail?sid=148206092cfd98414dc5ebf7210 50241b37a0cfd1f1911082f23104ec7861931ccfe931870427116516 edb64d49cd5dd.

191 Die Einsetzung des Verfassungskomitees für Syrien ist Teil einer Resolution des UN-Sicherheitsrats von 2015. Das aus 150 Mitgliedern bestehende Gremium ist zu je einem Drittel aus Vertretern der Assad-Regierung, der Opposition und der Zivilgesellschaft zusammengesetzt. Die Ergebnisse des Komitees sollen von einer 45-köpfigen zweiten Kammer geprüft werden, die dann auch die neue Verfassung vorbereiten soll.

192 Liane von Billerbeck im Gespräch mit Kristin Helberg zum Syrien-Verfassungskomitee: »Der Versuch, eine politische Lösung vorzutäuschen«. Deutschlandfunk Kultur, 30.10.2019; https://www.deutschlandfunkkultur.de/kristin-helberg-zum-syrien-verfassungskomitee-der-versuch.1008.de.html?dram: article_id=462187.

193 Dr. Falk Bomsdorf: Wohin treibt Russland? Vortrag im Rahmen des Top-Management-Programms der Bayrischen Staatskanzlei. München 25.9.2012.

194 Vgl. ebenda.

195 Sergej Solowjow: Obscedostupnyje ctenija o russkoi istorii (Allgemein zugängliche Vorlesung über die russische Geschichte). Moskau 1874, S. 59, zitiert nach Felix Philipp Ingold: Russische Wege. Geschichte. Kultur. Weltbild. München 2007, S. 50, Fn. 98.

196 Georgij Gacev: Russkaja Duma. Moskau 1991, S. 142, zitiert nach Ingold: Russische Wege, S. 93, Fn. 191.

197 Frank Herold: Nördlicher Seeweg. Klimawandel schafft neue Handelswege. Der Tagesspiegel, 26.10.2018; https://www.tagesspiegel.de/wirtschaft/noerdlicher-seeweg-klimawandel-schafft-neue-handelswege/23215430.html.

198 Manfred Quiring: Klare Antwort Moskaus: »Die Arktis ist russisch«. Die Welt, 21.8.2007; https://www.welt.de/welt_print/article1121986/Klare-Antwort-Moskaus-Die-Arktis-ist-russisch.html.

199 Manfred Quiring: Russland macht Ernst mit Nordpol-Anspruch. Die Welt, 21.9.2007; https://www.welt.de/politik/article1203380/Russland-macht-Ernst-mit-Nordpol-Anspruch.html.

200 Die Grundlagen der staatlichen Politik der Russischen Föderation in der Arktis in der Periode bis 2020 und der weiteren Perspektive. Am 18.9.2008 bestätigt von Präsident Dmitrij Medwedjew; http://governement.ru/info/18359/.

201 Vgl. Gerd Braune: Die Arktis. Porträt einer Weltregion. Berlin 2016, S. 106.

202 Putin: Rossija nje sobirajetsja sanimatsja militarisazii Arktiki (Putin: Russland hat nicht die Absicht, sich mit der Militarisierung der Arktis zu beschäftigen). TASS, 19.12.2014; http://old.tass.com/politika/1660848.

203 Putin o »militarisazii Arktiki«: Rossija dejstwujet lokalno, w otlitschije ot SschA (Putin über die »Militarisierung der Arktis«: Russland handelt lokal, im Gegensatz zu den USA). Riafan, 30.3.2017; https://riafan.ru/690403-putin-o-militarizacii-arktiki-rossiya-deistvuet-lokalno-v-otlichie-ot-ssha.

204 Aleksander Scharkowskij: Nato gotowitsja nastupatj w Arktike (Die Nato bereitet sich vor, in der Arktis anzugreifen). Njesawissimaja Gaseta, 15.10.2018; http://www.ng.ru/armies/2018-10-15/2_7332_nato.html.

205 Sawerschenije utschenija OSK Sewer (Abschluss des Manövers OSK Sewer). Wojennoje Obiosrenije, 3.10.2016; https://topwar.ru/101447-zaversheny-ucheniya-osk-sever.html.

206 Aleksej Michailow: Tschem wooruscheny rossijskije woiska w Arktike (Womit sind die russischen Truppen in der Arktis ausgerüstet). Rossijskaja Gaseta, 3.7.2018; https://rg.ru/2018/07/03/chem-vooruzheny-rossijskie-vojska-v-arktike.html.

207 Polk Sewernowo flota w Arktikje pereschol na SRK S-400 (Ein Regiment der Nordflotte in der Arktis ging über zum Flugabwehrkomplex S-400). Riafan.ru, 16.9.2019; https://riafan.ru/1212333-polk-severnogo-flota-v-arktike-pereshel-na-zrk-s-400.

208 Igor Gaschkow: Afrikanskaja Ochota. Rossija woswraschtschajetsja na Tschornyj kontinent (Die Afrikanische Jagd. Russland
kehrt auf den afrikanischen Kontinent zurück). TASS, 4.9.2019;
https://tass.ru/mezhdunarodnaya-panorama/6837339.

209 Ebenda.

210 Ebenda.

211 Ebenda.

212 Sergej Duchanow, Emil Awdaliani: Na Ukrainu tscheres Afriku
(In die Ukraine durch Afrika). VPK-News, 16.9.2019; https://
vpk-news.ru/articles/51452.

213 Ebenda.

214 Glawa schtaba oborony Welikobritannii sajawil o stremlenije
Rossii usilitj wlijanije w Afrikje (Der Stabschef der Verteidigung
Großbritanniens berichtete über die Bestrebung Russlands,
seinen Einfluss in Afrika zu verstärken). Kommersant, 8.8.2019;
https://www.kommersant.ru/doc/4065701.

215 Interview to TASS News Agency. Vladimir Putin gave an interview to TASS Russian State News Agency on Russia – Africa
Summit in Sochi (Interview für die TASS-Nachrichtenagentur.
Wladimir Putin gab der russischen staatlichen Nachrichtenagentur TASS ein Interview zum Russland-Afrika-Gipfel in
Sotschi). Kremlin.ru, 21.10.2019; http://en.kremlin.ru/events/
president/news/61858.

216 Arnold Chatschaturow, Anastasija Torop, Maria Jefimowa:
Okasalis w tropikach. Rossija s pompoi woswraschtschajetsja
w Afriku, schtoby powtoritj oschibki proschlowo (In den
Tropen gefangen. Russland kehrt mit Pomp nach Afrika
zurück, um die Fehler der Vergangenheit zu wiederholen).
Nowaja Gaseta, 26.10.2019; https://www.novayagazeta.ru/
articles/2019/10/26/82513-okazalis-v-tropikah.

217 Duchanow/Awdaliani: In die Ukraine durch Afrika.

218 Orhan Dschemal lernte ich während meiner Tätigkeit als
Korrespondent in Moskau als klugen, freundlichen und hilfs-
bereiten Journalisten kennen. Mit seiner Ermordung, mit der
Tötung seiner Begleiter, erhöhte sich die Zahl meiner russischen Kollegen, die ich in Russland kennenlernen durfte und
die in Ausübung ihres Berufes gewaltsam zu Tode kamen,
wieder einmal.

219 Schurnalisty WGTRK raswentschali mif o tak nasywajemoi TschWK »Wagner« w ZAR (Journalisten von WGTRK entlarvten das Gerücht über die sogenannte TschWK »Wagner« in der ZAR). Riafan.ru, 29.9.2019; https://riafan.ru/1215822-zhurnalisty-vgtrk-razvenchali-mif-o-tak-nazyvaemoi-chvk-vagnera-v-car.

220 Jurij Safronow, Irek Murtasin: Nam nuschen swoi ZAR? (Brauchen wir unsere ZAR?). Nowaja Gaseta, 2.8.2018; https://www.novayagazeta.ru/articles/2018/08/02/77376-nam-nuzhen-svoy-tsar.

221 Duchanow/Awdaliani: In die Ukraine durch Afrika.

222 Ebenda.

223 Rossijsko-egipetskije peregowory (Russisch-ägyptische Verhandlungen); Kremlin.ru, 11.12.2017; http://kremlin.ru/events/president/news/56354.

224 Vgl. Ridvan Bari Urcorsta: Strategic Consequences of Russia's Economic Presence in the Suez Canal Zone (Strategische Konsequenzen von Russlands Wirtschaftspräsenz in der Suez-Kanalzone). Eurasia Daily Monitor, 17.9.2019; https://jamestown.org/program/strategic-consequences-of-russias-economic-presence-in-the-suez-canal-zone/.

225 Maksim Karpenjuk: Rossijsko-egipetskije otnoschenija: wojennyje swjasi budut peodolscheny (Die russisch-ägyptischen Beziehungen: Die militärischen Verbindungen werden fortgesetzt). Moskowskij Komsomolez, 18.10.2018; https://www.mk.ru/politics/2018/10/18/rossiyskoegipetskie-otnosheniya-voennye-svyazi-budut-prodolzheny.html.

226 Samer Al-Atrush: Libya Urges U.S. to Help End Conflict as Russian Role Grows (Libyen drängt die USA, den Konflikt zu beenden, während Russlands Rolle wächst). The Moscow Times, 11.11.2019; https://www.themoscowtimes.com/2019/11/11/wherever-wagner-goes-destruction-happens-libya-slams-russian-intervention-a68114.

227 Ebenda.

228 Ulrich Schmid: Seit April versucht der Warlord Haftar in Libyen, Tripolis einzunehmen – auch mit Hilfe einer russischen Söldner-Truppe. Neue Zürcher Zeitung, 5.12.2019; https://www.nzz.ch/international/libyen-putins-naechster-stellvertreter-konflikt-provoziert-usa-ld.1526444.

229 Ilja Polonskij: Satschem Rossija podderschiwajet feldmarschala Haftara? (Wozu unterstützt Russland Feldmarschall Haftar?). Wojennoje Obosrenije, 29.11.2018; https://topwar.ru/150461-zachem-rossija-podderzhivaet-feldmarshala-haftara.html.

230 Ulrich Schmid: Der libysche General Haftar lässt in Russland Geld drucken. Neue Zürcher Zeitung, 24.11.2019; https://www.nzz.ch/international/der-libysche-general-haftar-laesst-in-russland-geld-drucken-ld.1439240?reduced=true.

231 Libyen-Konferenz. Teilnehmer einigen sich auf Waffenembargo und Ende der militärischen Unterstützung. Spiegel, 19.1.2020; https://www.spiegel.de/politik/ausland/libyen-konferenz-teilnehmer-einigen-sich-auf-waffenembargo-und-ende-der-militaerischen-unterstuetzung-a-d72247b2-bc49-444e-9315-8eeeca1cb675.

232 Press-konferenzija po itogam rossijsko-germanskich peregoworow (Pressekonferenz zu den Ergebnissen der russisch-deutschen Verhandlungen). Kremlin.ru, 11.1.2020; http://kremlin.ru/events/president/news/62565.

233 Rossija natschala stroitj wojenno-morskuju basu w Wenesuele: amerikanzy w beschenstwe (Russland hat mit dem Bau eines Flottenstützpunkts in Venezuela begonnen: Die Amerikaner sind wütend). Yandex Zen, 15.11.2019; https://zen.yandex.ru/media/id/5d75e6563f548700ad8b79ed/rossiia-nachala-stroit-voennomorskuiu-bazu-v-venesuele-amerikancy-v-beshenstve-5dc90bd5a6ab130593cf9b7a.

234 Andrej Polunin: General Iwaschow: Nascha basa w Wenesuele ne nuschna, rakety moschno postawitj w Nikaragua (General Iwaschow: Unsere Basis in Venezuela ist unnötig, Raketen können wir in Nicaragua aufstellen). Swobodnaja Pressa, 6.12.2018; https://svpressa.ru/war21/article/218195/.

235 Ebenda.

236 Neues Kooperationsabkommen. Nach neuen US-Sanktionen: Kuba erhält Unterstützung von Russland. Handelsblatt, 4.10.2019; https://www.handelsblatt.com/politik/international/neues-kooperationsabkommen-nach-neuen-us-sanktionen-kuba-erhaelt-unterstuetzung-von-russland/25083910.html.

237 Ministr propagandy Aleksej Gromow (Propagandaminister Alexej Gromow). Ruspres.com, 24.1.2019; https://www.rospres.

com/government/26460/. Eine Ausnahme ist Projekt.Media,
eine Vereinigung unabhängiger russischer Journalisten,
die es wagen, heiße Themen anzufassen, um die die von
Gromow orchestrierten Medien einen weiten Bogen machen:
https://www.proekt.media/.

238 Alexej Wenediktow: Für viele gehört die Pressefreiheit nicht
zu den Grundbedürfnissen. Planet-Interview.de, 9.1.2008;
http://www.planet-interview.de/interviews/alexej-wenediktow/
34512/.

239 Michail Rubin, Maria Scholobowa, Roman Badanin: Powelitjel
Kukol. Portret Alekseja Gromowa, rukowoditjel rossijskoi gosu-
darstwennoi propagandy (Der Gebieter der Puppen. Porträt von
Alexej Gromow, Leiter der russischen staatlichen Propaganda)
Projekt.Media, 23.1.2019; https://www.proekt.media/portrait/
alexey-gromov/.

240 Vgl. ebenda.

241 Putin raskritikowal negativnoje osweschenije Ukrainy na ros-
sijskom telewidenije (Putin kritisierte die negative Beleuchtung
der Ukraine im russischen Fernsehen). Lenta.ru, 2.10.2019;
https://lenta.ru/news/2019/10/03/ukr_no/.

242 Oleg Kaschin: Ministerstwo prawdy. Margarita Simonjan,
glawny redaktor Russia Today (Das Ministerium der Wahrheit. Margarita Simonjan, Chefredakteurin von Russia Today).
Afischa, 18.10.2011; http://archive.fo/dvhHo.

243 Vgl. Rubin/Scholobowa/Badanin: Powelitjel Kukol.

244 Siehe ebenda.

245 Simone Brunner: Oligarch Malofejew: »Sagt doch:
Wir sind die EU, wir sind Sodomiten«. Profil, 2.6.2016;
http://www.profil.at/ausland/oligarch-malofejew-sagt-
wir-eu-sodomiten-6394808.

246 Ebenda.

247 Website des WRNS; https://vrns.ru/o_sobore.

248 Ebenda.

249 Vgl. https://vrns.ru/news/5141.

250 »My – imperskaja nazija«: Malofejew sajawil, schto Ukraina dol-
schna wernutsja w Rossiju (»Wir sind eine imperiale Nation«:
Malofejew erklärte, dass die Ukraine zu Russland zurückkehren
soll). Tsargrad.tv, 4.10.2019; https://tsargrad.tv/news/my-

imperskaja-nacija-malofeev-zajavil-chto-ukraina-dolzhna-
vernutsja-v-rossiju_220156.

251 Vgl. Bisnesmen Konstantin Malofejew, beruschtschij dengi
»is neotkuda«, sosdajot monarchitscheskuju partiju
(Der Geschäftsmann Konstantin Malofejew, der Geld aus
dem »Nirgendwo« nimmt, gründet eine monarchistische
Partei). Newsru.com, 19.11.2019; https://www.newsru.com/
russia/19nov2019/malofeevparty.html.

252 Aleksej Bogdanowskij: Adwokaty »Konkord menedschment«
potrebowali ot suda snjatj obwinjenie w sgoworje (Die Anwälte
von »Konkord Management« fordern vom Gericht, die Anschuldigung wegen Verschwörung aufzuheben). RIA Nowosti,
8.10.2019; https://ria.ru/20191008/1559556262.html.

253 US-Justiz klagt Russen wegen Wahl-Einmischung an. Deutsche
Welle, 16.2.2018; https://www.dw.com/de/us-justiz-klagt-
russen-wegen-wahl-einmischung-an/a-41579027.

254 Vgl. ebenda.

255 Als Troll bezeichnet man im Netzjargon eine Person, die ihre
Kommunikation im Internet auf Beiträge beschränkt, die auf
emotionale Provokation anderer Gesprächsteilnehmer zielen.
Dies erfolgt mit der Motivation, eine Reaktion der anderen
Teilnehmer zu erreichen.

256 Riesige Reichweite russischer Propaganda im US-Wahlkampf. Deutsche Welle, 31.10.2017; https://www.dw.com/
de/riesige-reichweite-russischer-propaganda-im-us-
wahlkampf/a-41179790.

257 Vgl. New Knowledge: The Tactics & Tropes of the Internet
Research Agency; https://disinformationreport.blob.
core.windows.net/disinformation-report/NewKnowledge-
Disinformation-Report-Whitepaper-121718.pdf.

258 Alois Berger: Russlands Desinformationspolitik. Die Arbeit
eines russischen Trolls. Deutschlandradio Kultur, 24.5.2016;
http://www.deutschlandradiokultur.de/russlands-
desinformationspolitik-die-arbeit-eines.976.de.html?
dram%3Aarticle_id=353183.

259 Tschemodan kescha, Prigoschin, Afrika. Film Bi-bi-si o wybo-
rach na Madagaskare (Koffer mit Cash, Prigoschin, Afrika. Film
der BBC über die Wahlen in Madagaskar). BBC News, russkaja

sluschba (russischer Dienst), 8.4.2019; https://www.youtube.com/watch?v=R3PM9IvTC4M.

260 Michail Rubin, Maria Scholobowa, Roman Badanin: Schef powar. Tschast tscherwjortaja. Rassledowanije o tom, kak Rossija utschastwujet w graschdanskoi woinje w Liwii (Chefkoch. Teil vier. Untersuchung darüber, wie Russland am Bürgerkrieg in Libyen teilnimmt). Projekt.Media, 23.1.2019; https://www.proekt.media/investigation/prigozhin-libya/.

261 Ebenda.

262 Ebenda.

263 Putin podtwerdil prisutstwije tschastnych ochrannych kompanij w Sirii (Putin bestätigte die Anwesenheit privater Sicherheitsunternehmen in Syrien). Interfax, 20.6.2019; https://www.interfax.ru/russia/666012.

264 Ebenda.

265 Homepage der Moran Security Group. http://moran-group.org/en/about/index.

266 Vgl. TschWK »Wagnera«. Ruscompromat; http://rucompromat.com/persons/utkin_dmitriy; http://rucompromat.com/organizations/chvk_vagnera.

267 Woina tschuschich (Der Krieg der Fremden). Rosbalt, 22.11.2018; https://www.rosbalt.ru/russia/2018/11/22/1748231.html.

268 Sergej Suchankin: New Russian PMC Spotted in Syria: Potential Military Links and Implications (Ein neues russisches privates Militärunternehmen in Syrien beobachtet: Potenzielle militärische Verbindungen und Implikationen). Eurasia Daily Monitor, 7.8.2019; https://bap.navigator.web.de/mail?sid=e71ba923f030 48426305e7208ab7a3ee16947372e2c6be1ce5174873a036a91385 2e117a00dc5b3b416103c62283f1a3.

269 Guderian war noch 1940, als westliche Staaten längst gegen Hitler kämpften, Gasthörer an der sowjetischen Panzer-Akademie in Moskau.

270 Pakt Molotowa-Ribbentropa. Istoritscheskkaja sprawka (Der Molotow-Ribbentrop-Pakt. Historische Auskunft). RIA Nowosti, 23.8.2009; https://ria.ru/20090823/181846299.html.

271 Lisa Dubrowskaja: Putin napugal Sapad swoimi sajawlenijami o pakte Molotowa-Ribbentropa (Putin erschreckte den Westen mit seinen Erklärungen zum Molotow-Ribbentrop-Pakt).

Moskowskij Komsomolez, 7.11.2014; http://www.mk.ru/
politics/2014/11/07/putin-napugal-zapad-svoimi-
zayavleniyami-o-pakte-molotovaribbentropa.html.

272 Geschichtsstreit überschattet Gedenkfeier in Polen. Spiegel
Online, 1.9.2009; https://www.spiegel.de/politik/ausland/
jahrestag-des-kriegsbeginns-geschichtsstreit-ueberschattet-
gedenkfeier-in-polen-a-646393.html.

273 Anna Dolgov: Putin Defends Ribbentrop-Molotov Pact in
Press Conference with Merkel (Putin verteidigt Ribbentrop-
Molotow-Pakt auf Pressekonferenz mit Merkel). Moscow Times,
11.5.2015; https://www.themoscowtimes.com/2015/05/11/
putin-defends-ribbentrop-molotov-pact-in-press-conference-
with-merkel-a46441.

274 Vgl. Russisches Außenministerium lobt deutsch-sowjetischen
Nichtangriffspakt von 1939. Euronews, 22.9.2019; https://
de.euronews.com/2019/09/22/russisches-au-enministerium-
lobt-deutsch-sowjetischen-nichtangriffspakt-von-1939.

275 Vgl. Silvia Stöber: Gedenken zum Zweiten Weltkrieg. Streit
um die Vergangenheit. Tagesschau.de, 2.1.2020; https://www.
tagesschau.de/faktenfinder/russland-polen-putin-101.html.

276 Ebenda.

277 Sacharowa predupredila o »letalnych posletswijach« perepi-
sywanija istorii (Sacharowa warnte vor »letalen Folgen« des
Umschreibens der Geschichte). RIA Nowosti, 30.1.2020;
https://ria.ru/20200130/1564069774.html.

278 My dolschny ne tolko gorditsja Welikoi Pobedoi, no i umetj
jejo saschischtschatj (Wir müssen nicht nur stolz sein auf den
Großen Sieg, sondern müssen auch in der Lage sein, ihn zu
verteidigen). Webseite von Wjatscheslaw Nikonow 28.1.2020;
https://v-nikonov.ru/news/194511/.

279 Ebenda. Erwähnung am Rande: Wjatscheslaw Nikonow ist
der Enkel von Wjatscheslaw Molotow, auf dessen Wirken er
stolz ist.

280 Konstantin Eggert: Der Putin-Stalin-Pakt. Deutsche Welle,
23.8.2019; https://www.dw.com/de/gastkommentar-der-putin-
stalin-pakt/a-50126028.

281 Vgl. Eine perfekte Inszenierung mit vielen Premieren,
www.stern.de, 9.5.2018.

282 Sergei Medvedev: The Return of the Russian Leviathan. Cambridge 2020, S. 55 f.

283 Irina Jarowaja nennt das Lernen von Fremdsprachen eine Gefahr für die russischen Traditionen. Newsru.com, 6.12.2017; https://www.newsru.com/russia/30jan2015/yarovaya.html.

284 Minpros: wospitanije tscheres awtomat Kalaschnikowa (Bildungsministerium: Erziehung durch den Automaten Kalaschnikows). Westi Obrasowanija, 30.10.2019; https://vogazeta.ru/articles/2019/10/30/edpolitics/10165-_minpros_vospitanie_cherez_avtomat_kalashnikova.

285 Siehe https://www.youtube.com/watch?v=7kpd74vcmUo.

286 Alaska wurde von Zar Alexander II. für 7,2 Millionen Dollar an die USA verkauft und ging am 30. März 1867 in deren Besitz über. 1959 wurde Alaska der 49. Bundesstaat der Vereinigten Staaten.

287 Videos zum Thema: https://www.youtube.com/watch?v=0zlWztlPkOQ; https://www.youtube.com/watch?v=c6M8HvCS3Qg.

288 Putin stschitajet, schto legenda ob ubistwje Iwanom Grosnym sobswennogo syna – eto nawety Sapada (Putin meint, dass die Legende darüber, dass Iwan Grosny seinen eigenen Sohn erschlagen hat, eine Verleumdung des Westens ist). BisnesOnline, 17.7.2017; www.business-gazeta.ru/news/351697.

289 Opublikowan prognos o sowmestnom napadenii NATO i Ukrainy na Rossiju (Prognose über den gemeinsamen Überfall von NATO und Ukraine auf Russland veröffentlicht). Argumenty Nedeli, 30.5.2018; http://argumenti.ru/society/2018/05/574016.

290 Medvedjev: The Return of the Russian Leviathan.

291 ARD-Korrespondentin Golineh Atai: »Willkommen im Informationskrieg«, www.mediummagazin.de, 3.5.2018.

292 Oleg Nemenski: Die Russophobie – ein fundamentaler und untrennbarer Teil der westlichen Identität. Eurasia daily, 26.5.2017; https://moiarussia.ru/6-samyh-izvestnyh-rusofobov-v-istorii-rossii.

293 Dmitrij Kisseljow: Putin: amerikanskaja rusofobija napominajet antisemitism (Putin: Die amerikanische Russophobie erinnert an den Antisemitismus). Westi.ru, 4.6.2017; www.vesti.ru/doc.html?id=2895503.

294 Alexander Dugin: Spassenije Ewropy – eto Prawoslawije

(Alexander Dugin: Die Rettung Europas liegt in der Orthodoxie). Zargrad.tv, 30.4.2019; https://amp.tsargrad.tv/news/
aleksandr-dugin-spasenie-evropy-eto-pravoslavie_8337.

295 Dmitrij Smirnow: Wladimir Putin: »Kakoje sobytije ja chotel by
ismenitj? Raswal Sowjetskowo Sojusa (Wladimir Putin: Welches
Ereignis ich verändern würde? Den Zerfall der Sowjetunion«).
Komsomolskaja Prawda, 2.3.2018; https://www.kaliningrad.
kp.ru/daily/26802.7/3836826/.

296 Vgl. Interview mit dem russischen Präsidenten. Warum Putin
Merkel mit seinem Hund erschreckte. Bild-Zeitung, 11.1.2016.

297 Irina Scherbakowa, 1949 in Moskau als Tochter jüdischer Eltern
geboren. Germanistin und Historikerin, Mitbegründerin der
russischen Menschenrechtsorganisation Memorial, die sich
mit der Aufarbeitung des Stalinismus beschäftigt. Zahlreiche
Veröffentlichungen zu dem Thema, zu Gulag, Totalitarismus
und Zwangsarbeit. Für mich besonders bewegend: Die Hände
meines Vaters. Eine russische Familiengeschichte. München
2017.

298 Arseni Roginskij (1946–2017) war ein sowjetischer Dissident,
der sich der Aufklärung der politischen Verfolgung in der Sowjetunion verschrieben hatte. Ab 1975 veröffentlichte er seine
gesammelten Informationen im Samisdat-Sammelband »Pa-
mjatj«. Dafür wurde er 1981 zu vier Jahren verschärfter Lagerhaft verurteilt. 1989 gehörte er zu den Gründern der Menschenrechtsorganisation Memorial.

299 Dinamika otnoschenija k Stalinu (Die Dynamik des Verhältnis-
ses zu Stalin). Lewada-Zentrum, 16.4.2019; https://www.levada.
ru/2019/04/16/dinamika-otnosheniya-k-stalinu/.

300 »Stalin byl poslan Bogom« – stschitajet nowaja glawa komiteta
po kulturje GosDumy. New Times, 25.7.2018; https://newtimes.
ru/articles/detail/168837.

301 Darja Seljonnaja: »Schljapa wystwlena, no musyku my igrajem
samy« (»Wir halten den Hut hin, aber die Musik machen wir
selbst«), Nowaja Gaseta, 7.12.2019, https://novayagazeta.ru/
articles/2019/12/07/83048-shlyapa-vystavlena-no-muzyku-my-
igraem-sami.

302 Ksenija Weretennikowa. Nikita Prokschin, Jelena Tschernenko:
»Stawka delalas nje na Mosgordumu« (Der Einsatz ist nicht die

Mosgorduma). Kommersant, 5. 9. 2019; https://www. kommersant.ru/doc/4081767.

303 Ebenda.

304 Kommissija Dumy po rassledowaniju wmeschatjelstwa w dela Rossii iswnje priglasit posla SSchA (Die Duma-Kommission zur Untersuchung der Einmischung in die Angelegenheiten Russlands von außen lud den Botschafter der USA ein). TASS, 4. 9. 2019; https://tass.ru/politika/6842156.

305 Putin sajawil, schto molodjosch imejet prawo na protest-nyje akzii (Putin erklärte, dass die Jugend das Recht auf Protestaktionen hat). RIA Nowosti, 5. 9. 2019; https://ria. ru/20190905/1558340223.html.

306 Nikolai Klimeniouk: Russland im Herbst – Vorbereitungen auf die Revolution. Neue Zürcher Zeitung, 16. 10. 2019; https://www. nzz.ch/meinung/russland-im-herbst-vorbereitungen-auf-die-revolution-ld.1515282?reduced=true.

307 Damir Gajnutdinow: Wie Russland die Internetfreiheit abschafft. LibMod, 15. 3. 2019; https://libmod.de/damir-gajnutdinow-ueber-internetfreiheit-in-russland/.

308 Ebenda.

309 Gosduma prinjala sakon ob isolazii Runeta (Die Gosduma nahm das Gesetz über die Isolierung des Ru-Nets an). Meduza, 16. 4. 2019; https://meduza.io/news/2019/04/16/gosduma-prinyala-zakon-ob-izolyatsii-runeta.

310 Ebenda.

311 Obschestwennoje Mnenije-2018 (Öffentliche Meinung-2018). Lewada-Zentrum, Jahrbuch 2019; https://www.levada.ru/cp/wp-content/uploads/2019/03/OM-2018.pdf.

312 WWP stran mira – 2029 (BIP der Länder der Welt – 2019). Ifinanz.ru, 10. 4. 2019; http://global-finances.ru/vvp-stran-mira-2019/.

313 Wladislaw Inosemzew: Njesowremennaja strana. Rossija w mirje XXI. Weka (Das unmoderne Land. Russland in der Welt des XXI. Jahrhunderts). Moskau 2019, S. 298.

314 WWP na duschu naselenija stran mira 2018 (BIP pro Kopf der Bevölkerung der Länder der Welt im Jahr 2018). Fincan.ru, 9. 8. 2019; http://fincan.ru/articles/51_vvp-na-dushu-naselenija-stran-mira-2018/.

315 Vgl. SIPRI-Jahrbuch 2019; https://www.sipri.org/sites/default/
files/2019-06/yb19_summary_eng.pdf.

316 Homepage des Russkij sowjet po meschdunarodnym delam
(Russischer Rat für internationale Angelegenheiten); https://
russiancouncil.ru/.

317 Andrej Kortunow: Pjatj faktorow, kotoryje delajut Rossiju takoi
wlijatjeljnoi, i schto jej meschajet (Fünf Faktoren, die Russland
so einflussreich machen, und was es stört). RSMD, 31.10.2019;
https://russiancouncil.ru/analytics-and-comments/analytics/
pyat-faktorov-kotorye-delayut-rossiyu-takoy-vliyatelnoy-i-
chto-ey-meshaet/.

318 Ebenda.

319 2007 wollte Putin dieses Ziel bis 2017 erreichen, ein Jahr später
sprach er von 2020. Im Juni 2011 gab er als Zieljahr 2021 aus,
im Herbst desselben Jahres sollte es dann viel schneller gehen:
2016 werde Russland zu den Top-Fünf in der Weltwirtschaft
gehören. 2012 wuchs der Optimismus, in zwei bis drei Jahren
werde das lang gehegte Ziel erreicht sein. 2013 verkündete er
dann, das Ziel sei bereits erreicht. Dieses eine Mal habe Putins
Aussage tatsächlich gestimmt, erinnerte sich Illarionow, denn
zwischen 2011 und 2013 sei Russland, gemessen am BIP, kurzzeitig tatsächlich eines der fünf stärksten Industrieländer gewesen. Doch dann fiel Russland wieder aus der Führungsgruppe
heraus, der Abstand zu den führenden Industrienationen wuchs
sehr schnell.

320 Illarionow podstschital, schto Putin w sedmoi ras poobeschal
wywesti Rossiju w tschislo pjati krupnejschych ekonomik mira
(Illarionow rechnete vor, dass Putin das siebte Mal versprochen
hat, Russland unter die fünf größten Wirtschaftskräfte der Welt
zu führen). Gordonua.com, 10.5.2018; https://gordonua.com/
news/worldnews/illarionov-podschital-schto-putin-v-sedmoy-
raz-poobeschal-vyvesti-rossiyu-v-chislo-pyati-krupneyshih-
ekonomik-mira-245589.html.

321 Aus meinem Skype-Interview mit dem Wirtschaftswissenschaftler und Politologen Wladislaw Inosemzew am 6. Juni
2019, aus dem auch die folgenden Inosemzew-Zitate stammen,
wenn nicht anders ausgewiesen.

322 Galeotti: We need to talk about Putin. S. 14.

323 Medvedev: The Return of the Russian Leviathan. Vorwort zur englischen Ausgabe, S. xi.

324 Ebenda, S. 90.

325 Shoigu: Information becomes another armed forces component (Schoigu: Die Information wird zu einer weiteren Komponente der Streitkräfte). Interfax, 28. 3. 2015; http://www.interfax.com/newsinf.asp?id=581851.

326 Vgl. http://www.garant.ru/products/ipo/prime/doc/71483722/#ixzz4tnCc6XjB; Siehe auch 8. Kapitel, Putins graue Männer.

327 Vgl. Andrej Soldatow: Zwischen Subversion und Eskapismus: Internet in Russland; Blätter für deutsche und internationale Politik 2/2019, S. 72 – 77.

328 Vgl. Marcel Peters: Social Bots: Was ist das? Einfach erklärt. Chip, 20. 4. 2019; https://praxistipps.chip.de/social-bots-was-ist-das-einfach-erklaert_96529.

329 Stent: Putins Russland. S. 421f.

330 Ebenda, S. 423.

331 US-Wahlen 2020: Facebook löscht Kampagne aus Russland. Putins Trolle sind zurück – und helfen wieder Trump. Blick., 22. 10. 2019; https://www.blick.ch/news/ausland/us-wahlen-2020-facebook-loescht-kampagne-aus-russland-putins-trolle-sind-zurueck-und-helfen-wieder-trump-id15577719.html.

332 Donie O'Sullivan: Facebook takes down anti-NATO pages linked to Russian news agency Sputnik (Facebook schließt Anti-Nato-Seiten, die mit der russischen Nachrichtenagentur Sputnik verbunden waren). CNN Business, 17. 1. 2019; https://edition.cnn.com/2019/01/17/tech/facebook-sputnik/index.html.

333 FIE (foreign influence effords) oder ausländische Einfluss-bemühungen definieren die Wissenschaftler als Versuch, einen oder mehrere spezifische Aspekte der Politik in einem anderen Staat zu beeinflussen, dabei Medien, einschließlich der sozialen Medien, zu nutzen und – das ist das Perfide daran – die Inhalte so zu produzieren, als stammten sie aus dem Zielland.

334 Arya Goel, Diego A. Martin, Jacob N. Shapiro: Managing and Mitigating Foreign Election Interference (Verwaltung und Ent-schärfung ausländischer Wahleinmischung). Lawfare, 21. 7. 2019; https://www.lawfareblog.com/managing-and-mitigating-foreign-election-interference.

335 Ebenda.

336 NYT rasskasala o spezpodrasdelenii GRU po »destabilisazii Jewropy« (NYT berichtete über eine Spezialeinheit der GRU zur »Destabilisierung Europas«). Interfax, 9.10.2019; https://www.interfax.ru/world/679630.

337 Ebenda.

338 Michael Schwirtz: Top Secret Russian Unit Seeks to Destabilize Europe, Security Officials Say (Streng geheime russische Einheit versucht, Europa zu destabilisieren, sagen Sicherheitsbeamte). New York Times, 8.10.2019; https://www.nytimes.com/2019/10/08/world/europe/unit-29155-russia-gru.html.

339 Wortlaut des Gesetzes: http://www.consultant.ru/cons/cgi/online.cgi?req=doc&base=LAW&n=203355&fld=134&dst=1000000001,0&rnd=0.5721159829908493#02740439143754909.

340 Schwirtz: Top secret.

341 Thomas Urban: Separatisten mit russischer Hilfe. Spanien ermittelt gegen Agenten, die offenbar im Konflikt mit Katalonien mitmischten. Süddeutsche Zeitung, 22.11.2019; https://www.sueddeutsche.de/politik/spanien-separatisten-mit-russischer-hilfe-1.4691342.

342 Vgl. ebenda.

343 Serbiens Präsident wirft Russland Spionage vor. Die Welt, 22.11.2019; https://www.welt.de/politik/ausland/article203724350/Dubiose-Gelduebergabe-Serbiens-Praesident-wirft-Russland-Spionage-vor.html.

344 Markus Decker: Mord in Berlin. Marieluise Beck kritisiert Generalbundesanwalt. RND, 6.12.2019; https://www.rnd.de/politik/mord-im-tiergarten-marieluise-beck-kritisiert-generalbundes-anwalt-OH2XKK3OSVANNJCDFKBKI7LSIU.html.

345 Killer na welosipedje – II. Berlinskij ubijza Krasikow sluschil w speznase FSB »Wympel« (Der Killer auf dem Fahrrad – II. Der Berliner Mörder Krassikow diente in der Speznas des FSB »Wympel«). The Insider, 6.12.2019; https://theins.ru/politika/191470.

346 Mord im Berliner Tiergarten. Putin droht Merkel mit Ausweisung deutscher Diplomaten, Spiegel Online, 10.12.2019; https://www.spiegel.de/politik/deutschland/mord-in-berlin-putin-droht-merkel-mit-ausweisung-deutscher-diplomaten-a-1300494.html.

347 54 % rossijan choteli by widjetj Putina presidentom i poslje
     2024 goda (54 % der Russen wollen Putin auch nach
     dem Jahr 2024 als Präsidenten sehen). Interfax, 30.7.2019;
     https://www.interfax.ru/russia/670874.
348 Aus meinem Skype-Gespräch mit Wladislaw Inosemzew
     im Juni 2019.
349 Vgl. Quiring: Putins russische Welt. S. 159 f.
350 Michail Rostowskij: Sergej Schoigu rasskasal, kak spasali
     rossijskuju armiju (Sergej Schoigu erzählte, wie die russische
     Armee gerettet wurde). Moskowskij Komsomolez, 22.9.2019;
     https://www.mk.ru/politics/2019/09/22/sergey-shoygu-
     rasskazal-kak-spasali-rossiyskuyu-armiyu.html.
351 Wiktor Chamrajew: Tri aerodroma Putina (Drei Landeplätze
     für Putin), Nowaja Gaseta, 20.1.2020; https://novayagazeta.ru/
     articles/2020/01/16/83479-tri-aerodroma-putina.
352 Dieses und die folgenden Jawlinskij-Zitate entstammen einem
     Gespräch, das ich im Juni 2019 mit ihm in Moskau geführt habe.

Literaturverzeichnis

Hannes Adomeit: NATO-Osterweiterung: Gab es westliche
     Garantien? Arbeitspapier Sicherheitspolitik, Nr. 3/2018.
     Bundesakademie für Sicherheitspolitik.

Hannes Adomeit: Domestic Determinants of Russia's anti-Western
     Campaign. Institute for Statecraft, London, 24.5.2019; https://
     medium.com/@instituteforstatecraft.

Anders Aslund: Russia's Crony Capitalism. The Path from Market
     Economy to Kleptocracy. New Haven & London 2019.

Golineh Atai: Die Wahrheit ist der Feind. Warum Russland
     so anders ist. Berlin 2019.

Martin Aust: Die Schatten des Imperiums. Russland seit 1991.
     München 2019.

Thomas Blanton, Svetlana Savranskaya: NATO Expansion: What
     Gorbachev Heard, Briefing Book #613 (2017); https://nsarchive.
     gwu.edu/briefing-book/russia-programs/2017-12-12/nato-
     expansion-what-gorbachev-heard-western-leaders-early.

Gerd Braune: Die Arktis. Porträt einer Weltregion. Berlin 2016.

Karen Dawisha: Putin's Kleptocracy. Who Owns Russia?
New York 2014.

Sergej Duchanow, Emil Awdaliani: Na Ukrainu tscheres Afriku.
VPK-News, 16.9.2019; https://vpk-news.ru/articles/51452.

Pawel Felgengauer: Prekraschtschenije raketnowo dogowora:
wosmoschnosti dlja Ukrainy, bessubostj Putina i ujaswimostj
SschA. Apostrof, 2.8.2019; https://apostrophe.ua/article/world/
ex-ussr/2019-08-02/prekraschenie-raketnogo-dogovora-vozmoj-
nosti-dlya-ukrainyi-bezzubost-putina-i-uyazvimost-ssha/27108.

Mark Galeotti: We need to talk about Putin. How the West gets him
wrong. London 2019.

Keir Giles: Moscow Rules. What drives Russia to confront the West.
London 2019.

Michail Gorbatschow: Wie es war. Die deutsche Wiedervereinigung.
Berlin 1999.

Lev Gudkov: Wahres Denken. Analysen, Diagnosen, Interventionen.
Berlin 2017.

Kristin Helberg: Der Syrien-Krieg. Lösung eines Weltkonflikts.
Freiburg i. Breisgau 2018.

Felix Philipp Ingold: Russische Wege. Geschichte. Kultur. Weltbild.
München 2007.

Wladimir Inosemzew: Njesowremennaja strana. Rossija w mirje
XXI. Weka. Moskau 2019.

Joachim Krause: Der INF-Vertrag hat sich überlebt. Neue Zürcher
Zeitung, 1.8.2019; https://www.nzz.ch/international/der-inf-
vertrag-hat-sich-ueberlebt-ld.1499133.

Vladimir Kuzichkin: Inside the KGB. Myth & Reality. London 1990.

Sergej Medwejew: Potjomskije Rakety. Radio Swoboda, 1.4.2018;
https://www.svoboda.org/a/29133237.html.

Sergei Medvedev: The Return of the Russian Leviathan.
Cambridge 2020.

Margarete Mommsen: Das Putin-Syndikat: Russland im Griff
der Geheimdienstler. München 2017.

Christian Neef: Interview mit Sergej Karaganow: Putin-Berater droht
mit Vernichtung von Nato-Waffen. Spiegel, Ausgabe 28/2016,
11.7.2016; https://www.spiegel.de/forum/blog/interview-mit-
sergej-karaganow-putin-berater-droht-mit-vernichtung-von-
nato-waffen-thread-485192-1.html.

Manfred Quiring: Putins russische Welt. Wie Moskau Europa spaltet. Berlin 2017.

Michail Rubin, Maria Scholobowa, Roman Badanin: Powelitjel Kukol. Portret Alekseja Gromowa, rukowoditjel rossijskoi gosudarstwennoi propagandy. Projekt.Media, 23.1.2019; https://www.proekt.media/portrait/alexey-gromov/.

Arkadij Schewtschenko: Mein Bruch mit Moskau. Bergisch Gladbach 1985.

Michael Schwirtz: Top Secret Russian Unit Seeks to Destabilize Europe, Security Officials Say. New York Times, 8.10.2019; https://www.nytimes.com/2019/10/08/world/europe/unit-29155-russia-gru.html.

Angela Stent: Putins Russland. Hamburg 2019.

Oliver Stone: Die Putin-Interviews. Die vollständigen Abschriften. Rottenburg 2018.

Michael Thumann: Das Lied von der russischen Erde. Moskaus Ringen um Einheit und Größe. München 2002.

Dmitrij Trenin: Russia's Changing Identity: In Search of a Role in the 21st Century. Carnegie Center Moscow, 18.7.2019; https://carnegie.ru/commentary/79521?mkt_tok=eyJpIjoi Tm1Zd01ETmhNbVJsTlRneCIsInQiOiJDM3V4VndYWld5ek ZiOWpMVHEwZkF0R2pzRU92NnYwTTZpTE94Z3JPdDRaWD JKQWtocmJ4YVVFFR1FaaWk5MGNhYmFFUMUFVTFF1RUxqeH p3SXFpYWhNcXZ6d2tttY3czcHZTSjc4WGdkKRnUyMjBWWVI 4TVB6bVpxZVpuM0hEdWVnaiJ9.

Personenregister

Wladimir Putin wurde aufgrund der häufigen Nennung nicht ins Register aufgenommen.

Dank

Dieses Buch wäre nie zustande gekommen ohne die Unterstützung meiner Familie und vieler Freunde in Deutschland und in Russland. Allen voran möchte ich meiner Frau Ursula danken für ihre Geduld mit dem manchmal recht maulfaulen und geistig abwesenden Gatten, der sich monatelang in seinem Arbeitszimmer verschanzt hat und der aufgrund des Zeitdrucks wenig zum Familienleben beitragen konnte. Beim Durchsehen des Buchmanuskripts war sie mir eine wichtige Hilfe. Meine sachkundigen Töchter Alexandra Quiring-Tegeder und Anja Quiring standen mir mit Hintergrundinformationen, Ratschlägen und klugen Gesprächen zur Seite. Meine Moskauer Freunde Karina Mkrtschjan und Igor Andrejew haben mich mehr als einmal beherbergt, mir die russische Welt erläutert und – wenn auch nur unter Protest – ertragen, dass ich im russischen Staatsfernsehen hin und wieder Nachrichtensendungen angeschaut habe. Olga Korobzewa, meine ehemalige Mitarbeiterin im Moskauer *Welt*-Büro, hat einen ganz besonderen Anteil am Werden des Buches. Ob es komplizierte Übersetzungen waren, Recherchen oder die Organisation von Interviewterminen in Moskau – Olga war immer eine kluge Ratgeberin und verlässliche Stütze.

Nicht zuletzt bin ich Prof. Hannes Adomeit, dessen kluge Analysen ich freizügig nutzen durfte, und meinem Münchner Freund Dr. Falk Bomsdorf dankbar. Die Gespräche mit ihnen haben mich jedes Mal ein wenig klüger gemacht.

Mit dem hier vorliegenden Buch endet die langjährige Zusammenarbeit mit meinem Freund Christoph Links, der als Verleger in den Ruhestand geht. Ich verdanke ihm die Möglichkeit zur Veröffentlichung mehrerer Bücher, deren Werden er mit Kenntnisreichtum und Einfühlungsvermögen begleitet hat. Er und seine Mitarbeiter haben aus Rohmanuskripten erst richtige Bücher gemacht.

Angaben zum Autor

Manfred Quiring

Jahrgang 1948, aufgewachsen in Berlin, nach kurzem Zwischenspiel als Eishockeyspieler Journalistik-Studium in Leipzig, ab 1973 Redakteur der *Berliner Zeitung* und zweimal deren Korrespondent in Moskau (1982 – 1987 und 1991 – 1995), er bereiste die ehemalige Sowjetunion von Kaliningrad bis nach Kamtschatka, von Norilsk bis nach Turkmenistan und erlebte alle Wechsel im obersten Staatsamt live in Moskau, 1989/90 ein Jahr Korrespondent der Nachrichtenagentur ADN in Athen, von 1998 bis 2010 Korrespondent der *Welt* in Moskau; Autor zahlreicher Sachbücher.

Manfred Quiring
Putins russische Welt
Wie der Kreml Europa spaltet

264 Seiten, Broschur
ISBN 978-3-86153-941-4
18,00€ (D); 18,50€ (A)

Der Russlandexperte Manfred Quiring unterzieht das Regime Putin einer radikalen Kritik. Er untersucht die Strukturen des autokratischen Systems und stellt die bisher kaum behandelte Verquickung der russischen Eliten aus Geheimdienst und Militär mit kriminellen Gruppen dar. Zugleich geht er auf das Konzept der »russischen Welt« ein und beschreibt deren nationalistische Vordenker. Quiring analysiert, wie der Kreml versucht, Europa zu spalten und dabei Mittel der hybriden Kriegsführung einsetzt, bis hin zu verdeckten Cyberattacken. Dabei bezieht er die Urteile deutscher und internationaler Russlandexperten ein.

www.christoph-links-verlag.de

Manfred Quiring
Pulverfass Kaukasus
Nationale Konflikte und islamistische
Gefahren am Rande Europas

2. Auflage
224 Seiten, 1 Karten, Broschur
ISBN 978-3-86153-899-8
18,00 € (D); 18,50 € (A)

Im Kaukasus ist ein Konfliktpotenzial entstanden, das lange unterschätzt wurde. Neben den Territorialkonflikten mit zahlreichen Kriegen in den letzten Jahren sind nun auch die islamistischen Kräfte am Erstarken, die ein eigenes Emirat anstreben. Offiziell haben sich die militanten Kämpfer dem »Islamischen Staat« unterstellt. Die zersplitterte Region, deren Fläche nur wenig größer als die Bundesrepublik ist, in der aber mehr als 50 Völker mit unterschiedlichen Sprachen, Religionen und Kulturen leben, ist zugleich zum Ziel russischer Einflusspolitik geworden. Manfred Quiring, jahrzehntelang Korrespondent für *Die Welt* in der Region, hat den Gebirgszug und die angrenzenden Gebiete immer wieder bereist und die Konflikte zum Teil persönlich miterlebt.

www.christoph-links-verlag.de

Manfred Quiring
Der vergessene Völkermord
Sotschi und die Tragödie
der Tscherkessen

Mit einem Vorwort von Cem Özdemir
224 Seiten, 27 Abbildungen, Broschur
ISBN 978-3-86153-733-5
18,00 € (D); 18,50 € (A)

Dort, wo 2014 die Olympischen Winterspiele stattfanden, war einst ein Schlachtfeld. Russische Truppen hielten bei Sotschi 1864 ihre Siegesparade ab, nachdem sie die Tscherkessen aus ihrer angestammten Heimat vertrieben hatten. Hunderttausende fanden den Tod oder mussten in die Türkei und den Nahen Osten fliehen.

Manfred Quiring erzählt die bewegte Geschichte des Kaukasusvolkes und wirft einen Blick auf die aktuelle Situation der Tscherkessen, die heute über die ganze Welt verstreut leben. Er schildert ihren Kampf um die Anerkennung des Völkermordes und gegen die Verdrängung der Ereignisse in der Geschichtspolitik Putins.

Mit einem Vorwort von Cem Özdemir, bis 2018 Bundesvorsitzender von Bündnis 90/Die Grünen, dessen tscherkessische Vorfahren väterlicherseits im 19. Jahrhundert aus dem Kaukasus in die Türkei vertrieben wurden.

www.christoph-links-verlag.de

Wladimir Perewersin
Matrosenruhe
Meine Jahre in Putins Gefängnissen

Aus dem Russischen von Ingolf Hopp-
mann und Olga Kouvchinnikova
336 Seiten, 10 Abbildungen,
Festeinband mit Schutzumschlag
ISBN 978-3-96289-032-2
25,00€ (D); 25,70€ (A)

Alles scheint bestens zu laufen für Wladimir Perewersin:
Mit gerade einmal 36 Jahren bekommt er einen hohen
Posten bei einer russischen Bank. Doch dann gerät er in
die Mühlen des Prozesses gegen Michail Chodorkowski,
für dessen Ölkonzern Jukos er eine Weile gearbeitet hat.
Chodorkowski hat sich bei Präsident Putin unbeliebt gemacht, und Perewersin soll ihn mit Falschaussagen be-
lasten. Er weigert sich. Schließlich wird er selbst zu einer
langjährigen Haftstrafe verurteilt. Ein Albtraum nimmt
seinen Lauf – sieben Jahre verbringt Perewersin in Lagern
und Gefängnissen, darunter die seit Sowjetzeiten berüchtigte »Matrosenruhe« in Moskau. Sein Buch gibt einen
Einblick in die kaum fassbaren Zustände im russischen
Justizwesen, das von korrupten und politisch willfährigen
Gerichten geprägt ist, in dessen Gefängnissen Häftlinge
schikaniert und gefoltert werden. All das schildert Perewersin nüchtern, reflektiert und ungemein eindringlich.

Ch.Links

www.christoph-links-verlag.de